新编高职高专经济管理类规划教材

营销策划实务

（第2版）

郑文昭　主　编

张　锴　副主编

清华大学出版社

北　京

内 容 简 介

本书由有着丰富教学和实践经验的学校教师和企业、行业专家在市场调研与分析的基础上合作编写，是"校企合作、工学结合"理念指导下的一部全新的营销策划教材。

本书共分为三个篇目，九个单元。第一篇为认知营销策划；第二篇为营销综合策划，分为营销综合策划、制作营销策划书；第三篇为营销战术策划，分为产品策划、价格策划、渠道策划、促销策划；第四篇为营销活动策划，分为酒店业营销策划、零售业营销策划。

本书结构清晰、案例丰富，旨在帮助读者解决营销策划工作岗位上所遇到的问题，掌握营销策划的基本方法和技巧。本书可作为高职高专院校市场营销专业的教材，也可作为营销、管理、广告、公关、商务等从业人员的业务培训用书。

图书在版编目(CIP)数据

营销策划实务/郑文昭 主编. —2 版. —北京：清华大学出版社，2017（2023.7重印）
(新编高职高专经济管理类规划教材)
ISBN 978-7-302-46908-7

Ⅰ. ①营…　Ⅱ. ①郑…　Ⅲ. ①营销策划—高等职业教育—教材　Ⅳ. ①F713.50

中国版本图书馆 CIP 数据核字(2017)第 063960 号

责任编辑：刘金喜
封面设计：孔祥峰
版式设计：思创景点
责任校对：成凤进
责任印制：朱雨萌

出版发行：清华大学出版社
　　　　　网　　　址：http://www.tup.com.cn，http://www.wqbook.com
　　　　　地　　　址：北京清华大学学研大厦 A 座　　　　邮　　编：100084
　　　　　社 总 机：010-83470000　　　　　　　　　邮　　购：010-62786544
　　　　　投稿与读者服务：010-62776969，c-service@tup.tsinghua.edu.cn
　　　　　质 量 反 馈：010-62772015，zhiliang@tup.tsinghua.edu.cn
　　　　　课 件 下 载：http://www.tup.com.cn，010-62781730
印 装 者：三河市铭诚印务有限公司
经　　销：全国新华书店
开　　本：185mm×260mm　　　印　　张：19　　　字　　数：451 千字
版　　次：2011 年 9 月第 1 版　　2017 年 5 月第 2 版　　印　　次：2023 年 7 月第 7 次印刷
定　　价：68.00 元

产品编号：071470-04

前　言

在全国百所示范性高职院校建设项目的推动下，我们以高职高专人才培养模式改革为基础，坚持职业教育课程设计理念，以学生为主体，以项目为载体，以任务为驱动，设计并编写了集知识、能力、素质于一体的《营销策划实务》教材。

本教材针对高职院校市场营销专业的就业岗位，立足全国大型企业，在对农业、能源化工业、酒店业、零售业等行业典型营销策划岗位工作任务和流程进行充分调研和分析的基础上，以实际工作任务为引领，以企业营销策划活动为主线，采用纵(工作流程)横(并行的工作任务)交错的结构来展示教学内容，通过实战演练、案例仿真等形式来组织教学内容，在尽可能真实的环境中，培养学生的操作能力和综合能力。

本教材具有以下特色：

(1) 以工作表单和教学案例为载体，着力解决使营销策划这类需要复杂脑力活动的课程实现工学结合的问题。

(2) 以"做中学、学中做"为指导思想，主动适应教学特点，注重全方位培养学生的实践能力和综合素质。

(3) 在教学内容设计上打破传统惯例，深入浅出，由难到易，使学生在带着问题一步步领会解决方法后，进入实际工作岗位解决策划问题，有"豁然开朗"的顿悟效应。

本课程建议学时为 72 学时，学时分配表如下(供参考)：

学时分配表

课 程 内 容	学 时 数		
	合计	讲授	实训
第一单元　营销策划基础	8	6	2
第二单元　综合营销策划	8	6	2
第三单元　制作营销策划书	8	2	6
第四单元　产品策划	8	4	4
第五单元　价格策划	8	4	4
第六单元　渠道策划	8	4	4
第七单元　促销策划	8	4	4
第八单元　酒店业营销策划	8	2	6
第九单元　零售业营销策划	8	2	6
合计	72	34	38

本书可作为高职高专院校市场营销专业的教材，也可作为营销、管理、广告、公关、商务等从业人员的业务培训用书。

本书由郑文昭主编，张锴任副主编，陈同馨负责编写第一篇，张锴负责编写第二篇和第四篇，马雪文和郑文昭负责编写第三篇，郑文昭对全书进行了统稿。在本书编写的过程中，得到了领导、同事们的大力支持，同时，也参考和吸纳了来自同行的许多成熟的研究成果和结论，对此编者表示由衷感谢。

由于作者水平有限，书中不足之处在所难免。我们诚挚地希望广大读者对本书的不足之处给予批评指正。

本书 PPT 课件可通过 http://www.tupwk.com.cn/downpage 下载。

服务邮箱：wkservice@vip.163.com。

编 者

2016 年 11 月

目　　录

第三篇 营销战术策划

第一篇 认知营销策划

营销策划是为了快速高效地实现企业的营销目标，在科学分析有关影响因素的基础上，对未来将要开展的营销工作进行系统的、全面的构思与谋划，进而制定和选择切实可行的执行方案，并根据企业营销目标要求和环境变化对方案进行不断调整的一种富有创意的规划活动。

作为一个营销策划人员，首先要掌握营销策划的基本概念和知识，其次要了解企业营销策划岗位的职责和工作流程，还需要了解营销策划人员需具备的能力和素质要求，并且掌握一些与营销策划工作密切相关的创造性思维方法和技巧。本篇就从营销策划的基本知识出发，引导大家认识和了解营销策划的一些相关问题。

营销策划基础

【单元概述】

营销策划是为了快速高效地实现企业的营销目标，在科学分析有关影响因素的基础上，对未来将要开展的营销工作进行系统的、全面的构思与谋划，进而制定和选择切实可行的执行方案，并根据企业营销目标要求和环境变化对方案进行不断调整的一种富有创意的规划活动。

作为一个营销策划人员，首先要掌握营销策划的基本概念和知识，其次要了解企业营销策划岗位的职责和工作流程，还需要知道营销策划人员需具备的能力和素质要求，并且掌握一些与营销策划工作密切相关的创造性思维方法和技巧。本单元就从市场营销的基本知识出发，引导大家认识营销策划的一些相关知识。

【能力目标】

终极目标：
全面了解营销策划的相关知识和岗位要求，为营销策划活动奠定基础。

促成目标：
- 能了解营销策划的相关知识。
- 能熟悉营销策划的工作流程。
- 能知道营销策划人员需具备的能力和素质要求。
- 能掌握创造性思维的基本方法和技巧。

【项目导航】

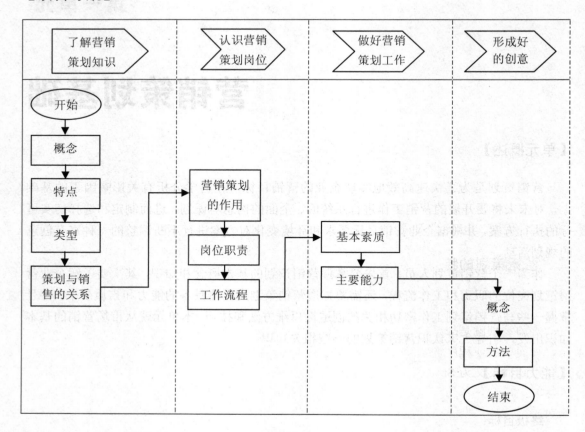

任务一　了解营销策划知识

【任务描述】

营销策划是为了快速高效地实现企业的营销目标而进行的一种富有创意的规划活动。通过本任务的学习，你将会掌握营销策划的概念、特点、内容，了解营销策划与销售之间的关系。

一、营销策划的概念

营销策划是为了快速高效地实现企业的营销目标，在科学分析有关影响因素的基础上，对未来将要开展的营销工作进行系统的、全面的构思与谋划，进而制定和选择切实可行的执行方案，并且根据企业营销目标要求和环境变化对方案进行不断调整的一种富有创意的规划活动。

别出心裁的营销策划

为更好地理解营销策划的含义，让我们来看一看以营销策划闻名业界的"农夫山泉"。水是生命之源，人们对水的重视等同于对生命的重视。正是基于这一认识，当时全国饮用水排行第三的农夫山泉突然向媒体宣布：经实验证明纯净水对健康无益，"农夫山泉"从此不再生产纯净水，而只生产天然水。与此同时，在全国各大电视台高密度播放"水仙花实验"广告片，通过水仙花在纯净水与天然水中的生长状况来直观地表现"天然水有利健康"的主题。通过这次营销策划活动，农夫山泉天然水的健康概念深入人心，"农夫山泉"也销量大增。为什么会产生这么大的效果呢？最关键的就是农夫山泉在水的健康性方面与广大的消费者取得了共鸣，并且通过与竞争产品对比，创造出客户对农夫山泉的消费需求。

案例来源：中华品牌管理网，作者：崔国华

简言之，营销策划就是以营销活动为对象的策划活动，它可以是对企业营销活动全过程的战略性规划，也可以是对企业营销过程中某一阶段、某一产品或某一活动的策略性计划。

二、营销策划的特点

1. 营销策划的实质是计划

营销策划就是战略性规划或策略性计划活动。但策划又不完全等同于计划活动，它不是一种简单的或程序性的计划活动，它更强调计划的筹谋性、谋略性、策略性和艺术性。

策划的英文为 Strategy Planning，它是一个动态的过程，是一个为了实现预定目标而进行的创造性思考和创造性实践过程；而计划的英文是 Plan，是为了实现预定目标所做出的对未来实践活动的总体安排。从广义的角度来说，计划的外延更广泛一些，计划包括策划，策划从本质上说属于计划。从狭义的角度来说，计划是实现策划目标的行动方案，策划的最终产物是计划，计划是对一系列策划活动的归纳和总结，是策划所决定的战略、战术、部署安排的书面体现。计划与策划的关系如表 1-1 所示。

表 1-1　计划与策划的关系

关　　系	项　　目	策　　划	计　　划
区别	工作任务	范围不定，随机应变	范围一定，按部就班
	创意要求	创意是策划的灵魂，必须有	不一定必须有
	工作规范	把握原则与方向	遵循程序与步骤
	工作重点	做什么？(What to do?)	怎么做？(How to do?)
	工作能力	技艺融合，长期积淀	初级技能，短期训练
	思维要求	创造性思维强	逻辑性思维强
	工作意义	创造性强，挑战性大	创造性弱，挑战性小
	工作约束	弹性为主，刚性为辅	刚性为主，弹性为辅
联系	广义的计划包括策划与决策，计划不一定是策划		
	狭义的计划是策划的产物或延续，策划是计划的先导，策划的实质是计划，是富有创意的计划		

2. 营销策划的对象是未来的营销活动

营销策划的对象是营销活动，特别是针对未来将要开展的营销活动进行的一种超前的谋划活动。所以，营销策划就是在对未来营销环境变化做出前瞻性判断和预测的基础上，对将要开展的营销工作所做的安排。

3. 营销策划的根本任务是促进商品交换

通俗地说，营销策划就是为企业出谋划策，促进企业通过满足消费者的需要来赚取利润，实现营销目标。

4. 营销策划的目的是提高效益

营销策划之所以要强调策略与计谋的运筹，其根本目的显然是以最快的速度(效率)、最高的经济效益、最好的社会效益使所设定的营销目标得以顺利实现。

5. 营销策划的依据是信息

策划依据一般包括两部分：其一是策划人自身的知识储备或信息积累，这是进行有效策划的基本依据；其二是与策划对象有关的专业信息，比如企业内部条件、顾客情况、竞争对手情况等。显然，这些信息是营销策划的重要依据。

因此，可以说，全面准确地掌握企业营销活动及其所有影响因素的信息是营销策划活动得以开展的先决条件，是营销策划活动能否成功的关键所在。

6. 营销策划的核心是运筹、谋划和设计

策划不同于决策，它重在"谋事"而非"断事"，策划工作的主要内容是对特定营销活动进行构思，谋划并制定出切实可行的方案，供决策者选择。管理就是决策，决策就是选择，管理者根据策划人所提供的方案进行评估选择，然后选择满意的方案付诸实施，实施方案之前则要制订出十分详尽具体的执行计划。策划与决策的关系如表 1-2 所示。

表 1-2　策划与决策的关系

关　系	项　目	策　　划	决　　策
区别	工作任务	谋划方案	选择方案
	思维方法	创造性思维	逻辑性思维
	超前性	一定有	不一定有
	创新性	一定有	不一定有
	工作主体	职能部门	指挥部门
	工作成果	不一定执行	一定要执行
联系	决策是策划与计划的衔接		
	策划是决策的先导		
	同一项目的策划、决策与计划终极目标统一		

7. 营销策划的灵魂是创意

不断推出新的创意是企业营销活动制胜的关键。策划并无定法，打破常规、出奇制胜是策划活动的魅力所在，也是策划的制胜法宝。实践证明，只有构思独特、有所创新的营销活动，才能产生巨大的市场冲击力与震撼力，才能给企业带来持久的生命力与竞争力。

8. 营销策划的成果是营销策划书

经过一系列的营销策划活动，最终要形成一套切实可行的营销活动执行方案，并以书面的形式反映出来，这就是营销策划书。

9. 营销策划案成功实施的保证是不断调适

任何策划案都不会是很完善的，所以在营销策划实施过程中，要根据营销活动预期实现的目标与外部营销环境变化所提出的要求，进行不断的调整和完善，只有这样才能保证营销策划活动顺利实施并取得预期效果。

表 1-3 是对营销策划的科学内涵的小结。

表 1-3　营销策划的科学内涵

要素	实质	对象	任务	目的	依据	核心	灵魂	成果	保证
内容	计划	未来的营销活动	促进商品交换	提高效益	信息	运筹、谋划、设计	创意	营销策划书	不断调适

三、营销策划的类型

1. 综合策划

在激烈竞争的今天，无论企业是开展新的业务还是推广既有产品，在进行营销策划时单单着眼于某个方面已不能从业务中创造持久的价值。例如，降价促销也许能在短时间内提高产品的市场占有率，但随着成本的增加，边际利润的空间会愈来愈小，而且降价销售的时间如果持续过长，还会影响产品在消费者心目中的质量认知价值，从而给品牌带来无形的损害。

随着中国经济的稳定发展和市场机制的日趋完善，消费者需求发生转变，大众化的商品得不到消费者的认可，因此企业营销策划的重点是不断分析消费者的心理和行为特征，在此基础上进行市场细分，并通过设计产品、定价、分销和促销等一系列系统手段来满足消费者的需求和欲望。

2. 战术(4P)策划

(1) 产品策划

产品是企业市场营销活动的核心和灵魂。产品受目标客户喜爱，市场营销成功的可能性就大；否则，市场营销就难以为继。消费者的眼睛是雪亮的，企业产品的价值决定了消费者愿意为你付出的成本。

产品策划能够帮助企业将其产品或产品组合更好地适应消费者的需要。

产品策划的内容包括新产品开发策划、产品组合策划、产品品牌策划，产品质量和包装策划、产品生命周期管理策划。通过产品策划可以保证产品适销对路，实现企业利润，增强市场竞争实力，提高企业的营销水平，提高市场满意度。

(2) 价格策划

俗话说"没有卖不出去的产品，只有卖不出去的价格"。价格策划是营销策划的关键，其目的是使产品的价格或价格体系能适应消费者需要和动态市场开发活动的需要。随着竞争日趋激烈和消费者需求的不断变化，产业和市场逐渐成熟，理性的价格策划在市场搏击中的地位日益凸显。对于价格策划的熟练运作，需要掌握定价目标、定价方法、影响价格的因素、价格变动的合理时机和价格组合等内容。

价格是消费者购买决策过程中考虑的关键因素，策划人员必须牢牢把握产品自身特点，结合公司经营优势，顺应市场行情，通盘策划，理性抉择，结合消费者的有效需求，用价格去撬动销售。

(3) 渠道策划

当你在偏远山村的小店喝到"娃哈哈"纯净水，当你在逛街的时候从自动贩卖机取出可口可乐，当你在环游世界的时候坐在气氛相同、快速便捷的麦当劳餐厅，你会体会到分销渠道的价值。没有渠道，你要喝"天堂水，龙井茶"，得专程跑一趟杭州；没有渠道，想喝一杯可口可乐，你得买一张前往美国的机票；没有渠道，你的钱再多，也只能拎着钱袋到分布在世界各地的厂家采购你想要的东西。渠道策划是市场交易能否顺利达成的最关键环节。渠道策划通常包括渠道设计和渠道管理两个部分。目的是保持渠道运营顺畅，增加产品销量，方便顾客，开拓市场，控制渠道。

(4) 促销策划

步入 21 世纪的大门，市场竞争更为激烈，这就要求企业不但能生产出适销对路的好产品，还要通过各种途径进行促销，吸引顾客购买本企业的产品。

促销策划是指运用科学的思维方式和创新的精神，在调查研究的基础上，根据企业总体营销战略的要求，对某一时期各种产品的促销活动做出总体规划，并为具体产品制定周详且严密的活动计划，包括建立促销目标、设计沟通信息、制定促销方案、选择促销方式等营销决策过程。

促销策划是企业营销中的一个重要环节，促销的好坏直接决定着企业在市场竞争中的命运。

3. 活动策划

活动策划(Activity Planning)是提高市场占有率的有效行为。活动策划是相对于市场策划而言的，严格地说它是从属于市场策划的，它们是互相联系，相辅相成的。一份富于创意，具有可执行性和可操作性的活动策划案，无论对于企业的知名度，还是对于品牌的美誉度，都将起到积极的提高作用。

活动策划可以分为以下几类。

(1) 营销主导型活动策划

营销主导型活动策划是指以销售为主、品牌宣传为辅的活动策划。如"2015 六安碧桂园台湾美食节""第十届中国(北京)国际房车露营展览会"等活动。这些活动策划的初衷往往是以活动为引爆点,吸纳企业客户的广告投放和目标消费者的购买。此类型活动的主要特点是:活动本身就是一块"磁场",具有足够吸引客户热情和消费者眼球的魅力。

(2) 传播主导型活动策划

传播主导型活动策划是指以品牌宣传为主、销售为辅的活动策划,如"2013 年万达集团青岛东方影都影视产业园区启动仪式""2012 年浪琴表新品索伊米亚 Saint-Imier 系列盛大登陆成都"等活动。这类活动注重企业形象的传播,以报纸广告、海报传单、礼品、宣传册等方式呈现企业 LOGO,反复宣传企业形象。

(3) 混合型活动策划

混合型活动策划兼备了以上两个类型的特点,既做营销又搞传播,属于"鱼和熊掌兼得"型。如"中国酒业财富论坛""世界华文广告论坛"等。这些活动往往以客户下单参与定额广告投放、读者购买报纸(剪角)等为前提条件获得参与活动的资格,而活动本身也伴随着声势浩大的品牌推广行为。

四、营销策划与销售之间的关系

要想真正实现营销策划的目的,单纯将营销策划工作做好是不行的,还离不开销售方面的支持。因此,在现实营销活动中,还必须协调好策划与销售之间的关系。换个角度来思考,就是如何处理策划部门与一线销售部门的关系。营销界的人士,喜欢把策划称为"拉"式策略,而把一线销售称为"推"式策略。只有真正推拉结合,才能构建起营销工作的闭环。

打个比方,一线销售人员就好比军队中的步兵,向顾客发起一轮又一轮的冲锋。但是,在冲锋过程中,敌方在阵地前布满了地雷,在阵地上修建了坚固的攻势,这给步兵的冲锋造成很大的麻烦,那么该怎么办呢?这就需要在步兵冲锋前先由炮兵和空军进行肃清障碍。而营销策划人员,就好比炮兵和空军,不断为一线人员提供充足的火力支援。也只有营销策划的强力支持,销售人员才能处处"攻城略地",时时旗开得胜。

反过来说,即使营销策划的炮弹再厉害,将敌方的阵地炸开了花,如果没有步兵的层层推进,那么占领阵地、歼灭敌人的作战目标也是难以实现的。所以,营销策划人员在策划过程中,也要积极争取销售人员的支持,不能为策划而策划,而应该为销售而策划。

任务二　认识营销策划岗位

【任务描述】

营销策划可以帮助企业在正确的营销策划理念的指导下,高效率地配置自身的有限资源,更好地满足和创造需求,提高企业的盈利能力和市场竞争能力。通过本任务的学习,你将会了解营销策划在企业管理中的作用、营销策划岗位职责和营销策划的工作流程。

一、营销策划的作用

1. 营销策划能够提高企业的经营管理水平

随着科学技术的发展，社会生产力不断得到提高，产品同质化的程度越来越高，消费者有了足够的选择余地，当今的市场已经沦为买方市场。这种形势直接导致了企业间竞争的白热化，迫使企业改变以往以产品为中心的营销策略，实施以消费者需求为中心的营销策略。现阶段的企业虽然接受了一些市场营销的观念和方法，但更多的是按惯例和经验来进行营销活动，缺乏科学的理论指导和系统的营销方法。而营销策划可以帮助企业有效地解决这一问题，营销策划以需求管理为核心，把市场需求作为市场经济条件下一切生产经营活动的起点和归宿，以市场营销为龙头改造整个经营管理流程，按市场需求配置企业资源，这无疑促进了企业整体经营管理水平的提高。

2. 营销策划能够促进企业营销资源的高效配置

营销策划以市场需求为中心，打破传统观念，用创新的思维和系统的观念，把企业可利用的人才、资金、技术、设备以及信息等资源有效地整合起来。营销策划是知识高度密集的营销活动，它能将企业的营销资源引向有效满足市场需求的地方，使企业资源的运用更有效率。

3. 营销策划能够帮助企业降低未来的不确定性

市场环境是极不稳定的，波动性很强，这就给企业营销活动带来了更多的不确定性，而不确定性就意味着风险，这增加了企业管理的难度。一套合理的营销策划方案可以帮助企业管理者有效地降低这种不确定性，提高企业未来期望的实现程度。这是因为营销策划是建立在对未来环境科学预测的基础之上，考虑了将来可能出现的各种情况，使企业管理者能够做到未雨绸缪，对未来有更好的把握。所以，营销策划在一定程度上能够克服外界环境的不确定性。

4. 营销策划能够增强企业的市场竞争能力

营销策划以多学科知识的整合为基础，用创造性的营销思维打破传统观念的禁锢，用富有创意的营销理念和经营哲学指导企业进行营销制度、营销方式、营销策略等方面的创新，并用这种创新去适应需求、创造需求和满足需求。企业在正确的营销策划理念的指导下，以消费者需求为中心，能够高效率地配置自身的有限资源，更好地满足和创造需求，提高企业的盈利能力，增强企业的市场竞争能力。

二、营销策划岗位职责(如表 1-4 所示)

表 1-4 营销策划岗位职责

	职责表述	工作任务
职责一	负责收集、整理与分析各种营销信息,提交相应报告	(1) 负责收集、整理、分析所在行业及相关行业的供求状况、发展趋势、竞争对手信息和客户信息,并定期或不定期提交行业动态分析报告; (2) 搜集、整理、评估、传递和统计分析各类一线信息,及时把握一线市场与销售动态,并定期或不定期提交销售业绩分析、营销策略效果分析、策略调整建议报告; (3) 负责建立与管理各类市场信息档案
职责二	编制营销策划方案并执行方案	(1) 编制可操作的营销策划方案; (2) 执行策划方案; (3) 跟踪策划方案执行过程,协调解决执行中的问题; (4) 提交策划方案执行情况报告
职责三	负责客户满意度调查,协助处理客户投诉、质量纠纷等	(1) 制定客户满意度调查表和满意度等级评分标准; (2) 走访客户,发放满意度调查表,收集客户反馈信息; (3) 整理、分析客户满意度调查表,上报满意度调查结果; (4) 协助处理客户投诉、质量纠纷等
职责四	其他工作	完成领导交办的其他工作,保持与各部门良好的沟通关系

三、营销策划工作的流程(见图 1-1)

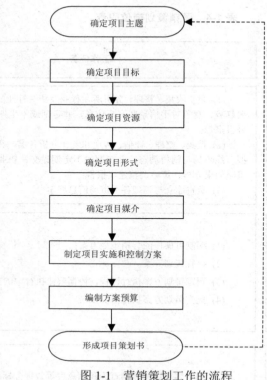

图 1-1　营销策划工作的流程

任务三　做好营销策划工作

【任务描述】

　　既然营销策划对于企业如此重要，那么，一个营销策划人应该具备哪些素质与能力呢？通过本任务的学习，你将会了解营销策划人需具备的基本素质和主要能力。

一、营销策划人的基本素质

1. 要有深厚的理论基础知识

　　策划具有明确的目的性，同时又具有选择性和弹性，是按程序运作的系统工程，目的是通过了解和掌握消费者的行为特征和心理特征，设计符合企业目标的营销战略与策略。

　　因此，要做好营销策划，策划人员首先必须具备深厚的理论基础知识。具体而言，营销策划人要系统地掌握营销学、管理学、经济学以及财务、会计等方面的基础知识；同时，因为营销策划是一项复杂性的工作，还需要策划人掌握商品学、传播学、教育学、消费者心理等多门学科的基本知识，并在策划实践中灵活运用。因此，理想的策划人其实是一个通才，他能运用不同的思维方式，将单线转变为复合思维，将封闭思维转变为发散思维，将静态思维转变为动态思维，整合多种有利资源，创造出一个个商业奇迹。

2. 要有一定的实践操作经验

营销策划人在策划过程中需要系统思考、全程运作，要设定目标、预测现状、设计方案；需要了解消费者的内在需求和企业的实际情况以实现营销策划的价值关联；需要具备敏锐的市场嗅觉以迅速抓住市场机会；需要制定"从实践中来到实践中去"的策划方案以增强营销策划的可操作性与可执行性。

要完成这些目标，营销策划人除了要具备基本的理论基础知识以外，还需要具有一定的实践操作经验。当然，策划家不等于企业家，也不必是企业家。为此，营销策划人要迈动双脚，深入到市场中去，认认真真调查研究，或者到企业参与实践。如果过去没有干过，现在又不去研究，不去实践，那你就不懂企业到底是怎么运作的，就不懂企业的思维方式和行为方式，不明白企业是什么，需要什么，那么方案就有可能写成"散文"，写成"小说"，企业看不明白，也用不上。

3. 要有链接理论与市场的良好悟性

营销策划既不同于"坐穿冷板凳"的理论研究，也不同于"天天泡市场"的营销实践，营销策划人需要来源于理论和实践的指导，同时又要为企业营销提供超越纯理论和纯操作的策划方案与执行路线，需要比企业站得更高，看得更远。因此，一个优秀的营销策划人员，需要具备链接理论与市场的良好悟性。

"悟性"，简单而言，就是对市场的感悟能力，对市场变化的敏锐程度。俗话说："师傅领进门，修行在个人"，其中也就有悟性的含义。就营销策划人的悟性而言，它不仅仅是一种天赋，而更多是一种意识，一种学习的意识，洞察的意识，总结的意识，竞争的意识，创新的意识，一种有勇有谋的意识。

具体而言，在实际的营销策划过程中，营销策划人的悟性既有"实"的内容，又包含有"虚"的、"灵"的成分。主要包括：

(1) 预见性

预见性即营销策划人要在复杂动态的营销环境中具有先知先觉的悟性。对未来行业走向、市场发展趋势的预见和相应判断，是营销策划人"悟性"的基本要素。

(2) 敏感性

敏感性即营销策划人善听"弦外之音"，做到"心有灵犀一点通"。要善于从新闻事件、媒体报道、社会见闻中领悟出市场的机会、行业的趋势，从领导、同事、客户或他人的谈话中洞察出更深的含义，并为策划所用。

(3) 判断力

判断力即营销策划人要学会从纷繁复杂的环境中发现事情的根源，看透表象之后的本质，抓住最本质的内容。比如营销策划人在与策划委托方的谈话中要善于鉴别有多少信息是可信的，又有哪些是可用的。营销策划人的判断力是阅历与经验的总结，需要策划人有意识的日积月累。

除此之外，一名优秀的营销策划人，还要有良好的思想道德素质和吃苦耐劳的精神，要有良好的口才和心理承受能力，要有永不言败的坚定信念以及善于同他人合作的团队精神等基本素质。

二、营销策划人的主要能力

1. 敏锐的市场洞察能力

要做好营销策划，营销策划人必须了解市场。不但要了解一个地区的经济、文化、消费习惯，还要时刻关注所在市场所发生的重大政治、经济、文化事件，以及这些事件将给人们的世界观、价值观带来怎样的影响，给消费者的消费心理与消费行为带来怎样的影响。营销策划人要具备鹰一般的洞察力，随时窥视着整个市场的动态和其中蕴含的市场机会。

营销策划人要具备敏锐的市场洞察力，除了必须深度、全面地把握营销大环境以外，还必须重点关注行业动态、消费者群体动态、企业竞争对手动态等，对这些直接关系到企业和品牌的关键要素，反应要更敏捷，眼光要更独到。要善于从行业变迁中寻求市场的波峰与波谷，并判断行业的生命周期；从消费者行为中洞察消费者内在的消费心态，并运用有效的策划迎合与引导消费者的需求，创造新的消费潮流与消费文化；从竞争对手的变化中窥视其行为规律并采取有针对性的竞争战略等。因为国家相关行业新规、目标群体的微妙变化、竞争对手的举手投足都会牵一发而动全身，如果营销策划人反应迟钝，置之不理，企业轻则会停滞不前，重则会被竞争对手逐出市场。

2. 深度的机会挖掘能力

一方面，在信息泛滥成灾的今天，在扑朔迷离的复合经济形势下，市场被各种各样的假象蒙蔽着，消费者的消费心态和消费行为越来越难把握，市场越来越难操作。营销策划人如果没有深度的机会挖掘能力，就很难找到市场的软肋和竞争对手的弱点，很难做出成功有效的营销策划方案。另一方面，在中国经济改革开放初期的机会型市场向 21 世纪战略型市场转型的背景下，企业成长、发展的显性市场机会越来越少，企业很难直接找到竞争对手没有关注的机会，这就需要营销策划人具备寻求挖掘各种隐形机会的能力和创造机会的能力。

具体而言，营销策划人应从以下三方面入手，深度挖掘机会。

(1) 从市场入手，通过对市场综合信息的整理、分析、判断，对目标群体的消费心理、消费习惯的把握，找到消费者真正的需求，找到市场的空白点，找到市场操作的切入点。

(2) 从竞争对手入手，通过对同行业竞争对手及关联行业竞争对手在战略方针、市场策略、促销手段、竞争方式、市场布局等方面的分析，找到竞争对手的弱点和市场空白点，然后有的放矢地实施针对性的营销策略。

(3) 从自身产品与品牌入手，根据消费者的需求、竞争对手的产品特点、竞争对手的市场策略来调整自身产品及市场方面的策略，不断挖掘出自身产品及品牌优势，挖掘出与众不同的竞争潜力，再根据这些特点制定出不同于竞争对手的营销策略。

3. 巧妙的营销创新能力

市场竞争是永恒的，要想不被竞争对手击败或主动击败竞争对手，就必须要有比较优势或绝对优势，要想实现优势比竞争对手强或比自己以前强，则必须不断进行创新。为此，营销策划必须要有创新，有创意，有非常规思路和非常规的资源整合能力。营销策划人要善于在不同层面开展创新，如方案设计、事件营销、潜在需求的激发与引导等方面。重要的是，营销策划人要具备创新意识，养成创新的职业素养和职业习惯。创新是克服劣势因素，发挥优势因素，塑造新优势因素的过程。创新可以从物质性、利益性、信息性、时间性方面切入，根据政治、经济、科技、文化等线索开拓创新。

4. 出色的文案写作能力

营销策划方案要说服决策者或客户，必须具有极强的说服力。文案的结构、论述的技巧、语言的表达都起着至关重要的作用。你的点子再多，创意再好，如果不能巧妙而有效地传达给客户，或者不能顺畅地说服决策者，必然令你的策划方案大打折扣。相反，具有说服力的表达方式和表达技巧会令你的创新思维锦上添花。

英菲尼迪《极速前进》：年轻豪车的营销传播实验

电视节目赞助通常来讲，汽车品牌会有 50%的营销传播费用投入电视广告中。但是在 2014 年，英菲尼迪成为唯一一家没有做过电视广告的汽车企业。作为替代，英菲尼迪将电视节目赞助作为 2014 年传播工作的重点，即其所宣称的"联合出品"。在汽车品牌中，他们是对 2014 年大火的电视综艺节目反应最及时、尝试最多的一个。从开始的运气，到之后的思索，以及战术的改变，步步升级。

刚开始是机缘巧合。2013 年 10 月 11 日，《爸爸去哪儿》第一季开播。之前的主冠名商临时生变，英菲尼迪迅速决策，获得这个节目冠名权，并且取得了非常好的效果。在重点城市的知名度和美誉度调研结果中，节目大大拉升了品牌的人气，QX60、QX80 以及 QX602.5Hybrid 等车型在节目中也得到了全面展示。

销量是最直观的反映。据统计，2013 年，英菲尼迪前 11 个月的累计销量为 14933 辆。其中 JX 前 11 个月的累计销量为 2719 辆，而在 8～11 月间，JX 累计销量是 2013 年前七个月销量总和的两倍。进入 11 月，该车销量更是环比增长 14%，创下自上市以来单月销量新纪录。

事实证明是一条正确的道路。"不得不说，赞助'爸爸去哪儿'是非常正确的决定"，戴雷坦言。"因为这个节目构成了一个话题，大大削弱了品牌赞助的商业性。"这正是英菲尼迪所急迫需要的。当年的 5 月 1 日，前华晨宝马营销高级副总裁戴雷博士正式接手英菲尼迪中国区业务，这对品牌来说，是一个大转折，而这时的英菲尼迪也急需一针强心剂来振兴中国市场。

节目赞助的三大优势。首先，节目赞助可以获得电视曝光，这就等同于电视广告媒体的投放；其次，还可以收获公关报道和网络话题，用节目话题本身带动赞助商，效果很好；

第三，可以创造客户体验平台，配合节目做相关落地项目，进行路演或者体验营销。东风英菲尼迪市场营销及公关部部长刘旭表示："电视广告太多了，即使是一个亿砸下去，实际能给大家留下印象的也凤毛麟角。但是如果你看过两三集《爸爸去哪儿》，就会对品牌产生印象，且这个印象肯定比插播广告好——现在英菲尼迪越来越注重内容了。"

继续复制成功模式。2014年英菲尼迪再次加大投入，先后赞助了《爸爸去哪儿》第二季、《舌尖上的中国》第二季并与深圳卫视联合出品《极速前进》。与此同时，英菲尼迪基本减去了一般电视广告的投放，只保留了一些视频网站的贴片广告的投放。

营销策划战术升级。用东风英菲尼迪总经理戴雷博士的话说："2014年是英菲尼迪'极速前进'的一年。"这指的不仅是业绩，而且也印证着这个项目超长的周期：2014年1月份前期启动，12月还在播出中。同时，这个项目亦是英菲尼迪品牌这两年电视营销实践后，对过往不足的思索，所产生的战术升级。

正确的营销策划带来了正效应。在《极速前进》还未播出的2014年1～10月份，英菲尼迪在中国市场(不含香港、澳门及台湾)的累计销量就已达到23682辆，同比强势上涨85%，远超2013年全年销量。尽管英菲尼迪在整体销量和经销商数量上，与奥迪、宝马、奔驰等豪华品牌之间还存在较大的差距，但其绝对算得上增速最快的豪华汽车品牌。

案例来源：车商帮网站(http://price.pcauto.com.cn/)"英菲尼迪《极速前进》：年轻豪车的电视先锋实验"一文，有改动。

任务四 形成好的创意

【任务描述】

创意是营销策划的"灵魂"。通过本任务的学习，你将会了解一些基本的创意方法和技巧，提高创造性思维能力。

可口可乐与《魔兽世界》有何干系？

"可乐"与"魔兽"，一个是有着百年历史的饮料品牌，一个是对全世界年轻人有着巨大吸引力的网络游戏，它们之间有何干系？它们能否被联系到一起？也许，很多人的回答是否定的。然而，经过巧妙的创意与策划，2005年4月15日，"第九城市"与可口可乐(中国)饮料有限公司在上海建立了战略合作伙伴关系，共同签署了在中国跨领域推广《魔兽世界》的协议，成功地将"可乐"与"魔兽"的合作变成了现实。一时间，"饮料+网游"也成了2005年中国营销界广为流传的佳话。

"饮料+网游"，其实也并非是"可乐"的突发奇想，而是来自于现实的需要。年轻人一直是可口可乐市场定位和推广中很重要的一部分。通过对年轻人长久的追踪研究，"可乐"发现：网络是对年轻人最具吸引力的媒介，年轻人对网络的重视和依赖程度在不断攀升；与此同时，传统媒体对年轻人的吸引力正在下降。因此，适应这种变化，选择一种新的、能加强与消费者之间联系的渠道和方式，对"可乐"来说是必需的。

　　然而，"可乐"与"魔兽"进行合作，仍是一个大胆的想法，毕竟这是将两个来自不同行业领域的事物进行联系。但事实证明，"饮料+网游"的确是一个绝妙的创意，因为它巧妙地实现了"可乐"与"魔兽"在共同消费群上的汇合。《魔兽世界》的消费群多为年轻人，而可口可乐是年轻、活力、青春的象征。"网游"与"饮料"的结合，可以让年轻人产生一种"可口可乐和我在一起，和我一样好玩，一样叛逆"的感觉，这种情感结合和心理诉求是最容易吸引年轻人的。"饮料+网游"，不仅为年轻的消费者带来了具有震撼力的全新网络体验，而且也以创新的方式使"可乐"实现了与年轻人间的有效沟通和联络，当然，这个独特的创意给"可乐"和"魔兽"带来的利润回报也是相当可观的。通过《魔兽世界》游戏的普及，可口可乐加大了品牌在网吧等新兴销售渠道中的影响力，更提升了品牌在年轻人心中的地位。有统计数据显示，通过合作，《魔兽世界》于 2005 年 7 月在中国内地的付费玩家人数已超过 150 万；而可口可乐 2005 年第二季度的净利润比 2004 年同期增长了 15%，达到 12.9 亿美元。"饮料+网游"这一跨行业合作的营销模式无疑给消费群的拓展带来了"火花"。

　　由此，我们不难看出，对于策划活动来说，一个新奇的创意不仅具有"画龙点睛"的妙用，更有"点石成金"的神奇功效。正是由于创意的作用，"可乐"与"魔兽"这两个原本看似毫不相干的事物能成功地实现了合作，并开创了"联手网游"的先河。

案例来源：道客巴巴(http://www.doc88.com/P-5867163236831.html)，作者不详

一、创意的概念

　　创意是综合运用各种天赋能力和专业技术，在现有的资源中求得新概念、新做法、新样式的过程。事实上百分之九十九的创意都是改良现成的创意素材。

　　策划方案是策划工作的核心，而创意则是策划方案的核心，可以说创意是策划活动的"灵魂"。在英语中有三个词含有创意的意思，被翻译为"创意"。其一是 creative，其英文原意是创造性的、有创造力的，现在常被人们译为创意，如 creative strategy 一词常被译为创意策略；其二是 creativity，其英文原意为创造力，有时也被人们译为创意；其三是 idea，其原意是思想、概念、主意、念头、计划、打算等，是创意最普遍、最有代表性的英文词汇。其实，最能表达中文"创意"内涵的英语词组是 creative idea。

二、创意的方法

1. 缺点列举法

　　缺点列举法是指通过列举某事物当前存在的缺点，并将克服其缺点作为期望目标，提出如何克服这些缺点，从而改进该事物的创意方法。这种方法使用简单且用途广泛，其使用的简便性在于，只要确定了认识对象，列举其当前存在的缺点，就可以直接将这些缺点作为内容，直接提出问题。缺点列举法包括五个阶段，如图 1-2 所示。

确定对象	列举希望点	分析希望点	寻找措施	形成创意
在营销策划实践中，对象的来源可以是企业内部营销活动的某一方面或某一环节，也可以是企业外部某一因素，如一套与客户相同营销问题的解决方案，策划人可以将此方案作为对象，进行缺点列举，并进行改进提高。	运用发散性思维，站在不同角度，根据不同消费者需要，运用不同的方法，分析对象的现状，列举其目前存在的主要缺点。	分析这些缺点的性质、内容、产生的原因，以及各缺点之间的相互关系。然后，把可以通过一个解决方案消除的缺点归纳为一个缺点集。	将列举出的缺点及其原因进行综合分析，选择其中某一缺点或缺点集作为创意的对象；然后集思广益，形成消除这些缺点的方案措施，并用一定的语言，描述克服这些缺点和改进该对象的措施。	将改进缺点的各项措施具体化，并加以整合和优化，最终形成比原有对象新颖、先进、实用且营销效果良好的创意。

图 1-2　缺点列举法的程序

应用缺点列举法，通常的做法是：召开一次缺点列举会，会议由5～10人参加，会前先由主持人或策划人针对选定的对象，选择一个需要变革的主题，在会上发动参加者围绕这一主题列举尽可能多的缺点；指定专人将提出的缺点逐一编号，并记录在一张小卡片上，然后从中选定主要的缺点，根据这些缺点制定出改进的方案。会议一般控制在两个小时以内，讨论的主题一般宜小不宜大，如果是大的课题，则应该设法分解成若干个小的课题，分组解决，这样缺点就不会被遗漏。

电动剃须刀的改进

几年前，电动剃须刀的发明给男性消费者带来很大的方便，但是有人将电动剃须刀作为改进对象，并采取缺点列举法寻求创意点。

当时电动剃须刀最大的缺点是：使用交流电费用低，但不方便；使用干电池方便，但不经济。在此分析基础上，进而提出了能否设计一种"用交流电却像使用干电池一样方便，用干电池却像用交流电一样省钱"的新型电动剃须刀的问题。

分析其缺点产生的原因，用交流电不方便是因为电动剃须刀必须在有交流电插座的地方才能使用，而且还需要随身携带变压器和插头，特别是给旅行者带来很大的不便；用电池费电，是指使用电池成本高且功率小，经济上不合算。

为了寻找克服该缺点的措施，创造者将充电电池移用于电动剃须刀，发明了"可充电电动剃须刀"，这一发明克服了原有电动剃须刀的缺点，适应了消费者的需要，随后在国际国内市场上也获得了巨大的经济效益。

2. 希望点列举法

希望点列举法是列举关于某事物的希望点，提出如何满足这些希望，从而改进原有事物或创造新事物的创意方法。

这种方法的主要特点是，提出的问题一般能够满足新颖性的要求，这是因为关于某一对象的希望，一般都是基于对现状的不满而言的。需要注意的是，所提出的希望点应该具有比较广泛的代表性，能够形成足够的市场规模。

希望点列举法包括如下五个阶段，如图1-3所示。

确定对象
选择企业营销活动中的某一方面作为改进对象，或以消费者对企业营销活动最为关注的某一方面作为对象。需要注意的是，选择对象既要考虑市场的需要，还要考虑企业的内部条件，也要考虑策划人自己的知识与技能优势。

列举希望点
针对确定的对象，通过二手资料查询、走访用户、咨询专家等营销调研方法与手段获取尽可能多的希望点信息。

分析希望点
对从各方面收集来的希望点，结合需要满足的缺乏性、理论上的可靠性、技术上的可行性、实施效果的优良性等因素对各个希望点进行综合分析。对可以通过同一途径满足的希望归纳为希望点集。

寻找措施
经过对希望点的分析，初步选定某一希望点或希望点集作为创意对象，提出如何满足这些希望点的措施或方案。

形成创意
经过系统分析，将满足某一希望点的措施进一步具体化、方案化，并用创意说明书进行详细说明与描述。

图1-3　希望点列举法程序图

新型钢笔的发明

有一家钢笔制造公司用希望点列举法收集了一批改革钢笔的希望：希望出水顺利；希望绝对不漏水；希望不污染纸面；希望书写流利；希望小型化；希望笔尖不易开裂；希望不用打墨水；希望省去笔套；希望落地时不损坏笔尖；希望一支笔可以写出两种以上颜色……这家公司从中选出"希望小型化""希望不用打墨水""希望省去笔套"这三个希望点，研制出一种像圆珠笔一样可以伸缩、替换笔芯的小巧钢笔，满足了顾客需要。

3. 属性列举法

所谓属性列举法，就是将事物的属性分解为不同的部分或方面，并全面列举出来，然后以某一部分或方面的属性为置换内容，提出对该部分的创新构想(程序和举例分别见图1-4和表1-5)。

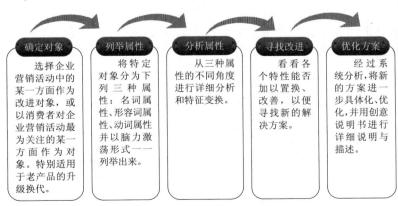

图1-4　属性列举法的程序

属性列举法是美国内布拉斯加大学克劳福德教授发明的一种提出问题和分析问题的方法。这一方法依据的原理是：任何事物，不论某种技术原理、设备、工艺、产品，还是某种组织管理形式都有其属性，而所谓创造，在一定意义上说，就是掌握呈现在自己眼前的事物属性，并将其放置到其他事物上，或者用其他形式来置换，从而实现对该事物的创新。

表 1-5　打火机产品营销策划中的属性列举法

名 词 属 性	动 词 属 性	形 容 词 属 性
全体——打火机 部分——燃料桶、打火装置、外壳 材料——金属、塑料、其他 燃料——液化气、汽油、煤油、酒精、其他	功能——打火、装饰 操作方式——推、按、碾	性质——轻型、重型；大的、小的；高档次、低档次；持久性、一次性 状态——圆柱体、长方体、多棱体；有焰、无焰(防风)等 色彩——黑色、白色、金黄色、透明无色等

资料来源：《营销策划：理论与技艺》，作者：张丁卫东

4. 6W2H 法

我国著名教育家陶行知先生提出 6W2H 法，他把这种提问模式叫作教人聪明的"八大贤人"。为此他写了一首小诗：

我有几位好朋友，

曾把万事指导我，

你若想问真姓名，

名字不同都姓何，

何事、何故、何人、何如、何时、何地、何去，

还有一个西洋名，

姓名颠倒叫几何。

若向八贤常请教，

虽是笨人不会错。

如图 1-5 所示，6W2H 方法代表了八种问题类型或八个方面分析问题的思路。在营销策划中，针对具体的对象，只要在每一个模式中填入具体内容，就会产生八个不同的问题及答案。6W2H 方法示例如表 1-6 所示。

图 1-5　6W2H 方法的程序

资料来源：《营销策划：理论与技艺》，作者：张丁卫东

表 1-6　某商店改变生意清淡的方法

序　号	提 问 项 目	提 问 内 容	情 况 原 因	改 进 措 施
1	何事(WHAT)	生意清淡	不明	根据情况制定
2	何故(WHY)	此处设这个店行不行	有需求	应保留
3	何人(WHO)	谁是顾客？旅客，居民？	未把旅客当作主要顾客	增加为旅客服务项目
4	何如(HOW)	怎样招徕更多旅客？	如何使商店显得更醒目？主营批发还是零售？专营百货还是兼顾维修服务？	增设路标购物指示牌；零售为主增加服务项目
5	何时(WHEN)	何时购物？旅客寄存行李后	无处寄存	办理行李寄存，特别是晚上
6	何地(WHERE)	店设在何处？离车站近，离居民区也近	为旅客服务	增加旅客上车前后所需商品
7	何去(WHICH)	上述事务由谁来完成？	目前店员够不够？缺人手怎么办？	增加店员工作内容和报酬，旺季人手不够时招募临时工
8	几何(HOW MUCH)	改进需多少投入？能得多少效益	本店有投资能力	装修扩大需 1.5 万元，预计收入增长 20%

资料来源：《创新能力教程》培训讲义——第三部分创新技法(1)，来源于网络

5. 奥斯本设问法

奥斯本设问法也称检核表法，是美国创造学家奥斯本在总结自己和他人的创造活动过程中，特别是在新产品开发经验总结的基础上，概括出来的九种问题模式，并把这九种问题归纳成一张全方位的检核表。

奥斯本检核表法就是通过列表进行提问的方法，对自己已经熟悉的事物设定问题，然后再逐一检查核对，看是否找到了有价值的问题，如果找到了有价值的问题，则意味着找到了一个策划的新起点。这种强制性的设定问题的思考方式，可以有效地突破"固有的、已成熟的事物不可改变"这一习惯思维的束缚，所以很受策划人的欢迎。在营销策划活动中，不论遇到什么项目，都可以依照这九种问题一一检核设问，提出创新问题或寻找创新思路。奥斯本检核表如表 1-7 所示。

表 1-7　奥斯本检核表

序　号	问　题	创　意
1	能否改变用途	是否还有其他用途,能否用于其他场合,是否改变后另做他用……
2	能否模仿	能否在当前设计中引用别人的创意,该创意能否引申出新的创意……
3	能否改变	能否在原设计基础上改变形态、颜色、声音、味道、制造方法……
4	能否缩小或舍去	能否缩小体积,减轻重量,微型化,省略或消除或分割某些部分……
5	能否扩大或增加	能否增大体积,增加重量,延长寿命,增加功能,扩大面积……
6	能否替代	能否进行材料替代,工艺替代,方法替代,动力替代……
7	能否重组	能否改变结构,改变布局,改变成分,改变顺序……
8	能否颠倒	能否颠倒方向,调换正负,里外翻转,时间倒计,上下颠倒,功能颠倒……
9	能否组合	能否将产品功能组合到其他产品上,将其他产品的功能组合到本产品上……

资料来源:《营销策划:理论与技艺》,作者:张丁卫东

6. 和田 12 法

上海和田路小学在对小学生进行创新教育的实践中,在奥斯本设问法的基础上,进一步制定了适合儿童记忆和运用的 12 个创意法则,也称"和田 12 法"或"和田技法",如图 1-6 所示。这 12 种方法对于营销策划人员发现问题、激发创意同样适用。

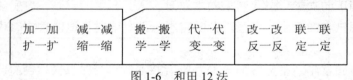

图 1-6　和田 12 法

(1) 加一加。从添加、增加、加长、加宽、附加、组合等角度考虑,使之出现新事物。例如,将四个篮球板面向外围成四面,中间有一共同支架连接支撑,就变成了供儿童练习投玩的新型篮球架,儿童可在有限的场地上从四面投篮,解决了人多篮板少的困难。

(2) 减一减。对原事物从删除、减少、减小、减轻、拆散、去掉等角度考虑,使之出现新事物。例如,曾经流行的 5 变速、10 变速、15 变速自行车的变速功能逐步被删除等。

(3) 扩一扩。考虑将策划对象的体积、面积、长度、宽度、空间等有所扩大,使之出现新事物。例如,电视机屏幕由 12 英寸到 18 英寸,18 英寸到 21 英寸、24 英寸、34 英寸变化,以迎合消费者住房面积增大、消费水平提高后的需求。

(4) 缩一缩。从减少、缩短、缩小等角度考虑,使之出现新事物。例如,曾经流行的大块头"大哥大"移动电话,体积减小到今天所见的小型手机。

(5) 搬一搬。把事物搬到别的地方,或将事物移到别的领域,从而产生新创意的办法。例如,将电视上的拉杆天线"搬"到鞋跟上去,可设计出后跟高低可调的新式鞋。

(6) 代一代。用一事物(或材料、技术、零件、功能等)代替另一事物。例如,甲醇汽车、乙醇汽车代替燃油汽车;铁制门窗代替木制门窗,铝合金门窗代替铁制门窗,塑料门

窗代替铝合金门窗；空心环保砖代替实心砖等。

(7) 学一学。学一学动物、植物的做法，模仿现有事物的形状、结构、原理等，使之出现新事物。例如，模仿蛇的嘴巴能张得大大超过它自己头的结构特征，发明蛇口型晒衣夹，将衣物搭在横竹竿上后，用这种衣夹可从上往下连竹竿一起夹住，解决了普通夹子不能夹竹竿的缺点。

TESLA：汽车的"能源革命"

汽油是汽车最常用的燃料，汽车的名称也由此而来。目前大部分重型载货汽车使用柴油作为燃料。除汽油和柴油外，汽车的代用燃料有多种。例如液化天然气、压缩天然气、甲醇、酒精，甚至菜油等。目前，世界上对电动汽车的研发已有了显著的进展。

硅谷工程师、资深车迷、创业家马丁·艾伯哈德(Martin Eberhard)在寻找创业项目时发现，美国很多停放超级跑车的私家车道上经常还会出现丰田混合动力汽车"普锐斯"的身影。他认为，这群富人不是为了省油才买普锐斯，"普锐斯"只是他们表达对环境问题看法的一种方式。于是，他有了将跑车和新能源结合的想法，而客户群就是这群有环保意识的高收入人士和社会名流。

2003年7月1日，马丁·艾伯哈德与长期商业伙伴马克·塔彭宁(Marc Tarpenning)合伙成立特斯拉(TESLA)汽车公司，并将总部设在美国加州的硅谷。2008年2月，TESLA开始交付第一辆Roadster；10月，Roadster实现量产，从布拉德·皮特、乔治·布鲁尼、施瓦辛格再到谷歌的两位创始人，TESLA的客户名单几乎就是一张全球财富榜。

(8) 变一变。从改变形状、颜色、音效、包装、结构、层次、味道、顺序等角度考虑，孵化新事物。例如，将气球的形状由球形改为圆饼形、米老鼠或唐老鸭形。

(9) 改一改。指对原有的事物进行修改，消除缺点，使它更方便、更合理、更新颖。

运动鞋与鱿鱼

从前日本有个叫鬼冢八郎的人，听朋友说"今后体育事业大发展，运动鞋是很有前景的产品"，他想：要在运动鞋方面取得成功，必须想方设法生产出其他厂家没有的新鞋来，任何商品都不会是完美无缺的，如果能抓住哪怕是针眼大的小缺点进行改革，也能研制出新的产品。于是，他选定了篮球鞋。他先拜访了几位优秀的篮球运动员，倾听他们畅谈目前篮球鞋的缺点。几乎所有被拜访的人都抱怨：现在的篮球鞋容易打滑，止步不稳，影响投篮的准确性。他便和运动员一起打篮球，亲身体验，并就此开始围绕篮球鞋容易打滑这一缺点进行革新。有一天，他在吃鱿鱼时，忽然看到鱿鱼的触角上长着一个吸盘。他想，如果把运动鞋底改成吸盘状，不就可以防止打滑了吗？于是，他就开始试验，将原来平底的运动鞋底改成凹底的。结果表明：凹底运动鞋比平底运动鞋在止步时稳得多。鬼冢发明的运动鞋上市后，立即受到运动员的欢迎，并迅速占领市场，成为独树一帜的新产品。

(10) 联一联。指寻找某个事物结果与起因的联系，从事物的联系中找到解决办法或提出新方案。

(11) 反一反。指从事物的正反、上下、左右、前后、横竖、运动方向等相反的方向来分析问题。

吹尘器和吸尘器

1901 年，在伦敦某个火车站，一场除尘器的公开表演，吸引了不少来往过客。人群中有一位叫赫伯·布斯的英国土木工程师，看得最起劲。这除尘器除尘的方法很简单，就是将灰尘用力吹走。可是，这除尘器在车厢使用时，"呼呼"地扬起漫天灰尘，让人不敢呼吸，十分害怕。赫伯·布斯心想，如果这除尘器不是吹尘而是吸尘，一定很清洁。回到家中，赫伯·布斯用手帕蒙住口鼻，趴在地上用嘴猛地吸了一口气，再一看，手帕上吸满了灰尘。经过反复试验，带有灰尘过滤装置的负压吸尘器终于问世了。

---

(12) 定一定。这是指定一个界限、标准或其他限制性参数，以提高工作效率。

例如在药水瓶上印上刻度，贴上标签，注明每天服用几次，什么时间服用，服用几格药；城市十字路口的交通信号灯红灯停、绿灯行。这些都是常见的规定，有了这些规定我们的行为能准确而有序。

学习完上述几种方法，你一定会得到许多不错的创意。在分析各个创意的过程中，最好拿一张如表1-8所示的表格，将分析取舍各个创意的理由和过程尽可能详细地记录下来。过一段时间后，用一张新表对这些源创意再进行一次分析，然后拿两张表对比，分析两次取舍是否一致，汇总后拿出新的取舍意见表。可能的话，也可以将这些源创意和空白表拿给其他人分析取舍，看对你形成的创意有没有启发。如此，循环反复多次，形成好创意的可能性就会大大增加。

表 1-8　源创意分析取舍表

创意编号	可行性分析				总体效果估计（指标值）	决策：取/舍	改进创意
	优势(S)	劣势(W)	机会(O)	威胁(T)			
1							
2							
……							

资料来源：《营销策划：理性与技艺》，作者：张丁卫东

【思考与练习】

一、填空题

1. 营销策划的实质是_____，对象是_____，根本任务是_____，目的是_____，依据是_____，核心内容是_____，成果是_____，保证是_____。

2. 营销策划的类型有＿＿＿＿＿＿＿＿、＿＿＿＿＿＿＿、＿＿＿＿＿＿＿。

二、简答题

1. 什么是营销策划？营销策划的作用是什么？
2. 简述营销策划的岗位职责。
3. 简述营销策划的工作流程。
4. 简述营销策划人应具有怎样的素质。
5. 简述营销策划人应具备怎样的能力。

【实战演练】

1. 在某企业营销人员的招聘会上，每位应聘者有 6 分钟的发言时间，你将如何抓住这 6 分钟时间，把自己有效地介绍给招聘方。请同学上台发言演示，然后由老师引导全班同学分析总结该同学发言的优缺点。

2. 以班为单位召开一次家乡旅游资源推介会，要求每位同学撰写出家乡旅游资源推介演讲稿，并在会上演讲。营销目标为激励尽量多的受众去你的家乡旅游。

3. 每五位同学一组，15 分钟内尽可能多地列举出电脑(或某一其他产品)的缺点(不必考虑能否改进的现实性)。每个小组指定一人记录列举出的缺点；规定时间结束后，分类、汇总各小组列举出的缺点，并向全班公布；面向全班，针对列举出的某项缺点，由各小组指定发言人提出新产品开发创意，在规定时间内尽可能多地提出创意；比较评价各小组列举出的缺点和提出的新产品开发创意的数量与质量。

4. 将全班同学分成两组，选定某一产品(手机、电脑、自行车、服装等)，A 组同学先提出对这一产品的某一希望，B 组同学略加思考回答这一希望可以通过哪些途径实现，然后 B 组同学提出对这一产品的希望，A 组同学回答实现的途径。以此类推，直至某一方无言以对，则为失败方。然后，更换产品，进入下一轮训练。

5. 设想怎样才能实现照明的目的？

6. 以某事物的结构为发散点设想出利用该结构的各种事物。例如，尽可能画出含有菱形、三角形、半圆形、圆球等结构的东西并说出名称。

7. 尽可能多地想象人们看到某一产品、某一颜色、某一符号、某一包装、某一广告、某一画面后会产生的形象。

8. 一物降一物产品接龙游戏：每两位同学一组，A 同学说："我是×××(一种产品名)"，B 同学必须回答"我是×××(另一产品名)，把你×××(降伏)"，然后依此循环，直到其中一位同学哑口无言。经过循环赛决出班里最优秀的辩手来。

9. 海尔公司原来生产的一种洗衣机，在四川的一些农村地区用户那里故障率非常高。经海尔市场人员调查发现，导致故障率如此之高的原因原来是当地用户不仅用洗衣机洗衣服，还用来洗土豆、洗地瓜等。然而，面对顾客对洗衣机的这种"过分"要求，海尔并没有坐视不理。经过技术论证和精心策划，终于有了满足顾客这一"过分"要求的"海尔大地瓜牌"洗衣机的问世。这种洗衣机一经推出，便受到了农村用户的极大欢迎。

　　如果你是海尔的经营者，面对顾客对洗衣机的这种"过分"要求，你会怎样处理？你是否也认为"海尔大地瓜牌"是一个绝妙的创意？如果让你来策划"海尔大地瓜牌"洗衣机，你会制定怎样的方案？

资料来源：《营销策划：理性与技艺》，作者：张丁卫东

第二篇　综合营销策划

综合营销策划是基于企业 STP 战略的全方位营销策划活动和方案，包括产品策划、价格策划、渠道策划和促销策划等各环节。

不论什么样的营销策划活动和方案，最终都要形成一个纲领式的总结文件，即营销策划书。营销策划书是营销策划活动和方案的书面表达形式。

本篇首先让大家了解综合营销策划，引导大家认识综合营销策划的一般方法和步骤，而后以营销策划书制作过程为逻辑主线，指导大家制作一个规范的营销策划书。

综合营销策划

【单元概述】

不同的策划者在进行营销策划时都有自己的一套方法，而且针对策划对象和策划要求的不同，策划的侧重点也各不相同。综合营销策划是在明确企业营销目标和营销策划主题的基础上，通过对营销环境进行总体分析，确定 STP 战略，进行产品策划、价格策划、渠道策划和促销策划，并对营销策划进行控制和评估的综合性活动。本单元就从营销策划活动过程出发，引导大家认识综合营销策划的一般方法和步骤。

【能力目标】

终极目标：
能进行综合营销策划。

促成目标：
- 能掌握综合营销策划的一般过程、程序步骤以及技术方法。
- 能结合营销实践，针对具体营销活动做出营销策划方案。
- 能独立进行营销综合策划的案例分析。

【项目导航】

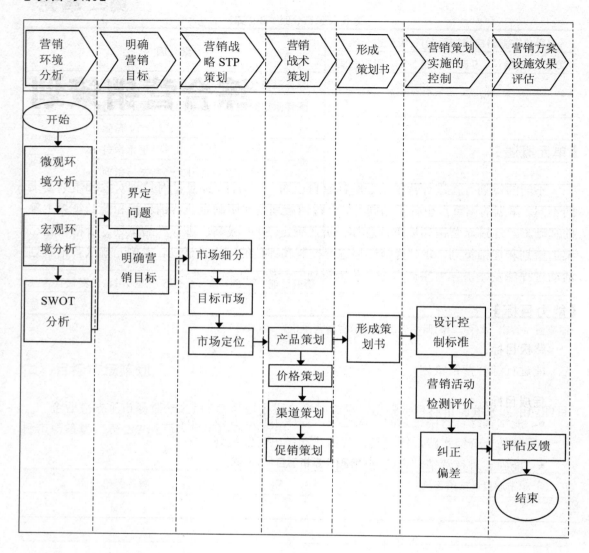

任务一 营销环境分析

【任务描述】

市场营销环境是指与企业营销活动有潜在关系的所有外部力量和相关因素的集合,它是影响企业生存和发展的外部条件。不同的因素对营销活动的影响不尽相同,同样的环境因素对不同的企业所产生的影响也会大小不一。对环境的科学把握和精准分析可以为制定相应的营销策略,采取正确的营销手段提供依据。可以说,进行环境分析是进行营销战略和战术策划的前提。通过本任务的学习，能够了解影响营销策划的宏观环境和微观环境，提高分析营销环境和捕捉市场机会的能力。

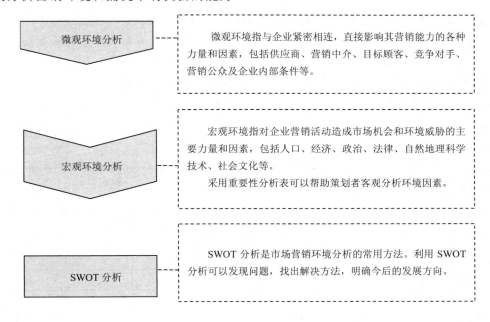

微观环境分析 —— 微观环境指与企业紧密相连，直接影响其营销能力的各种力量和因素，包括供应商、营销中介、目标顾客、竞争对手、营销公众及企业内部条件等。

宏观环境分析 —— 宏观环境指对企业营销活动造成市场机会和环境威胁的主要力量和因素，包括人口、经济、政治、法律、自然地理科学技术、社会文化等。
采用重要性分析表可以帮助策划者客观分析环境因素。

SWOT 分析 —— SWOT 分析是市场营销环境分析的常用方法。利用 SWOT 分析可以发现问题，找出解决方法，明确今后的发展方向。

【实践操作】

"御室家"浴室柜营销环境分析

浴室柜源于欧洲，流行于欧美，九十年代中叶在国内发展起来。以往，卫浴间和潮湿是紧密相连的，所以它一直是冷冰冰不怕水的瓷砖和洁具的天下，木制用品是不敢踏进半步的。但随着人们对卫浴空间的重视，希望把它装扮得温馨、有品位、更时尚、更有个性的愿望刺激了设计师们的灵感，玲珑精巧的浴室柜便吸引了人们的视线。浴室文化引导着人们未来的生活方式，浴室柜引领家居消费的时尚。

(1) 专业资料显示，未来 5 年，中国厨卫市场有 3 000 亿元的市场空间，厨房、浴室产品几乎每年都以 20%的比例高速增长，整体卫浴的增长率达 26%，浴室柜增长率将高达 40%以上，发展空间大，潜力大。

(2) 浴室柜行业的生产方式有两种：一种是知名品牌委托加工，即 OEM；另一种是自行开发自主生产。

(3) 浴室柜制作材料有：人造板(包括胶合板、刨花板、纤维板、中密度纤维板、防潮板、细木工板等)、PVC 板、实木，外加烤漆或贴面(包括木皮、水晶板等)。

(4) 相对于洁具行业来说，浴室柜是新兴行业，进入门槛低，发展快，利润高，市场还没有出现全国知名的品牌。由于利润的驱使，许多陶瓷洁具大公司瞄准了浴室柜行业，利用已有品牌资源进行品牌延伸，生产浴室柜及其配套产品；更多的并无实力的企业也一哄而上，盲目介入，行市一度被搅得如浑水一般，到 2006 年浴室柜行业竞争开始变得更加激烈,且不断有新的厂家介入。许多厂家,为寻求利润的最大化,不惜采用劣质材料来降低生产成本,低价销售,使得产品质量参差不齐,市场竞争杂乱无章。目前浴室柜市场除陶瓷洁具大品牌,如"和成""路易斯""TOTO""松下""箭牌""英皇""法国丹丽""美标""乐家""杜拉维特""科勒"等进行品牌延伸之外,还有专业生产浴室柜的品牌,如"爱家""佳晴""摩乐舒""佳美""澳金""豪洁""班尼卡""天堂""横岗""美乐佳""星牌""金迪""铭康""法尼尼""广洋""奥美加"等共几百个品牌。

(5) 产品同质化现象最为严重,没有一家具有较为核心的品牌竞争力;国内厂家的产品也没有形成各自的独特品类和特征优势,而更多的是重复模仿,对浴室柜市场消费者的类型、层次、特征、心理缺乏了解。

(6) 各厂家、品牌的市场营销策略、手段陈旧,且各厂家的扣点、返利大致相近,鲜有突破性的营销策略切入市场。

(7) 目前市场上知名陶瓷洁具品牌对浴室柜的品牌延伸多不成功,原因在于知名陶瓷洁具品牌对浴室柜的营销主要是为其他陶瓷洁具产品配套,产品线拉得过长,不能针对这一细分市场进行专项营销,而且生产方式主要为委托加工,不能保证产品的质量和售后服务,反而模糊了原品牌的定位,伤害了原品牌。

(8) 自主开发的浴室柜品牌所具有的共同点是:品牌众多,但与众不同的品牌寥寥无几;定位模糊,缺少推广策划;生产规模小。

案例来源:中国管理资讯网 www.21ask.com

一、对营销环境进行分析

可利用营销环境分析思路树对营销环境进行分析。表 2-1 中的项目供参考,实际操作时可根据情况进行增减。

表 2-1 营销环境分析思路树

营销环境	调查项目	调查内容	调查结果
宏观环境	政治法律	政治局势	
		法律政策	
		公众利益团体	
		社会治安	
	人口	人口规模	
		性别结构	
		年龄结构	
		民族结构	
		城乡结构	
		人口流动率	
		职业	
		受教育程度	
		家庭生命周期	

(续表)

营销环境	调查项目	调查内容	调查结果
宏观环境	经济	通货膨胀率	
		消费结构	
		消费者收入	
		市场利率	
		人均可支配收入	
		产业结构	
	文化	相关群体	
		消费/价值观念	
		风俗习惯	
		社会阶层	
	科学技术	新材料/工艺/设备/技术	
		新营销技术手段	
		新媒体技术	
		新物流技术	
		新支付手段	
	自然地理	气候/生态	
		资源/能源	
		污染/环保	
		地形地貌	
		地理位置/交通状况	
微观环境	目标顾客	顾客需要	
		购买力水平	
		顾客心理	
		顾客行为	
		所属社会阶层	
		身份地位	
		年龄和职业	
		经济状况	
		生活方式	
		信息来源	
		家庭生命周期阶段	
	竞争者	质量	
		价格	
		知名度	
		售后服务	
		使用方便性	
		企业信誉	
		销售方式	
		外观设计	
		广告投放数量及方式	
		主要目标市场消费者	

(续表)

营销环境	调查项目	调查内容	调查结果
微观环境	供应商	供货能力	
		供货质量/价格	
		供货周期	
		供货政策	
	营销中介	顺畅	
		增大流量	
		便利	
		开拓市场	
		提高市场占有率	
		扩大品牌知名度	
		经济性	
		市场覆盖范围和密集度	
		渠道控制	
	营销公众	金融公众	
		政府公众	
		媒介公众	
		企业内部公众	
		社团公众	
		社区公众	
	企业内部条件(由相关部门提供)	生产能力	
		营销能力	
		核心竞争力	
		财务状况	
		员工素质	
		技术水平	
		组织结构	
		经营理念	
		规模实力	
		领导风格	
		管理能力	
中观环境	行业	行业生命周期阶段	
		行业在社会经济中的地位	
		行业产业链位置	
		行业依赖资源	
		行业竞争结构	
		行业市场结构	
		行业发展趋势	
		进入该行业的障碍	

(续表)

营 销 环 境	调 查 项 目	调 查 内 容	调 查 结 果
中观环境	行业	退出该行业的障碍	
		竞争结构	
	地区	企业所在地政策	
		生产要素供应	
		产业集群状况	
		配套设施	
		市场所在地政策	
		居民收入水平	
		居民消费结构	

二、辨识环境因素的影响程度

利用重要性分析表(见表 2-2)进一步分析营销环境因素,看看各因素对企业营销活动的影响程度。

表 2-2 重要性分析表

因 素	对企业营销活动的影响及程度(-7～7分)	重要性(0～1分)	加 权 值
因素 1			
因素 2			
因素 3			
……			
因素 N			
总计			环境总分

重要性分析表的使用步骤如图 2-1 所示。

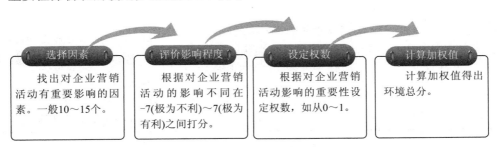

图 2-1 重要性分析表的编制步骤

注意：

打分是为了用客观的方法做出主观的判断，所以分值的大小并不重要，重要的是打分时的分析过程和通过分析所得出的对于环境因素与企业经营活动之间关系的认识和判断。

通过重要性分析表所得到的结论，可作为 SWOT 分析的依据。

三、进行 SWOT 分析

1. SWOT 分析的步骤

SWOT 分析的步骤如图 2-2 所示。

图 2-2　SWOT 分析步骤

2. SWOT 分析的基本方法和可能的战略(见表 2-3 和表 2-4)

表 2-3　SWOT 分析表

	内部优势(S)	内部劣势(W)
外部机会(O)	SO 战略(成长型战略) 依靠内部优势，利用外部机会	WO 战略(扭转型战略) 利用外部机会，克服内部劣势
外部威胁(T)	ST 战略(多元化战略) 利用内部优势，回避外部威胁	WT 战略(防御型战略) 减少内部劣势，回避外部威胁

表 2-4　2002 年深圳华为技术有限公司 SWOT 分析与可能的战略

	S 优势	W 劣势
	(1) 技术自主化程度高,国内属于较先进水平; (2) 产品市场占有率高; (3) 销售网络完善,销售人员素质高; (4) 海外客户关系初步确认; (5) 与客户关系良好	(1) 盈利产品线较为单一,且竞争优势不突出; (2) 技术商用化速度慢,程度低; (3) 核心技术掌控能力不足; (4) 技术发展方向不明确; (5) 日常运营费用高; (6) 人员流动偏大

(续表)

O 机会	SO 战略	WO 战略
(1) 经济总量稳定增长，居民生活水平提高，对信息产品的消费需求增大； (2) 国家重视对自主知识产权的保护； (3) 加入 WTO 后，产品在国际市场的竞争力加强	扩大规模，抢占国内和国际市场	对产品线进行调整，有计划地放弃部分市场，以期在其他方面得到优势
T 威胁	ST 战略	WT 战略
(1) IT 业全球范围内衰退； (2) 加入 WTO 以后进口产品竞争力加强； (3) 用户讨价还价能力过强； (4) 竞争对手技术进步快，商用化程度高； (5) 企业对人才争夺激烈	趁行业调整期进行企业内部调整，扩大企业优势	放弃部分产品，进行内部调整，裁撤部分机构和人员，收缩企业规模

资料来源：智库文档网(www.mbalib.com)"深圳华为技术有限公司战略规划"一文

【知识链接】

一、营销环境分析的内容(见图 2-3)

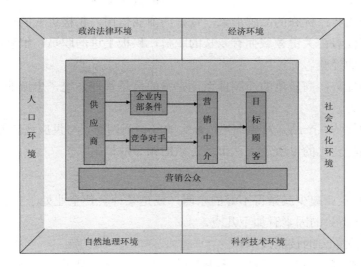

图 2-3　营销环境分析的内容

营销环境包括微观营销环境和宏观营销环境。其中微观环境主要包括供应商、竞争对手、营销中介、目标顾客、营销公众和企业内部条件；宏观营销环境主要包括人口、自然地理、科学技术、社会文化、政治法律和经济环境，具体内容如图 2-3 所示。

二、SWOT 分析

SWOT 是四个英文字母的组合，分别代表优势(Strength)、劣势(Weakness)、机会(Opportunity)和威胁(Threat)。

SWOT 是一种分析方法，是用来确定企业本身的优势和劣势、机会和威胁，指导企业系统地考虑其内部条件与外部环境，并确定企业可行性营销方案的一种方法。

SWOT 分析先通过对优势、劣势、机会和威胁加以综合评估与分析得出结论，然后再调整企业资源及企业策略，来达成企业的目标。

1. 优势(S)

优势是指一个企业超越其竞争对手的能力，或者指企业所特有的能提高竞争力的东西。例如，当两个企业处在同一市场或者说它们都有能力向同一顾客群体提供产品和服务时，如果其中一个企业有更高的盈利率或盈利潜力，那么，我们就认为这个企业比另外一个企业更具有竞争优势。

优势可以是以下几个方面。

- 技术技能优势：独特的生产技术，低成本的生产方法，领先的革新能力，雄厚的技术实力，完善的质量控制体系，丰富的营销经验，上乘的客户服务，卓越的大规模采购技能。
- 有形资产优势：先进的生产流水线，现代化车间和设备，丰富的自然资源储存，吸引人的不动产地点，充足的资金，完备的资料信息。
- 无形资产优势：优秀的品牌形象，良好的商业信用，积极进取的企业文化。
- 人力资源优势：关键领域拥有专长的职员，积极上进的职员，很强的组织学习能力，丰富的经验。
- 组织体系优势：高质量的控制体系，完善的信息管理系统，忠诚的客户群，强大的融资能力。
- 竞争能力优势：产品开发周期短，强大的经销商网络，与供应商良好的伙伴关系，对市场环境变化的灵敏反应，市场份额的领导地位。

2. 劣势(W)

劣势是指某种企业缺少或做得不好的东西，或是某种会使企业处于劣势的条件。

可能导致内部劣势的因素有如下几点。

- 缺乏具有竞争力的技能技术。
- 缺乏具有竞争力的有形资产、无形资产、人力资源、组织资产。
- 关键领域里的竞争能力正在丧失。

3. 机会(O)

市场机会是影响企业战略的重大因素。企业管理者应当确认每一个机会，评价每一个机会的成长和利润前景，选取那些可与企业财务和组织资源匹配、使企业获得竞争优势的潜力最大的机会。

潜在的机会可能有以下几个方面。

- 客户群的扩大趋势或产品细分市场的扩大。
- 技能、技术向新产品新业务转移，为更大客户群服务。
- 前向或后向整合。
- 市场进入壁垒降低。
- 获得购并竞争对手的能力。
- 市场需求增长强劲，可快速扩张。
- 出现向其他地理区域扩张，扩大市场份额的机会。

4. 威胁(T)

在企业的外部环境中，总是存在某些对企业的盈利能力和市场地位构成威胁的因素。企业管理者应当及时确认危及其未来利益的威胁，做出评价并采取相应的战略行动来抵消或减轻它们所产生的影响。

企业的外部威胁可能有以下几个方面。

- 出现即将进入市场的强大的新竞争对手。
- 替代品抢占企业销售额。
- 主要产品市场增长率下降。
- 汇率和外贸政策的不利变动。
- 人口特征，社会消费方式的不利变动。
- 客户或供应商的谈判能力提高。
- 市场需求减少。
- 容易受到经济萧条和业务周期的冲击。

SWOT 分析可以帮助找到产品的优势与劣势，潜在威胁和发展机遇，从劣势中找出问题给予解决，从优势中找出机会，发掘其市场潜力。

营销中存在的具体问题，多数情况下表现为以下几个方面。

- 企业知名度不高，形象不佳影响产品销售。
- 产品质量不过关，功能不全，被消费者冷落。
- 产品包装太差，提不起消费者的购买兴趣。
- 产品价格定位不当。
- 销售渠道不畅或渠道选择有误，使销售受阻。
- 促销方式不对，消费者不了解企业产品。
- 服务质量太差，令消费者不满。
- 售后保证缺乏，消费者购后顾虑多。

【思考与练习】

一、选择题

1. 影响企业营销的宏观环境因素有(　　)。
   A. 政治法律　　　　　　　B. 人口　　　　　　　C. 自然地理
   D. 经济　　　　　　　　　E. 社会文化　　　　　F. 科学技术

2. 下列属于社会文化环境因素的是(　　)。
   A. 风俗习惯　　　　　　　B. 法律法规　　　　　C. 宗教信仰
   D. 教育程度　　　　　　　E. 民族

3. 下列属于企业微观环境因素的是(　　)。
   A. 营销中介　　　　　　　B. 目标顾客　　　　　C. 竞争对手
   D. 政治法律　　　　　　　E. 社会文化

4. 公司的外部威胁可能是(　　)。
   A. 出现将进入市场的强大的新竞争对手　　B. 核心技术掌控能力不足
   C. 主要产品市场增长率下降　　　　　　　D. 日常运营费用高
   E. 人口特征，社会消费方式的不利变动

5. 公司的内部优势可能来源于(　　)。
   A. 技术自主化程度高　　　B. 与客户关系良好　　　C. 经济总量稳定增长
   D. 日常运营费用高　　　　E. 产品市场占有率高

二、填空题

SWOT 是四个英文字母的组合，分别代表(按顺序填写，英语汉语皆可)_____、
_____、_____、_____。

三、简答题

1. 企业营销环境的微观因素和宏观因素各指什么？
2. 如何进行 SWOT 分析，请具体叙述。

【实战演练】

1. 你准备在学校附近开一家饰品店，请你列出影响这项决策的重要宏观、中观、微观因素，并对这项决策面临的因素进行 SWOT 分析。

2. 你准备在学校附近开一家小型餐馆，请你列出影响这项决策的重要宏观、中观、微观因素，并对这项决策面临的因素进行 SWOT 分析。

任务二　明确营销目标

【任务描述】

营销目标是指在营销策划时所要达到的目标，是营销策划的核心部分，对营销策略和行动方案具有指导作用。明确营销目标，才能保证调查和分析方法以及结果的针对性和准确性，才能保证策划的高质量完成。而目标的确定，往往以问题为出发点。通过调研分析发现问题，进一步准确界定问题，确定问题的本质是什么，接下来设定营销目标，看如何解决问题，最后定义实现营销目标的途径和方法，确定策划主题。

界定问题	界定问题就是分析企业战略目标与营销现状之间的差距，营销策划的主要目的就是缩小这个差距。
确定营销目标	分析每一项问题点与机会点和营销目标之间的关系。解决这些问题或利用这些机会。

【实践操作】

一、界定问题

任何策划方案都是为解决某一特定问题而制作的，策划的过程就是寻求解决问题方案的过程。所以在开始进行营销策划的时候应该对企业当前需要解决的问题有个初步的界定。界定问题就是分析企业战略目标与营销现状之间的差距，这个差距就是企业存在的营销问题，营销策划的主要目的就是缩小这个差距。

二、确定营销目标

在拟定营销目标前，先要确定销售目标、目标市场以及营销的问题点与机会点。

1. 确定销售目标

销售目标能直接反映出公司在下一年度达成预测销量的能力，公司在研究分析营销资料之后设定销售目标。销售目标是营销目标的基础。公司的销售目标若设定在较高水准，或许表示近期顾客增加、市场占有率提高。公司的销售目标若设定在较低水准或中等水准，或许表示近期失去许多顾客及市场占有率，或销售区域内的竞争活动增多，或竞争者投入更可观的广告费用。这些情况都会直接影响营销目标的设定。

假设销售目标是要增加 700 万元的销售金额，则接下来的营销目标之一，或许是在未来 12 个月中,将现有顾客每年 2 次的购买次数提高为 3 次。为了要测算这一具体数字是否合理,营销人员必须了解顾客基础的大小,这就导出了下一步骤:目标市场。

2. 确定目标市场

确定目标市场,就是了解目标市场现实或潜在的人数多少。目标市场的资料不可或缺,因为每一项销售目标和营销目标都必须通过影响和改变目标市场的行为来实现,目标市场是达成销售目标和营销目标的来源或基础。

分析目标市场的大小之后,营销人员即可测算出销售目标和营销目标的具体数值,同时也能知道这些目标是否合理可行。假设公司拟定的销售目标是在未来 12 个月增加 700 万元的销售金额,其中一项营销目标是在未来 12 个月中,将现有顾客每年 2 次的购买次数提高为 3 次。如果不了解现有顾客总人数,就无法计算每年购买 2 次提高为 3 次后所增加的购买金额。如果知道现有顾客总人数,将现有顾客总人数以平均购买价格计算,即可求得顾客每年购买次数增加 1 次所增加的购买金额。

3. 分析问题与机会

分析问题点与机会点,是为了分析每一项问题点与机会点和营销目标之间的关系。营销目标实现的基础就是要解决这些问题或利用这些机会。

假设在对一家公司进行分析之后,发现的问题点是产品试用率很低,但是机会点是重复购买率却比同类产品的平均值高。此问题点和机会点的意义是试用率虽然很低,但是消费者却喜欢该产品所带来的利益,所以产品的接受度和忠实度者很高。因此亟待解决的问题就是提高消费者的试用率。

4. 确定营销目标

由上述问题点和机会点引申出来的可能的营销目标如下。
(1) 在未来 12 个月内,将目标顾客试用产品的新试用者提高 10%。
(2) 在未来 12 个月内,使新使用者的重复购买率达到 60%。

【知识链接】

什么是营销策划目标

营销策划目标是营销活动要达成的目的。营销策划目标是在分析营销现状并预测未来的机会和威胁的基础上确定的,一般包括财务目标和营销目标两类。其中财务目标主要包括目标利润额、成本利润率、货款回收率、资金利润率、投资收益率等。营销目标主要包括市场占有率、销售增长率、销售额、市场覆盖率等。

营销策划要有明确的目的性,策划一定要围绕既定的目标或方针,努力把各项工作从无序转化为有序。所有的行动方案将围绕营销策划目标而展开,目标越具体、准确,策划越有效。因此需要将策划的目标确立于一定时空范围之内,力求主题明晰,重点突出。明确营销策划所要达到的目标,可以有效地促使全体策划人员统一思想,协调行动,共同努力,保证策划高质量地完成。

营销目标具有以下特征。

- 具体。营销目标必须明确。
- 量化。营销目标必须以数字来表示，可量化才可评估。
- 特定时间段。营销目标有明确的时间要求。

【思考与练习】

一、选择题

1. 营销目标具有(　　)特征。
   A. 具体　　　　　　B. 量化　　　　　C. 特定时间段　　　D. 长期性
2. 确定营销目标的步骤有(　　)。
   A. 确定销售目标　　　　　　　　　B. 确定目标市场
   C. 分析问题与机会　　　　　　　　D. 确定营销目标

二、简答题

1. 什么是营销目标？它具有什么样的特征？如何进行营销目标的设定？
2. 你认为市场营销策划中首先明确营销目标有什么重要意义？

【实战演练】

椰岛鹿龟酒总公司为扩大销售业绩，准备进军广州市场。通过对上海 3000 家典型超市、卖场、便利店和食品大店调查统计发现：在保健酒市场上，椰岛鹿龟酒以 72.8%的占有率高居榜首。同期，另一组调查数据则显示：70%的消费者对保健酒的真材实料产生怀疑；77%的消费者认为保健酒的治疗范围让人不敢相信；37%的消费者反映保健酒质量不稳定，口感不好……请你针对以上问题并结合广州市场的特点以及现代人生活的特点，说明椰岛鹿龟酒广州市场营销的目标。

任务三　营销战略策划

【任务描述】

营销战略策划(STP)是指市场细分、目标市场和市场定位策划。营销战略策划的主要内容是策划人员通过了解现状、预测未来，寻求和评价市场机会，对机会所显现的市场进行细分，并对各个细分市场进行优选以决定目标市场、制定市场定位战略的一系列策划活动。通过本任务的学习，掌握市场细分策划、目标市场策划、市场定位策划的知识和技巧。

【实践操作】

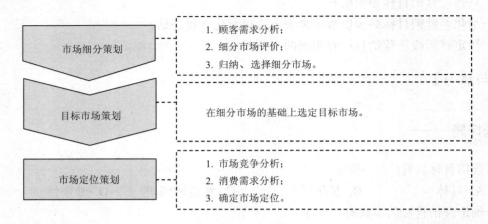

一、市场细分策划

市场细分策划通常有以下几个程序。

1. 正确选择市场范围

企业根据自身的经营条件和经营能力确定所要进入市场的范围，如进入什么行业，生产什么产品，提供什么服务。

2. 列出潜在顾客的基本需求

根据细分标准，比较全面地列出选定市场范围内所有潜在顾客的基本需求，如表2-5所示，作为以后深入研究市场的基本资料和依据。

表2-5 市场需求调查分析表

问　卷	答　案
1. 消费者的基本信息	
年龄	
性别	
收入	
……	
2. 消费者需要什么	
质量可靠	
价格在××元之内	
品种多样，款式新颖，颜色最受欢迎	
保修期××年以上	
3. 消费者在哪里满足这种需要	
专业批发市场	
中等档次超市	

(续表)

问　卷	答　案
4. 消费者在什么时候满足这种需要	
每年××月至××月每月购买量最大	
每年××节前后半个月每天购买量最大	
5. 消费者为什么要满足这种需求	
家庭需要	
地位的象征	
追求时尚	
经济实用	
品牌知名度高	
……	
6. 消费者如何满足这种需求	
成批购买	
单独购买	
跟风购买	
7. 消费者消费特性如何变化	
有新的替代品在×年内取代现有产品	
8. 哪些因素会导致消费者增加购买该产品	
9. 哪些因素会导致消费者减少或放弃购买该产品	

资料来源:《市场营销管理职位工作手册(第二版)》,作者:程淑丽

3. 分析潜在顾客的不同需求

从潜在顾客的基本需求中找出哪些对他们更为重要,在此基础上初步划分出一些顾客需求差异较大的细分市场。

4. 抽掉潜在顾客的共同需求

现在企业需要抽掉各细分市场的共同需求。这些共同需求固然很重要,但只能作为设计市场营销组合的重要基础,不能作为市场细分的依据。

5. 为细分市场定名

为便于操作,可结合各细分市场上顾客的特点,用形象化、直观化的方法为细分市场命名。如某旅游市场分为舒适型、新奇型、冒险型、享受型、经常外出型等。

6. 复核

进一步对细分市场进行调查研究,结合本企业资源,对每一个细分市场的顾客需求、竞争状况等因素做更深入的考察,以便进一步明确各细分市场有没有必要重新细分或合并。

7. 预测每一细分市场的规模

企业进行市场细分是为了寻找获利的机会和发展的潜力,所以在此阶段应测量各细分市场潜在顾客的数量。以便选择最合适的细分市场作为目标市场。

表 2-6 所示是每个细分市场各因素的评分表。

表 2-6　细分市场评分表

因　素		细分市场评分(使用时可自行确定分值)		
		细分市场 1	细分市场 2	细分市场 3
市场环境因素	市场环境综合因素是否对细分市场有利			
	市场环境关键因素是否对细分市场有利			
宏观环境因素	经济			
	技术水平			
	政治、法律、文化和社会因素			
市场潜力	细分市场客户数量			
	潜在销售额			
竞争	竞争优势明显与否			
开发细分市场与总体目标一致的程度				
是否有需要的营销、生产、资金、管理资源，能否获得				
总分				

资料来源：《市场营销管理职位工作手册(第二版)》，作者：程淑丽

二、目标市场策划

企业完成了市场细分之后，就可以根据自身的实际情况确定目标市场并采取相应的目标市场策略。表 2-7 所示为目标市场分析表。

表 2-7　目标市场分析表

细分市场名称	得　分	是否选定为目标市场
1.		
2.		
3.		

三、市场定位策划

企业进行市场细分和选定目标市场之后，就必须回答一个重要的问题：如何进入目标市场？以怎样的姿态和形象占领目标市场？市场定位就是在客户心目中树立独特的形象。

市场定位的关键是企业要设法在自己的产品上找出比竞争者更具有竞争优势的特性。竞争优势一般有两种基本类型：一是价格竞争优势，就是在同样的条件下比竞争者定出更低的价格。这就要求企业采取一切努力来降低单位成本。二是偏好竞争优势，即能提供确定的特色来满足顾客的特定偏好。这就要求企业采取一切努力在产品特色上下工夫。因此，

企业市场定位的全过程可以通过以下三大步骤来完成。

1. 分析目标市场的现状，确认潜在的竞争优势

这一步骤的中心任务是要回答以下三个问题：一是竞争对手产品定位如何；二是目标市场上顾客欲望满足程度如何以及确实还需要什么；三是针对竞争者的市场定位和潜在顾客的真正需要的利益要求，企业应该做及能够做什么。要回答这三个问题，企业营销策划人员必须通过一切调研手段，系统地设计、搜索、分析上述问题的资料和研究结果。

通过回答上述三个问题，企业就可以把握和确定自己的潜在竞争优势在哪里。

企业竞争优势分析表如表2-8所示。

表2-8　竞争优势分析表

目标市场 竞争优势分析	目标市场名称		
	目标市场1	目标市场2	目标市场3
具有的竞争优势			
是否真实			
对于用户是否重要			
是否明确			
是否有利于促销			
优势来源			
1. 经营管理			
2. 技术开发			
3. 采购			
4. 生产			
5. 市场营销			
6. 财务			
7. 产品			
各目标市场竞争情况具体分析			
明确的竞争对手名称	1. 2. 3.	1. 2. 3.	1. 2. 3.
市场营销方面竞争优势具体分析			
1. 提供的产品			
数量			
质量			
声誉			
2. 场所			
位置			
采用的渠道			
配送服务			

(续表)

目标市场 竞争优势分析	目标市场名称		
	目标市场 1	目标市场 2	目标市场 3
3. 价格			
价格水平			
经销商优惠/商业优惠			
数量优惠			
4. 促销			
质量			
数量			
预算			
……			

资料来源:《市场营销管理职位工作手册(第二版)》,作者:程淑丽

2. 准确选择竞争优势,对目标市场初步定位

竞争优势表明企业能够胜过竞争对手的能力。这种能力既可以是现有的,也可以是潜在的。选择竞争优势实际上就是一个企业与竞争者各方面实力相比较的过程。比较的指标是一个完整的体系,只有这样,才能准确地选择相对竞争优势。通常的方法是分析、比较企业与竞争者在经营管理、技术开发、采购、生产、市场营销、财务和产品等七个方面究竟哪些是强项,哪些是弱项。借此选出最适合本企业的优势项目,以初步确定企业在目标市场上所处的位置。

3. 显示独特的竞争优势

这一步骤的主要任务是企业要通过一系列的宣传促销活动,将其独特的竞争优势准确地传播给潜在顾客,并在顾客心目中留下深刻印象。为此,企业首先应使目标顾客了解、知道、熟悉、认同、喜欢和偏爱本企业的市场定位,在顾客心目中建立与该定位相一致的形象。其次,企业通过各种努力强化目标顾客形象,保持目标顾客的了解,稳定目标顾客的态度和加深目标顾客的感情来巩固与市场相一致的形象。最后,企业应注意目标顾客对其市场定位理解出现的偏差或由于企业市场定位宣传上的失误而造成的目标顾客模糊、混乱和误会,及时纠正与市场定位不一致的形象。

企业产品定位表如表 2-9 所示。

表 2-9　产品定位表

属　性		定　位　基　点	定　位
营销属性	营销观念	市场营销	
		关系营销	
		绿色营销	
	营销战略	成本领先	
		差异化	
		目标聚焦	

(续表)

属　性		定　位　基　点		定　位
营销属性	竞争战略	是非定位		
		跟随定位		
	营销策略	价格		
		渠道		
		促销	推销人员	
			广告	
			公关	
			营业推广	
产品属性	核心产品	功效定位		
		用途定位		
		利益定位		
	形式产品	包装定位		
		质量定位		
		款式定位		
		特色定位		
	附加产品	声誉定位		
		服务定位		
		保证定位		
需求属性	who	按专业化顾客群定位		
	why	按购买动机定位		
	when	按购买时间定位		
	what	按追求利益定位		
	where	按购买地点定位		
	how	按购买方式定位		

黑袜子网站的 STP 战略

一种最普通的黑袜子，标价不菲，不打折，不促销，要把它卖出 1000 万双，是不是有点天方夜谭？ 10 年前，美国的一个年轻人赛米·莱奇缇就开始挑战这种不可能。

袜子，男人的烦心事

曾经每个星期，白领一族的赛米·莱奇缇上班前都要经历一场严酷的心理挑战：搭配他的袜子。其中最难配的是黑色的袜子，因为它们还不完全一样。有的颜色已消退成蓝色，有的则不然。有的是凹纹，有的是螺纹，具有不同的拉伸度和伸张度，男人常常为它们的质地和长度困惑。有时他们会发现袜子有个破洞，就毫不犹豫地把它们丢掉。因为，在2007 年前世界银行行长保罗·沃尔福威茨就因为袜子发生了一件尴尬的事。他在一家土耳其清真寺里把鞋子脱掉后，被别人拍到灰色袜子上有洞，露出了他的大脚趾。照片在全世界网络上都能被看到。

男人永远不用再担心配错袜子

突然有一天，赛米·莱奇缇产生了一个奇怪的想法：我为什么不替男人解决袜子的烦心事呢？只要每个美国男人一个月买一双，我一年卖出 100 万双都不在话下啊！于是赛米·莱奇缇辞职后开了一个叫"BlackSocks.com"的网络商店，网店的承诺是"男人永远不用再担心配错袜子"。

"BlackSocks.com"，顾名思义其专卖"黑袜子"。对于天天穿皮鞋、西裤的人群，黑袜子是最好的搭配；据一些爱穿黑袜子的人称，他们衣柜里的黑袜子大部分都有洞，每天都得选一双"洞最小"的穿，明明每双都有洞了，自己又抽不出时间去买这么一双普普通通的黑袜子！

BlackSocks 出现时，没有做什么特殊形式的创意，只要是"黑袜子"就够了！这家网店共卖 4 种长短不一的黑袜子，其中卖得最好的是最普通的黑短袜。当袜子订购服务中心给职场男人们打电话的时候，立刻引起了他们的注意。网站开通一个月后，就售出了 100 万双短袜。10 年来，BlackSocks 居然成功卖出了 1000 万双，它的 4 万多名固定客户不仅仅在美国，而是分布在全球 74 个国家。

"黑袜子网站"的成功模式

你可以去体验一下这个神奇的网店。只要登录 BlackSocks 的网站，付费后，马上就会先收到 3 双袜子，4 个月后，又会再收到 3 双袜子，再 4 个月，又会再收到 3 双袜子。BlackSocks 会在一年后，再问你一次要不要继续订购，若还要的话，明年会这样继续下去……

当然，你可以选择是每两个月送一次、每 3 个月送一次、每 4 个月送一次，还是每半年才送一次。

至于收费，若单买一双黑袜，基本上是一双 10 美元，如果是正常的"每 4 个月送一次，一次 3 双"，要价 89 美元，也就是每双 9.8 美元，以此类推。坦白说，这个价钱显然是稍贵了！不过，这个价钱是包含运费的，网站声称它运到全球任何地方都是这个价钱，而且只要一年付一笔不到 100 美元的钱，以后就不用担心没有合适的袜子穿了！

一个非常简单的服务——帮你选择合适的袜子，让男人从枯燥乏味的家务事中脱身，因此人们接受了它高出商场的价钱；一件普通的居家产品，因为变成按月到达的问候，像是一个随时在你身边关心你的朋友，因此它变得不可或缺。在袜子上丢过丑的保罗·沃尔福威茨现在也是赛米·莱奇缇黑袜子的铁杆用户，他还曾经寄出一封私人信件表示感谢。

案例来源：《黑袜子网站卖袜子单月卖出 100 万双》一文，2012 年发表于网络，作者：陆伟。有改动

【知识链接】

一、市场细分

市场细分是指根据总体市场中不同消费者的需求特点、购买行为和购买习惯等不同，把市场分割为若干相类似的消费者群，其中每一个消费者群就是一个子市场或称细分市

场。市场细分有利于分析市场机会，开拓新市场；有利于企业根据子市场的特点，集中资源，生产适销对路的产品；有利于针对目标市场采取独特的营销策略，以获得最佳收益。

二、目标市场

1. 目标市场选择

企业根据细分市场的数量、状况、分布以及各细分市场的特征，选择一个或若干个细分市场作为企业主要的营销对象，这就是目标市场选择。

2. 目标市场营销策略(见表 2-10)

表 2-10　目标市场营销策略

目标市场营销策略	特 征	优 点	缺 点	适 用
无差异性营销策略	企业以整个市场作为目标市场,提供单一产品	规模效益,降低成本	忽视市场需求的差异	同质,规模效益明显的产品
差异性营销策略	针对不同的细分市场,实施不同的组合策略	考虑市场需求差异	加大成本,抬高价格	实力雄厚的大企业
集中性营销策略	针对某一子市场实施一套组合策略	专业化经营,降低成本	市场单一,风险较大	资源力量相对有限的小企业

三、市场定位

1. 市场定位的概念

所谓市场定位，就是根据竞争者现有产品在市场上所处的位置，针对消费者对该产品某种特征或属性的重要程度，强有力地塑造出本企业产品与众不同的、给人印象鲜明的个性或形象，并把这种形象生动地传递给消费者，从而使该产品在市场上确定适当的位置。简而言之，市场定位就是在客户心目中树立独特的形象。

菲利普·科特勒在《营销管理》一书中提出，市场定位是企业实施市场营销组合策略的前提，市场营销组合策略是市场定位战略运用的结果。

王老吉的市场定位与市场营销组合策略

"红罐王老吉"的市场定位是"预防上火的饮料"，围绕这样的市场定位，该企业实施如下的市场营销组合策略：

产品策略：凉茶始祖，草本植物提取；

价格策略：上市的价格比普通饮料高，支持其能"预防上火，有利健康"的观点；

分销策略：因为饮食是上火的一个重要原因，特别是"辛辣""煎炸"饮食，所以王老吉首先加大力度开拓以麻辣口味为主的餐饮场所，重点选择在湘菜馆、川菜馆、火锅店、烧烤店等；

　　广告策略："怕上火，喝王老吉"。

　　通过向消费者派送"防上火宝典"、在夏天举行"炎夏消暑王老吉，绿水青山任我行"刮刮卡等促销活动，提高消费者对王老吉作为预防上火的功能性饮料的认知。

案例来源：《哈佛商业评论》中文版，2004年11月

2. 市场定位的内容

　　市场定位可分为产品定位、目标市场定位和企业定位等。

　　(1) 产品定位

　　产品定位是在营销策划时确定产品各种属性的位置、档次。具体包括：质量定位；功能定位；造型定位；体积定位；色彩定位；价格定位，等等。

　　(2) 目标市场定位

　　目标市场定位是指确定产品进入的目标市场。在进行营销策划时，首先必须进行市场定位，只有确立了目标市场，才能考虑推出与其相适应的产品。市场定位从总的方面看主要有以下几方面内容。

　　① 地域定位。即考虑本企业产品的市场区域是世界范围、全国范围还是本地范围。如果是世界范围，具体又可分为北美或东南亚或其他地区，等等。

　　② 气候定位。即产品在什么气候类型的地区销售，是北方还是南方，是少雨干燥地区还是多雨潮湿地区。

　　③ 性别定位。产品是男性用还是女性用，是两者兼用还是男女有所偏重。

　　④ 年龄定位。不同年龄段的消费者对产品的要求往往有较大的区别，只有充分掌握和利用这些特点，才能赢得各个不同年龄层次段的消费市场。

　　⑤ 层次定位。不同阶层的消费特点也会有所不同，通过阶层划分来确定自己的目标市场也是市场定位的一个重要因素，阶层定位可以按知识层次、收入层次、职位层次等标志进行多种划分。

　　⑥ 职业定位。这种定位除了按工人、农民、学生等明显不同的职业区分外，更应善于划分那些不太明显的职业区别，如城镇职工既有第一线操作工人，也有商店营业员，还有公司办公室职员，等等。

　　⑦ 文化定位。不同的地区、国家、民族有着不同的文化，市场定位应充分考虑不同文化对产品需求的不同特点。

　　⑧ 个性特点。即考虑把自己的产品销售给具有什么样个性的消费者。

　　(3) 企业定位

　　企业定位是对产品定位、市场定位的强化，它通过企业在市场上塑造和树立良好的形象，形成企业的魅力，并产生"马太效应"，推动营销活动。企业定位一般要运用独特的产品、独特的企业文化、企业的杰出人物、企业环境和公共关系手段进行。

　　市场定位与产品定位、企业定位分别是三个不同的层次。产品定位是基础、是前提，企业定位是完成整个企业营销定位的最后阶段，市场定位则是居于两者之间、承前启后的

中间阶段。市场定位与产品定位、企业定位存在着相互重叠、相互影响、相互依赖的内在联系。企业营销定位策划需要各个方面的通力合作和相互照应，为最终实现共同的目标努力。

3. 市场定位的策略

(1) 避强定位

避强定位是指企业力图避免与实力最强的或较强的其他企业直接发生竞争，而将自己的产品定位于另一市场区域内，使自己的产品在某些特征或属性方面与最强或较强的对手有比较显著的区别。

优点：避强定位策略能使企业较快地在市场上站稳脚跟，并能在消费者或用户中树立形象，风险小。

缺点：避强往往意味着企业必须放弃某个最佳的市场位置，很可能使企业处于较差的市场位置。

(2) 迎头定位

迎头定位是指企业根据自身的实力，为占据较佳的市场位置，不惜与市场上占支配地位的、实力最强或较强的竞争对手发生正面竞争，而使自己的产品进入与对手相同的市场位置。

优点：竞争过程中往往引人注目，甚至产生所谓的"轰动效应"，企业及其产品可以较快地为消费者或用户所了解，易于达到树立市场形象的目的。

缺点：具有较大的风险性。

(3) 创新定位

寻找新的尚未被占领但有潜在市场需求的位置，填补市场上的空缺，生产市场上没有的、具备某种特色的产品。如日本索尼公司的索尼随身听等一批新产品正是填补了市场上迷你电子产品的空缺，并进行不断的创新，使得索尼公司即使在二战时期也能迅速发展，一跃成为世界级的跨国公司。采用这种定位方式时，公司应明确创新定位所需的产品在技术上、经济上是否可行，有无足够的市场容量，能否为公司带来合理而持续的盈利。

优点：进入空白市场，竞争较小，能吸引追求新奇的消费者。

缺点：增加生产和销售成本，可能面临消费者不认可的风险。

(4) 重新定位

企业的产品在市场上定位即使原本很恰当，但在下列情况下，还应考虑重新定位：

① 竞争者推出的新产品定位于本企业产品附近，侵占了本企业产品的部分市场，使本企业产品的市场占有率下降。

② 消费者的需求或偏好发生了变化，使本企业产品销售量骤减。

重新定位是指企业为已在某市场销售的产品重新确定某种形象，以改变消费者原有的认识，争取有利的市场地位的活动。如某日化厂生产婴儿洗发剂，以强调该洗发剂不刺激眼睛来吸引有婴儿的家庭。但随着出生率的下降，销售量减少。为了增加销售，该企业将产品重新定位，强调使用该洗发剂能使头发松软有光泽，以吸引更多、更广泛的购买者。

优点：积极寻求新的市场机会，改变不利局面。

缺点：塑造新的形象可能面临成本增加、消费者不认可的风险。

企业在进行市场定位时，应慎之又慎，要通过反复比较和调查研究，找出最合理的突破口。避免出现定位混乱、定位过度、定位过宽或定位过窄的情况。而一旦确立了理想的定位，公司必须通过一致的表现与沟通来维持此定位，并应经常加以监测以随时适应目标顾客和竞争者策略的改变。

【思考与练习】

一、选择题

1. STP 是指(　　)。
   A. 市场细分　　　　　　B. 目标市场　　　　　C. 市场定位　　　　　D. 市场分析
2. 市场定位的内容有(　　)。
   A. 产品定位　　　　　　B. 价格定位　　　　　C. 目标市场定位
   D. 促销定位　　　　　　E. 企业定位
3. (　　)差异的存在是市场细分的客观依据。
   A. 产品　　　　　　　　B. 价格　　　　　　　C. 需求　　　　　　　D. 渠道
4. 采用无差异市场营销战略的最大优点是(　　)。
   A. 市场占有率高　　　　　　　　　　　　B. 成本较低
   C. 市场适应性强　　　　　　　　　　　　D. 需求满足程度高
5. 企业在市场定位过程中(　　)。
   A. 要了解竞争产品的市场定位
   B. 要研究目标顾客对产品各种属性的重视程度
   C. 要选定本企业产品的特色
   D. 要避开竞争者的市场定位
   E. 要充分强调本企业的质量优势

二、简答题

1. 什么是市场细分？市场细分的步骤有哪些？
2. 如何进行目标市场的选择？
3. 市场定位的策略有哪些？

【实战演练】

1. 通过查阅相关资料，研究某一国内知名品牌的 STP 战略策划，并写出心得。
2. 为××旅行社(可结合你所在的地区特点)进行 STP 策划。通过对该旅行社进行市场细分、目标市场选择和市场定位，深入理解 STP 策划的重要性，初步掌握 STP 策划的步骤与方法。

(1) 根据当地情况以及背景资料，选择合适标准或依据对××旅行社进行市场细分。

(2) 为××旅行社选择合适的目标市场。

(3) 为××旅行社进行市场定位。

(4) 制定××旅行社 STP 策划方案。

任务四　营销战术策划

【任务描述】

市场营销组合策略即产品策略、价格策略、渠道策略和促销策略，又称为 4P 策略。本任务要求学生了解营销战术的主要构成，熟练运用营销组合策略进行营销策划活动。考虑到相同的内容还会在第三篇进行详细描述，在本任务中，对于"营销战术策划"的相关内容只做概述，以保持综合营销策划内容的完整性。

【实践操作】

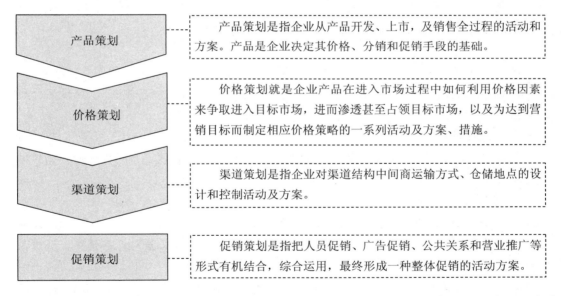

借助以下案例，我们可以了解营销战术策划的概况，具体营销战术策划的应用，会在第三单元呈现。

"御室家"浴室柜市场的营销战术策划

一、产品策划

1. 产品名称

尽管浴室柜的购买形态偏重于理性，但浴室柜的使用情景却是极感性的。"御室家"的品牌形象追求的是"时尚,高品位,艺术化,品质卓越、尊贵,国际化品牌"。"御室家"认为浴柜室每块材料都有故事,每一个浴室柜都有生命,是"御室家"精神和理念的延伸,所以公司为每一个浴室柜起一个名字,叙述一个典故,让冰冷的静物具有丰富生动的形象。

2. 产品包装

产品包装关系到产品的档次。在包装设计方面,在考虑成本的同时,更要体现出产品的高品质、高品位的内涵。

3. 产品线

根据不同的细分市场,设计不同规格、不同材质、不同系列的产品。公司将产品线划分为四类:第一类是创新系列,定位为市场"占利"产品,树立"御室家"未来的高端产品形象。创新系列为"御室家"的"明星产品",通过推广创新系列来带动"御室家"的整个产品线,作为企业追求利润的重点产品。第二类是时尚系列,为"御室家"的核心产品,在市场上确立为"占量"的角色。第三类是现代系列,定位于市场上阻击竞争对手的防御性"占位"产品。第四类是DIY(自己设计)系列,定位于"占领未来市场"的产品。以消费者为中心的个性化产品将成为未来市场的主流。

二、价格策略

1. 价格定位

在价格方面,"御室家"浴室柜高档产品与同等的国外陶瓷洁具品牌,相差不大(价格比国外品牌低15%～20%);低档产品价格与一般品牌的价格相当。

2. 价格体系

区域总经销价、分销价、终端零售价、终端零售限价、首次工程报价和实际工程报价、出口价,每一个级别都有价差,在实际操作过程中应严格执行"价差体系",全国实行统一的报价表。

三、渠道策略

主推经销制,以省级市场为一个战略单位,以一线城市为各区域市场的中心,销售网络覆盖地级市。

1. 渠道的形式和体系

(1) 进入终端零售市场(包括专业的建材店、大型建材超市、品牌洁具专卖店)。以专卖店、专营区的形式,用适宜的终端拉动方式调动终端市场,积极推动产品销售,形成品牌的张力。

(2) 打入工程市场(包括装饰装修公司、建筑公司、房地产公司、设计院等)。由于各地的市场状况都有所不同,所以"御室家"将采取直销和产品总经销的形式共同进入市场:第一,利用自营店树立品牌形象,开发、带动和服务区域市场;第二,促进"御室家"与总经销的资源整合,以达到建立强势品牌的目的。将总经销作为企业持久发展的战略伙伴,共同分享品牌带来的丰厚利润。

(3) 采取四种分销体系。

● 省级总经销(负责和"御室家"联手开发全省的产品招商、销售及品牌推广工作)。

- 地级总经销(负责和"御室家"一起开发该地区的产品销售及品牌推广工作)。
- 特约经销(主要是针对有一定资源和优势的装饰公司、贸易公司、设计院、房地产公司等)。在市场开发初期，可直接从厂商进货，后期从当地总经销处进货，销售能力很强的情况下也可直接与厂商合作。
- 建材超市。

2. 经销商的选择

根据"御室家"的企业理念、品牌定位和形象，"御室家"品牌将走与"国际知名品牌"相匹配的路线，在经销商的选择上优先考虑各区域国际知名品牌洁具的经销商、代理商，争取同他们合作。

四、推广策略

公司针对消费者寻求"一站式"解决方案的特点，以建材市场周边的户外广告为主，辅之以车体、报纸等广告形式，个别区域投放电视广告。推广费用有自己承担和经销合作两种方式。对经销商、设计院、房地产公司、装修公司的拉动主要采取参加建材展览会或销售人员直接开拓等形式。

案例来源：中国管理资讯网(www.21ask.com)

【知识链接】

一、产品策划

1. 产品策划的概念

产品策划是指企业产品从开发、上市、销售至退出市场的全过程的策划活动及方案。

2. 产品要素

产品要素包括性能、质量、花色、品种、规格、型号、商标、包装、服务等。

3. 产品策划的内容

产品策划包括以下内容。

- 产品定位策划。
- 产品组合策划。
- 新产品开发与推广策划。
- 产品生命周期与营销策划。
- 产品品牌策划。
- 产品包装策划。
- 产品服务策划。
- 产品价格策划。

4. 产品生命周期策略

产品生命周期包括投入期、成长期、成熟期和衰退期，各生命周期营销策略如表2-11所示。

表 2-11　产品生命周期营销策略

产品生命周期	特　征	营　销　策　略
投入期	消费者对新产品缺乏了解,销售量小; 单位成本高; 广告及营销费用开支大; 产品技术、性能不够稳定; 市场风险大,市场竞争者少; 企业利润少,亏损严重	快速撇脂策略 慢速撇脂策略 快速渗透策略 慢速渗透策略
成长期	产品已被消费者普遍认识并接受,销售量增加; 产品技术、性能逐步完善,成本下降,利润增加; 大批竞争者加入; 产品销售渠道畅通	提高产品品质 开辟新市场 树立产品形象 调整产品价格
成熟期	产品销售增长率开始减慢; 市场上同类产品增多,竞争激烈; 成熟期末,企业利润开始下降; 潜在消费者开始减少	产品改进策略:品质、性能、服务; 市场改进策略:开发产品的新用途,刺激现有老客户,重新定位; 营销组合改进策略
衰退期	产品销售量急剧下降:产品积压,价格下跌,利润剧减; 市场上出现了性能更好的替代产品; 竞争者相继退出市场	集中策略 持续策略 撤退策略

二、价格策划

1. 影响定价的因素

- 产品成本。
- 市场需求。
- 竞争因素。
- 产品生命周期。
- 其他因素。

2. 价格要素

价格要素包括成本、基本价格、价格折扣、付款条件、信贷条件及各种定价方式等。价格策划方案包括以下几个方面。

- 制定价格。企业定价的基本程序:选择定价目标→分析市场需求→估算成本→分析竞争者成本、价格和提供物→确定定价策略和方法→确定最终价格。
- 修订价格。包括价格折扣和价格调整。

3. 价格策划的内容

- 定价策划。
- 价格调整策划。

三、渠道策划

1. 渠道要素

渠道要素包括：渠道的结构、产品运输方式、仓储地点的选择；批发商、中间商、零售商的选择和控制。

2. 渠道策划的内容

- 渠道设计策划。直销、分销，渠道的长短、宽窄等。
- 渠道管理策划。如何管理目前的中间商。
- 渠道调整策划。拓展或缩减销售渠道的计划。
- 渠道的合作、冲突和竞争策划。有何优惠政策鼓励中间商和代理商的积极性，有何奖励措施，如何避免中间商的地域竞争，等等。

四、促销策划

1. 促销要素

促销要素包括广告、人员推销、销售推广活动、公共关系。

2. 促销策划的内容

- 广告促销策划。
- 公共关系策划。
- 营业推广策划。
- 人员推销策划。

【思考与练习】

一、选择题

1. 产品策划的内容有(　　)。
   A. 产品定位策划　　　　　　　　B. 产品组合策划
   C. 新产品开发与推广策划　　　　D. 产品生命周期与营销策划
   E. 产品品牌策划

2. 产品生命周期处于投入期的特点有(　　)。
   A. 消费者对新产品缺乏了解　　　B. 广告及营销费用开支大

    C. 产品技术、性能不够稳定   D. 企业利润大

    E. 市场竞争者多

3. ( )因素会影响到定价。

    A. 产品成本   B. 市场需求   C. 竞争因素   D. 产品生命周期

4. 降价常见的原因有( )。

    A. 企业产能过剩，市场供过于求   B. 市场份额下降   C. 成本下降

    D. 为争取在市场上的支配地位   E. 竞争者提价

5. 渠道策划包括( )。

    A. 渠道设计策划   B. 渠道管理策划

    C. 渠道调整策划   D. 渠道的合作、冲突和竞争策划

6. 促销策划包括( )。

    A. 广告策划   B. 人员推销策划   C. 营业推广策划   D. 公共关系策划

二、简答题

1. 试述产品生命周期各个阶段的主要特征及应采取的营销策略。

2. 影响企业定价的因素有哪些？

【实战演练】

    收集一个知名公司的营销策划资料，具体包括 STP 战略、产品策略、价格策略、渠道策略、促销策略等几个方面。分析这些资料，看看你能从中学习到什么。

任务五　形成策划书

    营销策划书的具体制作可参考第三单元。

任务六　营销策划实施与控制

【任务描述】

    营销策划实施与控制是指市场营销管理者为了监督和考核企业营销策划执行活动过程的每一个环节，确保其按照企业预期控制目标运行而实施的一套规范化约束行为。营销策划实施与控制实际上就是对企业营销活动过程所实施的同步管理，是由一系列调控行为组成的动态过程。

【实践操作】

设计控制标准	1. 定量指标：销售业绩、盈利能力、增长潜力、竞争性等。 2. 定性指标：用户满意度、与合作伙伴的关系、销售队伍的努力程度与成效、渠道成员的发展等。
营销活动的检测与评价	1. 收集与营销活动相关的数据、资料。 2. 营销活动分析与评价。通过实际执行情况与控制标准之间的偏差发现问题，作为制定纠偏措施的依据。
纠正偏差	根据偏差形成的原因，采取不同的纠偏方式。 1. 修改或调整企业的营销目标和营销战略，适应环境变化。 2. 指导营销人员改变行为方式，提高工作效率与合作水平。

1. 营销控制标准及评价

营销控制标准是营销策划者希望企业的营销活动能够达到的状态或完成的任务，一般根据控制者的要求(营销目标和营销战略)、市场环境、目标市场的情况、竞争者的情况等因素确定。

2. 营销活动的检测与评价

根据营销控制标准，对营销活动进行检测与评价，看看预期值与现实值之间的差距有多大(营销控制标准及评价见表 2-12)。

表 2-12 营销控制标准及评价表

指标分类	评价指标	评价项目	预期值	实际值	偏差
定量指标	销售业绩	销售额			
		新产品销售收入			
		核心产品销售收入			
		销售回款率			
	盈利能力	利润率			
		……			
	成长能力	销售增长率			
		……			
	竞争能力	品牌市场价值增长率			
		……			
	营销成本	营销费用			
		……			

(续表)

指标分类	评价指标	评价项目	预期值	实际值	偏差
定性指标	客户层面	客户满意度			
		老客户保有量			
		新增客户数量			
	渠道建设与发展	渠道发展			
		伙伴关系			
	内部业务流程	销售活动的组织			
		与内部部门关系			
	销售队伍建设	员工流失			
		员工满意			

由于定量指标更容易操作,所以在可能的情况下,营销策划实施监控多采用定量指标。不过,在不同的营销监控过程中,营销控制标准的内容有所区别,它们可以是产品、分销方面的标准,也可以是定价、促销等方面的标准。

3. 纠正偏差

根据偏差形成的原因,采取不同的纠偏方式。

(1) 修改或调整企业的营销目标和营销战略,适应环境变化。

(2) 指导营销人员改变行为方式,提高工作效率与合作水平。

【知识链接】

一、营销策划实施控制的要求

- 实施控制应确立客观标准。
- 实施控制应具有灵活性。
- 实施控制应讲求经济效益。
- 实施控制应有调整措施。

二、营销策划实施控制的方法(见表2-13)

表2-13　营销策划实施控制的方法

控 制 方 法	主要负责人	控 制 目 的	控 制 内 容
年度计划控制	中高层主管	检查计划目标是否实现	销售额分析、市场占有率分析、销售费用分析、财务分析
盈利能力控制	营销主管	检查企业的盈利点与亏损点	各地区、产品分市场、分销渠道的获利能力分析

(续表)

控 制 方 法	主要负责人	控 制 目 的	控 制 内 容
效率控制	职能管理部门和营销主管	评价和提高营销费用支出的效率	销售人员、广告和促销人员的效率分析
战略控制	高层主管	检查企业是否最大限度地利用了市场机会	市场营销审计

【思考与练习】

1. 对营销策划实施控制的意义何在？
2. 对营销策划实施控制的方法有哪些？

任务七　营销方案实施效果评估

【任务描述】

整个营销活动结束之后，策划者必须对其实施效果进行分析评价，总结经验和教训，以便在下一次的营销活动中进行改进。实施效果评估及反馈是营销策划的最后一环，也是下一个策划工作的开始，它贯穿于营销策划的整个过程。

【实践操作】

营销方案实施效果评估的方法如表 2-14 所示。

表 2-14　营销方案实施效果评估的方法

评 估 形 式	含　义	意　义
过程评估	在方案实施过程中进行阶段测评	了解前一阶段方案实施的效果，为下一阶段更好地实施方案提供建议和指导
终结评估	方案实施完结后的总结性测评	了解整个方案的实施效果，为以后制定营销方案提供依据

【思考与练习】

1. 对营销方案实施效果进行评估的意义何在？
2. 对营销方案实施效果进行评估的方法有哪些？

制作营销策划书

【单元概述】

企业营销策划在完成了确定策划目标与内容、调查与分析、营销战略策划、营销战术策划等活动后，最终要形成一个纲领式的总结文件，即营销策划书。

营销策划书是营销策划方案的书面表达形式，是市场营销策划的具体成果，是未来企业营销活动的指导性文件。营销策划书将有助于营销决策人员和组织实施人员最大限度地认识策划者的意图和策划思想，在充分理解的基础上认真执行营销策划方案，使策划的效果得以全面实现。

营销策划书没有一成不变的格式，根据策划对象和策划要求的不同，策划书的内容与编写格式相应有所变化。但抛开营销活动的特殊性，还是可以从营销策划活动的一般规律中抽象出其共同要素。本任务就以营销策划书的制作过程为逻辑主线，指导大家制作一个规范的营销策划书。

【能力目标】

终极目标：

能撰写一份规范的营销策划书。

促成目标：

- 能识记营销策划书的结构。
- 能判断并选择营销策划书的内容。
- 能制作营销策划书。

【项目导航】

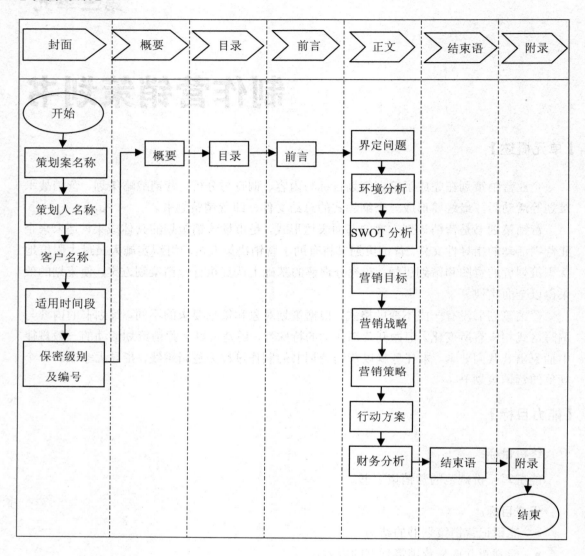

任务一 设计营销策划书的封面

【任务描述】

拿到营销策划书,阅读者第一眼看到的就是封面,因此封面的视觉效果是必须要保障的,它关系到营销策划书的整体形象,因此设计营销策划书的封面不仅是高质量营销策划书的必要组成部分,也是首要工作。在本任务中,我们需要了解营销策划书封面的要素构成并能制作一个规范的封面。

【实践操作】

营销策划书封面内容见表 3-1。

表 3-1 营销策划书封面内容

序 号	工作步骤	工作要求	备 注
1	定义营销策划书的名称	主题明确，简明扼要	可以加副标题
2	标注服务的客户名称	列示委托方的全称	
3	标明策划机构的名称和策划人的名称	列示策划公司的全称和策划人姓名	
4	标明策划完成的日期	列示正式提交日期	完整的日期格式
5	标明本策划适用的时间段	如案例是本策划适用的时间段	完整的日期格式
6	标注策划书的编号和保密级别	根据情况如实标注编码和保密级别	

一、定义营销策划书的名称

营销策划书的名称要做到主题明确，简明扼要。有时为了突出策划的主题或者表现策划的目的，可以加一个副标题。

二、标注服务的客户名称

策划有两种形式：自行策划和委托策划。

如果是受委托的策划，那么在策划书封面上要把委托方的名称列出来，如××公司××策划书。

注意：

公司名称宜用全称。

三、标明策划机构的名称和策划人的名称

在封面上要标注策划者，策划者如果是公司的话，须列出策划公司的全称。

四、标明策划完成的日期

封面上应标注策划完成的日期。日期应以正式提交日为准，不应随随便便定一个日期，同时要用完整的日期格式表示，如 2013 年 3 月 28 日。

五、标明本策划适用的时间段

因为营销策划具有一定的时间性，所以不同时间段上市场的状况不同，营销执行效果

也不一样。所以一定要在封面上标明本策划适用的时间段，即主方案执行的起止时间段，如 2013 年 5 月 1 日至 2013 年 8 月 1 日。

六、标注策划书的编号和保密级别

保密级别可分为秘密、机密和绝密。

如图 3-1 所示是一个典型营销策划书的封面。

图 3-1　典型营销策划书封面

【知识链接】

一、营销策划书的作用

- 准确、完整地反映营销策划的内容。
- 充分、有效地说服决策者。
- 作为执行和控制的依据。

二、营销策划书的编制原则

- 可操作性强。
- 创意。
- 醒目。
- 简洁。

【思考与练习】

一、选择题

1. 营销策划书的编制原则有(　　)。

    A. 可操作性强　　　　　　B. 创意　　　　　C. 醒目　　　　　D. 简洁

2. 营销策划书的作用有( )。

    A. 准确、完整地反映营销策划的内容   B. 充分、有效地说服决策者

    C. 是营销策划形成的最终目的   D. 作为执行和控制的依据

3. 制作营销策划书的首要工作是( )。

    A. 制定主题   B. 设计封面   C. 编制前言   D. 介绍构架

4. 营销策划书的封面包括( )。

    A. 定义营销策划书的名称

    B. 标注服务的客户名称

    C. 标明策划机构的名称和策划人的名称

    D. 标明策划完成的日期和适用的时间段

    E. 标注策划书的编号和保密级别

5. 封面上的策划完成日期标注的是( )。

    A. 策划完成的日期   B. 正式提交的日期

    C. 随便定一个日期   D. 策划开始的日期

二、简答题

为了吸引阅读者眼球，营销策划书的封面可以做得像海报一样吗？

【实战演练】

康师傅又新推出一种"麻辣海鲜"系列的方便面，作为策划人，请你为该产品的营销策划书设计一个美观大方的封面。

任务二　撰写营销策划书的前言

【任务描述】

前言相当于一般书籍的序言，是营销策划书正式内容前的情况说明部分，其作用在于引起阅读者的注意，用简明的语言让阅读者初步了解本次策划的性质、重要性和必要性以及策划的过程和目标。好的营销策划书前言仅用寥寥数笔就能使阅读者对策划的概况一目了然。

【实践操作】

策划书的前言主要介绍策划该项目的意义、目的、紧迫性、缘由、起因、方法和过程，其作用在于，一方面使阅读者了解策划项目的背景，另一方面激发阅读者的注意和兴趣。

前言的文字不应太长，其内容应集中于以下几方面。

1. 策划的重要性与必要性

扼要说明为什么要进行该次策划，吸引阅读者进一步去阅读正文，可以包括策划的背景，如竞争环境、自身的优势以及对公司长远发展的影响等。

2. 策划的概况

简要说明策划过程、策划方法、策划人员、策划结果及策划要达到的理想目标。

3. 原则

(1) 视觉效果：简短有力，可以适当采用图表，一般不超过一页。

(2) 内容规范：简明扼要，概括力强，可激发阅读者的兴趣，字数少于1000字。

"大聚通美食城"的营销策划书前言

随着经济的发展和人民生活水平的不断提高，餐饮业如雨后春笋般蓬勃地发展起来，而这其中"各领风骚一两年"的现象，又引起大多数经营者的反思和借鉴。对于大聚通美食城来说，目前市场上同类及兼营的各类酒店日益增多，众多直接和潜在的竞争对手使该行业的竞争异常激烈。"知己知彼，百战不殆"，找到竞争的切入点，确立适合的市场定位，全面塑造企业形象，已成为企业制胜的法宝。

南宁美食行业近几年发展迅猛，以风格化、地域化、时尚化等为主题的美食派系，相继出现在南宁市场，其中绝大部分商家获得了成功的销售业绩，由此可见南宁的消费者对美食消费的喜爱和认同由来已久。

翻阅南宁美食行业的历史，从当年引起不小热潮的各路美食派系，川菜、粤菜，以及海外饮食文化、西餐、日式料理、韩国菜、自助餐等，均在南宁饮食市场上获得成功的推广。在这些成功的经验中，我们可以看到，南宁消费者对新潮的美食文化以及特色鲜明的消费形式并不排斥，反而大加推崇。此一现状，大大增强了营销策划工作的发挥空间和投资者对销售业绩的信心。

当今南宁美食行业中的商家，大部分是以单一的美食派系为主题进行经营，规模优势和综合性优势并不明显。但值得关注的是，这些类型的商家普遍规模较小，经营管理优势明显，格调、档次以及品牌形象深入人心。因此，应把此类商家列为本案竞争对手。

大聚通美食城着力打造广西饮食业的"航母"，将规模优势、地理位置优势、综合优势等作为主要卖点展开营销策划工作。为了迅速占据南宁饮食业市场，提高大聚通美食城在南宁饮食界的知名度，赢得广大消费者的信任和认可，实现生意兴隆的长远目标，特拟定此方案，供决策者参考。

案例来源：无忧商务网(www.5ucom.com)

【思考与练习】

一、选择题

1. 营销策划书中前言部分不包括(   )。
   A. 策划书的题目
   B. 策划的重要性与必要性
   C. 策划方法
   D. 策划成员

2. 策划书前言的作用在于(   )。
   A. 使阅读者了解策划项目的背景
   B. 使阅读者了解策划人员的分工
   C. 使阅读者了解策划的过程
   D. 激发阅读者的注意和兴趣

3. 撰写策划书前言的原则是(   )。
   A. 简明扼要
   B. 概括力强
   C. 字数少于 1000 字
   D. 激发阅读者的兴趣

二、简答题

1. 简述撰写营销策划书前言的作用，并指出前言中所包含的一般内容。
2. 撰写营销策划书前言的原则是什么，需要注意什么问题？

【实战演练】

作为策划人，请你为康师傅"麻辣海鲜"系列方便面的营销策划书撰写前言。

任务三　撰写营销策划书的目录

【任务描述】

目录的重要作用在于呈现策划书的结构，同时方便阅读者对营销策划书的内容进行查询。所以，目录是策划书中不可或缺的一部分。高质量的营销策划书目录不仅能够准确地展示策划书的全貌，而且能引起阅读者的兴趣。

【实践操作】

虽然目录位于策划书的前列，但实际的操作往往是等策划书全部完成后再根据策划书的内容与页数来编写目录。

可以利用 Word 软件中"自动生成目录"的功能，操作如下：引用→目录。

原则：

(1) 目录中所标示的页数和实际内容所在的页数对应一致。

(2) 如果策划书内容不多，则目录可与前言同列一页；如果策划书篇幅较大，目录内容复杂，则一般应分页。

阳光花园房地产营销策划书目录

【思考与练习】

一、选择题

1. 营销策划书中目录的作用是(   )。

  A. 呈现策划书的结构　　　　　　B. 方便读者阅读

  C. 使策划书美观　　　　　　　　D. 让整个策划书更加完善

2. 营销策划书的目录位于其前列，所以该项工作应该在(   )完成。

  A. 制作策划书前

  B. 一边制作策划书，一边做目录

  C. 制作完策划书之后，对照内容制作目录

  D. 任意时间

二、简答题

如何较快地在 Word 中生成目录？

【实战演练】

请观察一个典型的营销策划书案例，并分析其目录。

任务四 撰写营销策划书的摘要

【任务描述】

摘要是对营销策划项目所做的一个简单而概括的说明，突出反映了策划内容的要点，但是却不是对策划内容的一一列举。作为营销策划书中的一部分，它是一个单独的系统，通过简明扼要的介绍将整个策划方案展示给阅读者。好的营销策划书的摘要应在遣词造句上别具匠心，达到"窥一斑而见全豹"的效果。

【实践操作】

撰写摘要的方法有两种：先写摘要，后写正文，或先写正文，后写摘要。

一、摘要的主要内容

1. 策划的性质

这项策划是为谁而做，是什么性质的，包括委托情况、策划的原因及重要性等。

2. 要解决的问题

这项策划主要解决什么问题，如何解决。

3. 结论

通过对问题的分析得出怎样的解决方案。

二、摘要的撰写方式

摘要的撰写方式有以下两种。

(1) 在制作营销策划书正文前事先确定。优点在于：可以使策划内容的正文有条不紊地进行，从而能有效地防止正文偏离主题或无主题。

(2) 在营销策划书正文结束后确定。优点在于：简单易行，只要对策划内容进行归纳提炼就行了。

三、摘要的撰写原则

简明扼要，重心突出，以小见大。

前言与摘要的区别在于，前言是"引子"，目的在于引出正文，吸引阅读；摘要是概括，目的是"窥一斑而见全豹"。

"汽车博览及运动娱乐中心"策划书摘要

接受××企业委托，在分析了成都目前的休闲娱乐产品和市场后，我们提出了"汽车休闲娱乐中心"的项目创意，以充分发掘成都作为汽车休闲娱乐消费市场的潜力，满足市民对汽车休闲娱乐产品的多种需要。本创意简单地表述为：以车类(运输工具)博览、车类运动为产品主题，让驾驶者调动其全身心能量，投入参与，在不同难度的土石路面上驾驶汽车，充分展示其驾驶技能，以寻求一种极紧张而又愉悦的超强刺激感，从而满足驾驶者追求自娱、放松、解放、征服、紧张、刺激的期望，并辅以其他高科技娱乐设施以及一些人们喜闻乐见的运动娱乐形式，形成一个以成都为主要客源市场并辐射西南片区的汽车休闲娱乐市场。

案例来源：华人成功网(www.cnsucc.com)

【思考与练习】

一、选择题

1. 营销策划书的摘要的主要内容是(　　)。
   A. 策划的委托情况　　　　　　　　B. 策划原因及重要性
   C. 要解决的问题和解决方式　　　　D. 分析得到解决方案
2. 营销策划书的摘要把握(　　)原则。
   A. 简明扼要　　　B. 重心突出　　　C. 以小见大　　　D. 尽量详细

二、简答题

1. 你认为营销策划书的摘要应该在何时如何撰写？为什么？
2. 简述营销策划书摘要的撰写方式。

【实战演练】

请观察一个典型营销策划书案例，并分析其摘要。

任务五　撰写营销策划书的正文

【任务描述】

正文是营销策划书的核心和主体，也是最重要的部分。正文详细介绍了营销策划的目的、企业的背景、营销环境、市场机遇与挑战、营销目标、营销战略及实施、费用预算、方案调整等，是营销策划书的重中之重。

【实践操作】

营销策划书正文的主要内容

1. 界定问题

任何策划方案都是为解决某一特定问题而制作的，策划的过程就是寻求解决问题方案的过程。所以在正文第一部分应该对企业当前需要解决的问题有个初步的界定。界定的问题就是分析企业战略目标与营销现状之间的差距，这个差距就是企业存在的营销问题，营销策划的主要目的就是缩小这个差距。

2. 环境分析

环境分析是营销策划的依据与基础，是所有营销策划的出发点。环境分析应在外部环境与内部环境中抓重点，描绘出环境变化的轨迹，形成令人信服的依据。

在具体做环境分析时，往往要收集大量的资料，但所收集的资料并不一定都要放到策划书的环境分析中去，因为过于庞大繁杂的资料往往会减弱阅读者的阅读兴趣。如果确需列入大量资料，可以用"参考资料"的名义列在最后的附录中。

另外，环境分析要符合客观实际，不能有太多的主观臆断。任何一个带有结论性的说明或观点都必须建立在客观事实和逻辑判断的基础上，这也是衡量策划者水平高低的标准之一。

3. SWOT 分析

通过对企业的机会与威胁、优势与劣势(SWOT)的分析，找出企业真正的问题和潜力，为后面的方案制定打下基础。企业的机会与威胁一般通过外部环境来把握，企业的优势与劣势一般通过内部环境来把握。在确定机会与威胁、优势与劣势之后，根据对市场的预测，就可以大致找到企业问题所在了。

4. 策划目标

由策划目标开始进入营销策划书中最主要的部分。

举个例子，就好像医生给病人看病一样，医生在询问病情、查看脸色、把脉以及各种常规检查后(相当于环境分析与机会分析)，才能对病人做出治疗的方案。医生要根据病人的具体情况为其设定理想的健康目标(策划目标)，根据健康目标制定具体的治疗方案(营销战略与行动方案)。因此，"对症下药"及"因人制宜"是治疗的基本原则。

无论什么专题的营销策划书，都应明确企业要达到的策划目标。策划目标主要有营销目标和财务目标两类。财务目标主要包括目标利润额、成本利润率、货款回收率、资金利润率、投资收益率等。营销目标主要包括市场占有率、销售增长率、销售额、市场覆盖率等。

5. 营销战略

营销策划书中的营销战略部分应清楚地表达企业所要实行的具体营销战略。如果是产品市场推广战略,则主要包括市场细分、选择目标市场和市场定位三部分;如果是业务拓展战略,则包括密集型战略、一体化战略和多角化战略等三类九种战略;如果是市场竞争战略,则应包括市场领导者的防御战略、市场挑战者的进攻战略、市场追随者的跟随战略和市场利基者的补缺战略;如果是企业的投资发展战略,则应考虑稳定战略、发展战略和收缩战略等类型。

6. 营销组合策略

战略的实施是靠策略来支撑的,因此,营销战略制定之后,就要针对所选目标市场和所确定的定位方式制定相应的市场营销组合策略,即 4P 策略。当然,不一定每次策划都动用营销策略的所有方面。

7. 行动方案

要将营销战略和策略付诸实施,就要将其落实成具体的行动方案,明确各项具体的工作、各时段具体的任务,即要制定周密的行动方案。制定行动方案要运用 6W2H 方法,明确做什么、何时做、对谁做、由谁做、何地做、怎么做、为什么做、需要多少资源、达到什么程度等。

8. 财务分析

营销费用的测算不能马虎,每项费用都要有根有据。像电视、电台、报纸等广告的费用等最好列出具体的价目表。

此部分的要求是简单明了,切忌赘言。如果价目表过细,可作为附录列在最后。

在计算营销成本时,经常用列表的方式标出营销费用。

9. 控制方案

作为营销策划书的补充部分,应明确对方案实施过程的管理与控制。具体来说,包括动员和准备工作方案、实施时机确定方案、实施过程监控方案、应急方案等四部分。

【思考与练习】

一、填空题

1. 营销策划书的正文包括_____、_____、_____、_____、_____、_____、_____、_____、_____等九部分。

2. 营销策略组合包含_____、_____、_____、_____等四部分。

3. 产品市场推广战略主要包括_____、_____、_____等三部分。

4. 业务拓展战略包括_____、_____、_____等三类九种战略。

5. 市场竞争战略包括_____、_____、_____等三种战略。

6. 企业的投资发展战略包括_____、_____、_____等类型。

二、简答题

1. 营销策划书的正文部分应该包括哪些具体内容。

2. 营销策划书中 SWOT 分析的主要内容有哪些。

【实战演练】

作为策划人，请你为康师傅"麻辣海鲜"系列方便面的营销策划书撰写正文。

任务六　撰写营销策划书的结束语

【任务描述】

结束语是策划书的点睛之笔。结束语一般对整个策划的要点进行归纳总结，并与前言相呼应，使策划书有一个圆满的结束，不至于使人感到结束得太突然。

【实践操作】

1. 明确所面临的营销问题

本次策划针对的主要问题，也就是所面临的主要营销问题。

2. 明确策划如何解决问题

策划中提出了怎样解决的办法，为什么该办法可以解决上述问题。

3. 结束语部分可根据实际情况予以省略

"小天鹅河南行"广告营销策划书结束语

在广告刊播后不定期以问卷、座谈会等方式做广告效果测定，以随时修正广告企划案。

A. 每月通过问卷测定一次。

B. 每季度(三个月)召集一次消费者座谈会。

××××年度 6~9 月份广告计划应与全年营销计划相配合。注重承前启后，既有利于改变淡季疲软的营销状况，又能影响旺季到来后的产品销售计划和广告效果。

通过系列企业形象广告，在广告受众和消费者心目中树立丰满的"小天鹅"形象，为长期稳固地占领目标市场打下坚实的基础。

本案例企划意图是使"小天鹅"在河南市场目标消费群中的知名度提高到100%，美誉度和信任度达到90%，指名购买率和市场占有率达到50%以上。

案例来源：点亮网(www.dianliang.com)

【思考与练习】

你认为结束语在营销策划书中有必要吗？为什么？

【实战演练】

作为策划人，请你为康师傅"麻辣海鲜"系列方便面的营销策划书撰写结束语。

任务七　撰写营销策划书的附录

【任务描述】

营销策划书的附录可以对策划中采用的调查和分析技术做一些必要的说明，也可以对营销策划的资料来源进行标注，证明策划的客观性，从而增加策划的可信度，同时也是对提供资料来源者劳动成果的尊重。附录虽然是策划书中的最后一部分，但却是策划书中不可缺少的一部分。

【实践操作】

凡是技术性较强、会影响人们阅读策划书兴趣的内容，以及有助于阅读者对策划内容进一步理解和信任的资料都可以列入附录中。

- 为了便于查找，附录要标明顺序，如附录一，附录二，等等。
- 原始资料一定要注明出处和时间，以便于阅读者判断其真实性和权威性。

● 附录中原始资料的标注也可以参考学术论文参考文献中的标注方法。

【思考与练习】

1. 你认为营销策划书的附录中应该包含哪些内容？
2. 简述营销策划书附录的作用。
3. 简述撰写营销策划书附录时要注意的问题。

【实战演练】

作为策划人，请你为康师傅"麻辣海鲜"系列方便面的营销策划书撰写附录。

任务八　撰写市场营销策划书

【任务描述】

一份合格的营销策划书，首先要做到使阅读者相信，在此基础上才能使阅读者认同。对一个营销策划者来说，首先追求的是决策者能采纳营销策划书中的意见，并按营销策划书的内容去实施营销策划方案。所谓"人要衣装，佛要金装"，一份条理清晰、版面活泼的营销策划书，对于提高说服力和接受度有极大的帮助。营销策划书没有固定的格式，但却有必备的项目或条件，以及构思、表现等方面的技巧。

一、营销策划书的编制原则

● 逻辑思维原则。
● 简洁朴实原则。
● 可操作原则。
● 创意新颖原则。

二、营销策划书的必备项目

1. 封面

封面包括策划案名称(策划主题和副标题)、客户名称、策划人名称(策划小组名称及成员名称。成员名称包括单位、职务、职称和姓名)、策划案完成的日期、适用时间段、保密级别及编号。

2. 前言

策划的目的、方法、意义等。

3. 目录

策划案提纲。

4. 摘要

策划案的主要内容概括。

5. 正文

策划书内容的正文部分应包含环境分析、策划目标、营销战略、营销组合策略、行动方案、财务分析、控制方案等主要内容。

6. 结束语

总结、突出、强化策划人意见。

7. 附录

数据资料、问卷样本及其他背景材料。

营销策划书的编制一般由以上几项内容构成。企业产品不同，营销目标不同则所侧重的各项内容在编制上也可有详略取舍。

三、营销策划书的撰写技巧

(1) 注重版面设计。确定版面的大小，每页标题的位置，在版面中的哪个位置放置文本，哪个位置放置图片，确定页码的位置与设计，目录的设计排列不应该一成不变，防止刻板老套。

(2) 注重标题设计。标题可以分为主标题、副标题、标题解说等，通过这种简练的文字，使策划书的内容与层次一目了然；在标题前加上统一的识别符号或图案，作为策划内容的视觉识别，自行设计的文字符号将会产生意想不到的效果，应该适当加以应用。

(3) 前言可以采用概括力强的方法，如采用流程图或系统图等。

(4) 在书写之前，先在一张图纸上反映出计划的全貌。

(5) 巧妙利用各种图表和数字，并辅之以文字说明，增加可读性。

(6) 策划书的体系要井然有序，局部也可以用比较轻松的方式来表述。

(7) 注意细节，消灭差错。

【实战演练】

作为策划人，请你为康师傅"麻辣海鲜"系列方便面撰写一个规范的营销策划书。

【案例】

三星智能手机营销策划书

策划对象：三星电子

密级：【公开】

策划书编号：20110809441131

《三星智能手机营销策划书》

策划人：长春工程学院管理学院营销策划团队

成　　员：×××(组长)

　　　　　×××(组员)

　　　　　×××(组员)

策划完成日期：2011 年 12 月 28 日

策划适用日期：2012 年 1 月 1 日—2012 年 3 月 31 日

目　录

一、前言

在现代社会，手机是必不可少的通信工具。但随着社会的发展，人们发觉手机的基本通话功能已经不能满足日常需求，智能手机顺应时代的潮流诞生了。顺着这股潮流，出现了诺基亚、三星、苹果，以及国内的魅族、酷派等手机生产企业。

截至 2010 年 10 月份我国的手机用户数量达到了 8 亿户，占领全球 16%的手机用户消费市场，市场份额占全球第一。2010 年中国手机市场销售量达 2 亿台，其中智能手机份额为 18%，且有不断上升的趋势。IDC《中国 2010 年第四季度手机市场季度跟踪报告》预计，未来 5 年中国手机市场中，智能手机替换传统手机的趋势将日益明显，未来 5 年中国智能手机市场复合增长率将达 34.1%。拥有如此强劲消费力的中国智能手机市场，一时成为各大手机厂商的必争之地。

根据调研公司 Strategy Analytics 近日发布的 2011 年第三季度主要手机厂商销量情况，三星智能手机出货量超过苹果，成为第一大智能手机厂商。三星在智能手机市场上拥有巨大优势，如何才能继续领先这个优势呢？这就是我们制作这个营销策划案的目的。

二、界定问题

三星智能手机在市场中取得较大的领先优势，在众多手机产品中脱颖而出的顶尖产品是一款叫i9100 的机型。2011 年 5 月，三星电子发售了旗下新一代旗舰 Android 机皇——Galaxy SII GT-i9100。三星 Galaxy SII GT-i9100 是三星首款使用了双核处理器的 Android 智能手机，定位高端市场。本次策划案就围绕这款 i9100 而制定。

1. 策划主题

三星 i9100 智能手机拟于 2012 年 1 月—2012 年 3 月期间，选择全国省会城市进行一次大规模推广活动。中国的春节前后是假日经济十分活跃的时期，也是手机销售的传统旺季，我们希望借此保持三星手机在国内智能手机市场销量第一的位置，同时为潜在消费者提供一个良好的了解三星品牌及产品的机会，进而购买三星的产品。

2. 策划目标

(1) 扩大品牌知名度

在销售卖场开展一系列活动，通过对三星的品牌、产品，特别是 i9100 智能手机的大力宣传，让消费者了解三星的企业文化、企业理念、品牌故事等。从而树立良好的企业形象，扩大企业和品牌的知名度。

(2) 展现产品的与众不同

通过对三星 i9100 的产品体验，使消费者亲身感受到这款智能手机的优越性能——超薄的机身、运行流畅、快捷方便的操作方式、多种多样的应用程序，从而体验到本款机型的与众不同。

(3) 增加销量

此次推广活动最主要的目标就是通过品牌宣传和消费者体验活动，扩大品牌知名度，培养顾客忠诚度，提高三星 i9100 的市场销售量和市场占有率。

三、环境分析

1. 三星电子及其产品简介

三星电子(Samsung Electronics)作为一家大型电子产品生产企业，不仅是韩国三星集团子公司中规模最大且在国际市场处于领先地位的企业,还是韩国规模最大的企业。该公司在全世界共有 65 个国家拥有生产和销售法人资格,员工多达 157 000 人。目前在国际市场上,三星电子生产的 LED TV、平板计算机(Tablet PC)- Galaxy Tab 等产品受到消费者的青睐,其在智能手机领域的代表性产品—— Galaxy S(i9000)在国际手机市场成为与 iPhone 抗衡的一匹黑马。

2. 国内智能手机市场分析

截至 2010 年 10 月份我国的手机用户数量达到了 8 亿户,位居全球第一。随着社会的不断发展和人们对 IT 设备智能化的需求,消费者已不再满足于仅用手机来打电话或发短信,同时也不满足每天提着沉重的电脑奔波于各处,他们所需要的是一款兼备手机和电脑功能的产品,那就是智能手机。智能手机的发展极为迅速,2010 年在中国手机市场销量达 2 亿台,且有不断上升的趋势,智能手机市场开始步入快速增长的轨道。

中国互联网用户关注度分析系统(ZDC)数据显示,2010 年第三季度,中国市场上智能手机的用户关注度已经超过 80%,远远超出传统音乐、拍照型手机,销售规模不断扩大。由于越来越多的消费者使用功能强大的智能手机,国际数据资讯有限公司(IDC)预计 2011 年全球智能手机销售量将增长 49%,达到总体手机市场增速的四倍。而中国作为全球最大的一个手机消费者市场,将成为各大厂商的必争之地。

目前智能手机市场已经开始细分,高端市场被国外厂商所控制,主要的竞争厂商有三星、苹果、HTC、Motorola。

3. 三星智能手机 i9100 与竞争对手分析

三星 i9100 定位于旗舰级 Android 智能手机,从手机的硬件配置和市场价格等方面考虑,其主要对手锁定为 HTC Sensation、摩托罗拉 ME860(Atrix 4G)、苹果 iPhone 4 三款旗舰级的产品。我们先来看看它们的尺寸和重量,如表 1 所示。

表 1 各机型尺寸和重量

型号	三星 i9100	HTC Sensation	摩托罗拉 ME860	苹果 iPhone 4
长度/mm	125.3	126.1	117.75	115.2
宽度/mm	66.1	65.4	63.5	58.6
厚度/mm	8.49	11.3	10.95	9.3
重量/g	116	148	135	137

因为 i9100 采用了 4.3 英寸的屏幕,所以其体积也比较大,不过相比同样采用 4.3 英寸屏幕的 HTC Sensation,其体积还是要略小一点(两者的相距基本可以忽略不计),而且由于 i9100 的机身正面比较方正,所以看起来会是四款机型中最大的。不过 i9100 的厚度和重量则是四款中最薄和最轻的,甚至超越了仅为 3.5 英寸的苹果 iPhone 4。当然 i9100 之所以如此的轻薄,是因为其机身主要采用了塑料制成,只是在机身四周点缀上银色的金属边框,而且后盖极薄。

各机型的价格如表 2 所示。

表 2 各机型价格

型号	三星 i9100	HTC Sensation	摩托罗拉 ME860	苹果 iPhone 4
价格/元	3699	3300	3350	3988

三星 i9100 的市场定位是旗舰级双核智能手机，采用顶级的硬件配置，当然三星 i9100 是三款双核手机中价格最贵的一款，售价依然在 3500 元以上，不过价格仍然比苹果 iPhone 4 低。

各机型的性能如表 3 所示。

表 3   各机型性能

型号	三星 i9100	HTC Sensation	摩托罗拉 ME860	苹果 iPhone 4
处理器	E4210 1.2GHz	MSM 8260 1.2GHz	NVIDIA Tegra2 1GHz	苹果 A4 1GHz
ram	1024MB	768MB	1024MB	512MB
图形处理器	Mali-400	Adreno 220	GeForce	SGX535

作为三星目前顶级的机型，i9100 采用了一枚自家的三星 Exynos E4210 1.2GHz 处理器，机身内存 (RAM) 也达到了目前最高的 1G，处理器主频和内存容量方面都是四款机型中最高的，无论是应用软件还是大型的手机游戏均可以轻松应付，同时搭配的 Mali-400 图形处理器 (GPU) 也有不俗的表现。

在四款竞争机型中，三星 i9100 的总体得分处于领先的位置。

4. 三星智能手机宏观环境分析

(1) 人口环境

中国是世界人口最多的国家，近年来人口数量也一直在上升阶段。手机作为信息社会的必需品，销售量一直居高不下，伴随着中国信息化进程的加速，以 3G 智能手机为代表的新型通信技术成为越来越多的消费者的选择。

(2) 经济环境

三星智能手机 i9100 定位于高端智能手机，随着中国市场经济的发展和改革开放的深入，人民的生活水平和可支配收入不断提高，因此消费者对于高端手机的需求不断增加。

(3) 技术环境分析

近年来，随着智能手机科技的发展和新系统的开发，智能手机市场竞争日趋激烈。老牌的诺基亚塞班、多普达 WM 系统的龙头地位逐渐丧失，新生代的苹果 IOS、三星 Android 等系统加速了我国智能手机市场更新换代的进程，渐渐侵占市场份额。三星手机在屏幕、CPU 处理器的技术上拥有绝对的领先，这也是同其他几家手机厂商竞争的优势所在。

四、问题点和机会点

1. 优势 (strengths)

(1) 三星作为全球及中国市场第二大手机厂商，品牌知名度和品牌忠诚度高，用户口碑良好。

(2) 设计非常东方化，具有东方气质，质量稳定。

(3) 技术力量雄厚，在半导体领域拥有绝对的技术优势。

(4) 广告投入高，打造高端形象品牌。

2. 劣势 (weaknesses)

(1) 因注重产品时尚性，价格相对较高，产品性价比较低。

(2) 手机操作系统依靠外来的 Android 系统，存在不稳定因素。

3. 机会 (opportunities)

(1) 进入数字时代、3G 时代，通信技术的发展，使中国智能手机市场变得异常广阔。

(2) 随着生活水平的提高，中国消费者越来越注重生活品质，频繁换机成为一种生活方式，三星智能手机优异的性能能够为其带来新的机会。

(3) 青年市场的崛起，大学生和白领市场成为新的高端手机争夺点。

(4) 运营商定制手机比例不断扩大。

4. 威胁(threats)

(1) 摩托罗拉快速增长的用户关注度及市场份额给三星带来最直接的威胁。

(2) 高端市场苹果 iPhone 4 成为三星 i9100 产品的主要竞争对手。

(3) HTC 及其他 IT 厂商的到来也是不容忽视的威胁因素。

(4) 三星 i9100 的价格缺乏竞争力。

总之，三星要想保住目前的市场份额或者实现增长，必须在新的竞争形势下做出新的改变。在智能手机市场操作系统竞争升级的情况下，时刻审视、调整自己的操作系统战略。随时关注竞争对手的竞争策略，同时提升产品性价比，增强产品竞争力。

五、营销目标

三星 i9100 在上市的 55 天中一共销售了 300 万部，创造了每 1.5 秒销售一台的记录。因此在中国市场的 2012 年 1～3 月份我们制定的营销目标是 600 万台。在智能手机市场占有率达到 30%以上。

六、营销战略(STP 战略)

1. 市场细分及目标市场

三星 i9100 的目标顾客是 22～35 岁的中高收入时尚人群。白领一族和大学生既有消费能力，又勇于尝试新事物，是该手机的主要消费群体。

2. 市场定位

三星 i9100 的主要对手是苹果 iPhone 4、摩托罗拉 ME860 以及 HTC Sensation，对比这几款机型，i9100 拥有先进的双核智能手机的优异操作性能，具有较强的竞争优势，因此可以采用与之对抗的定位策略。

七、营销组合策略

1. 产品策略

三星 i9100 对于目标顾客的选择主要考虑的是这部分消费群体在很大程度上代表了中国未来消费的价值取向。

(1) 与摩托罗拉倾向技术及其应用的功能设置相比，三星手机更注重时尚和实用。薄和精致是三星手机取悦消费者的"杀手锏"，三星手机的一个模具的工艺投资额可以达到其他同类厂商的数倍之高。三星 i9100 的外观设计十分强调个性，始终与时尚紧密结合在一起。

(2) 三星一如既往地坚持产品的高端路线，树立强有力的品牌形象，笃信以品牌带动销售的策略。

(3) 三星在智能手机总销量上已经超过苹果公司，成为销量第一的智能手机厂商。

2. 价格策略

(1) 三星手机坚持高质量、高价格的策略，因为只有高质量的手机才会受到顾客的喜爱，同时也符合国家的标准。

(2) 三星手机在制定价格策略的时候，不是以产品成本为定价依据，而是以市场导向为依据，即根据目标消费者对产品价值的理解来确定其销售价格。

(3) 比较其他品牌侧重价格战而言，三星手机将一种价位策略转变为一种"价值"策略。采用撇脂定价、市场导向定价、声望定价等定价策略，同时与相应的营销策略相匹配，在中国中高端市场上占下了一席之地。

(4) 三星手机不会被动地为增加销量降低价格，因为降价大多时候会影响到品牌的形象以及后续产品的定价。

3. 促销策略

为了支持自己的高端品牌路线，三星公司在中国市场上展开了一系列全方位、多层次的促销宣传活动，以不断强化三星产品在中国消费者心目中的高端形象。

(1) 主要采用的促销策略是拉引的策略，通过广告和强大的促销将产品推向消费者"拉"向市场。

(2) 同时三星手机选择一些国际重大体育活动赛事，如赞助奥运会、加入国际奥委会 TOP10 计划，提升了三星品牌的内在价值。

(3) 在高校中赞助各种电脑比赛、科技发明比赛，为大学生们提供资金以及电子设备方面的支持；还在许多高校的电脑城中设立了三星数码体验馆，让大学生们亲身感受三星产品的魅力。

4. 渠道及服务策略

(1) 充分利用国代的销售能力。从三星渠道销售份额可以看出，60%~70%的销售来自于国代，其次是运营商，手机连锁店的比例较小，只有8%。

(2) 根据市场变化积极调整渠道策略。国代模式具有便于管理优势的同时，也使手机企业对销售终端的控制力变差。三星逐渐重视直供渠道，并且非常重视其品牌专卖店的扩展，2008 年重点门店已由过去的 1000 家扩展至 3000 家。预计三星手机未来将积极与家电卖场和手机连锁店，以及分销能力强的区域性经销商合作来加强直供的比例。

八、营销实施方案(见下文)

三星 i9100 庆祝元旦三星智能手机促销活动

(一) 促销时间：2012 年 1 月 1 日—1 月 4 日

(二) 促销地点：长春百老汇商城

(三) 现场促销布置

1. 商城街道布置

商城每隔 8 米，在高 3.5 米的地方悬挂条幅(每个条幅的标语都不相同)，一共三个条幅。

2. 舞台布置

在百老汇广场设高为 1 米，长为 4.5 米，宽为 2.5 米的台子，铺红地毯。背景横幅长 4.5 米，宽 2 米。

横幅上行：三星手机——真情回报长春市人民

横幅下行：大奖等你拿(奖字写得大些，并且用另一种字体)

舞台左右各放三个音响。舞台前摆上电视机、电饭锅等盒子，摆 2 米高并用绳子拉好(以免风大，吹倒盒子砸到群众)，在盒子上贴上"奖"字。舞台前再摆一个气模。

3. 柜台设置

柜台和舞台距离为 8 米，用 12 个玻璃柜台围成一个正方形。柜台中放一个高 2.5 米的木制三脚架，用来贴海报。真机放在柜台中。柜台上放模型，模型下放着相应的传单。柜台的手机按价格高低摆放。每个柜台有两位销售员。

(四) 促销活动: 买就送(送完为止)

凡是在指定地点购买手机就能够得到礼品。采用抽奖方式发放礼品, 礼品主要有以下几种。

1. 购买手机送号码一个。

2. 购买手机赠送配套的外壳。

3. 购买手机送一套七个不同颜色的水晶挂件, 即彩虹七色。

4. 购买手机送耳脉及手机挂件。

5. 购买手机送电视机。

6. 购买手机送电饭煲。

(五) 促销宣传

1. 事先安排人员在人流量比较大的地方发传单, 主要集中在主要街道和广场。

2. 现场横幅、海报和 POP 宣传。

(六) 售后服务

消费者在促销期间购买的手机和平时享有同样的售后服务。

1. 一星期之内发现手机有问题可以到购买的手机卖场换取新的。

2. 保修期仍为一年, 在全国各地都有三星的维修点。

3. 如有任何问题都可以拨打咨询电话: 4008800123(4008 号码未覆盖的用户及国际漫游用户请拨 +86-10-58692662); 也可以登录网站咨询: http:// www.samsung.com.cn。

九、财务分析 (见表 4)

表 4　营销实施活动财务分析

序号	项目名称及细分	数量	单价/元	合计/元
1	市场调研	3	50	150
2	活动宣传板	12	20	240
3	条幅	6	60	360
4	传单	1500	0.05	75
5	海报	30	2	60
6	礼品	1000	50	50 000
7	促销人员费用	40	50	200
8	舞台	1	12 000	12 000
9	地毯	4	600	2400
10	其他	1	5000	5000
11	总计			70 485

十、策划控制方案

1. 一般控制方案

(1) 在整个元旦促销活动中, 制定完善的管理制度, 设立专人进行各阶段的检查和审核, 将出现的问题进行登记并反馈给公司。

(2) 公司人员要及时对反馈的信息进行分析、处理, 总结问题的根源和未达到目标的原因, 对最后的活动效果进行评估。

2. 应急方案

(1) 联系百老汇取得活动许可，与活动的负责人进行反复沟通确认。

(2) 做好现场控制，防止突发状况，确保活动安全。所有工作人员必须分工合作，全力配合，注重信息的收集和反馈，及时调整计划，保证活动的顺利进行。

十一、结束语

手机市场是一个具有挑战的重要市场，特别是智能手机市场前景巨大。三星手机致力提升企业品牌形象，塑造市场领导者形象，为消费者带来称心满意的用户体验，从而提升在客户心中的价值地位。

十二、附录

1. 参考文献

[1] 张昊民. 营销策划(第 2 版). 电子工业出版社，2010

[2] HTC 网络营销策划. 百库文库. 2009(http://wenku.baidu.com/view/7493bf1bff00bed5b9f31d4c.html.)

[3]【三星 i9100|Galaxy SII】http://tech.sina.com.cn/mobile/models/11547.html

[4] 2011—2015 年中国智能手机行业市场研究及现状发展咨询报告(http://www.bokee.net/classification-module/biz/post_view.do?id=4129722)

[5] 三星手机在专卖店的市场营销策划书. 百度文库. 2009(http://wenku.baidu.com/view/3b9c8e0e52ea551810a68786.html)

[6] 三星 S5560C 手机上市营销策划方案. 百度文库. 2011(http://wenku.baidu.com/view/883e9e030740be1e650e9a44.html)

[7] 手机品牌营销策划方案. 网易博客. 2009(http://hzm407.blog.163.com/blog/static/44480018200788482131/)

[8] 2010 年上半年中国手机市场研究报告. 山西电脑网. [J/OL].2010(http://www.sxdn.com.cn/hardware/20100727/075557_7.shtml)

2. 手机行业消费情况调查问卷

手机消费情况调查问卷

你好！我是长春工程学院学生，为了更好地了解手机行业市场情况，特此展开了此次问卷调查活动。希望您在百忙之中抽出一点宝贵的时间，协助我们完成这份调查问卷。谢谢您的合作！

您的职业：_____　　　性别：_____

----

1. 您正在使用的手机是智能手机吗？

　　A. 是　　　　　　　　B. 否

2.(1) 您现在使用的手机是什么牌子的？

　　A. 诺基亚　　　　B. 摩托罗拉　　　　C. 三星　　　　　　　D. 索爱

　　E. 联想　　　　　　F. OPPO　　　　　G. 其他

(2) 您一直使用的是该品牌的手机吗？

　　A. 是　　　　　　　　B. 否

3. 您正在使用的手机款式是？

    A. 直板   B. 折叠   C. 旋转   D. 滑盖

4. 相对于键盘手机，您是否更喜欢触屏手机？

    A. 是   B. 否

5. 随着中国 3G 网络的普及，您会使用 3G 手机吗？

    A. 一定会   B. 看情况   C. 不会   D. 已经在使用

6. 您是通过什么渠道获取手机信息的？(可多选)

    A. 直接去手机卖场了解情况   B. 上网查询

    C. 亲朋好友介绍   D. 电视广告

    E. 看报纸、杂志   F. 其他，请注明_____

7. 您在什么地方购买手机？

    A. 大卖场   B. 专卖店   C. 网上购买

    D. 移动联通营业厅   E. 商场

8. 您在什么时候购买手机？

    A. 节假日   B. 随即购买   C. 产品促销期

9. 购买手机时您更侧重于手机的哪些方面？按重要性排序。

    __外观款式 __质量 __价格 __功能 __配置 __品牌 __服务

10. 您多长时间更换一次手机？

    A. 不足六个月   B. 六个月到一年   C. 两年

    D. 用坏才换   E. 从来不换

11. 您意向中合适的手机价位是？

    A. 1000 元以下   B. 1000～1500 元   C. 1500～2000 元

    D. 2000～3000 元   E. 3000 元以上

12. 请问下列哪项最能代表您个人的平均月收入？

    A. 1500 元以下   B. 1500～2500 元   C. 2500～3500 元

    D. 3500～4500 元   E. 4500 元以上

13. 您对正在使用的手机售后服务的满意度是？

    A. 很满意   B. 比较满意   C. 一般

    D. 不太满意   E. 很不满意

谢谢您的参与，祝您有愉快的一天。

调查时间：_____   调查地点：_____   调查人：_____

案例来源：百度文库《三星手机营销策划书》，作者长春工程学院学生，有改动。

第三篇　营销战术策划

　　市场营销活动由四个基本的战术要素组成。即产品、促销、渠道和价格。本篇包括产品策划、价格策划、渠道策划和促销策划四个单元，涵盖了市场营销活动的战术要素。

　　产品策划是营销策划的基础与核心，产品策划的内容包括产品定位策划、品牌策划、包装策划、新产品策划、产品投放策划。价格策划是企业为了实现一定的营销目标而协调处理各种价格关系的活动，它并非简单的价格制定，而是在一定的环境条件下，为实现特有的营销目标，协调配合营销组合的其他各有关方面，在构思、选择和实施过程中不断修正价格战略和策略的全过程。渠道策划包括通过市场调研分析渠道现状，设计渠道结构，选择渠道成员，评估选择渠道方案，确定渠道方案等流程，也包括对渠道进行管理的具体方法。促销策划可分为广告策划、营业推广策划、人员推销策划、公共关系策划，考虑到广告策划是其中最典型、最常用、最复杂的方式，该单元主要以广告策划为例，说明促销策划的工作任务和要求。

产 品 策 划

【单元概述】

产品生产者和经营者应不断开发出品质优良、结构合理、功能适用、品牌知名度高的产品，巧妙运用营销策略，从产品的名称、包装、概念、组合等方面做好策划，扩大销售，提高产品核心竞争力，力求让品牌形象在目标客户的头脑中占据最有利位置，借助品牌的力量使产品成为消费者的首选。

产品策划是市场营销的基础与核心。产品策划的内容包括产品定位策划、品牌策划、包装策划、新产品策划、产品投放策划等。

【能力目标】

终极目标：
能够制定策划方案，形成产品策划书。

促成目标：
- 能够进行产品市场调研。
- 能够针对产品生命周期不同阶段的要求进行不同的策略选择。
- 能够根据市场需求和产品特点形成创意。
- 能够掌握新品策划技巧，正确选择上市机会。
- 能够进行品牌策划。
- 能够进行产品包装策划。
- 能够制定产品策划方案，形成产品策划书。

【任务导航】

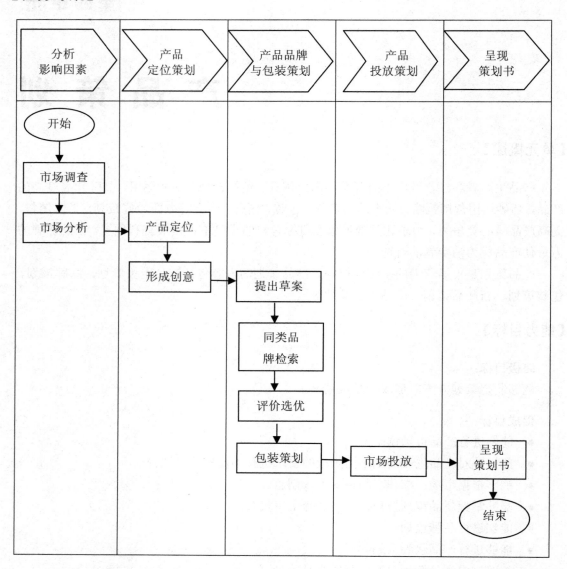

任务一 分析产品策划的影响因素

【任务描述】

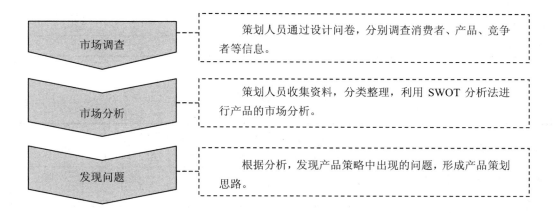

策划人员通过设计问卷，分别调查消费者、产品、竞争者等信息。

策划人员收集资料，分类整理，利用 SWOT 分析法进行产品的市场分析。

根据分析，发现产品策略中出现的问题，形成产品策划思路。

确立调研目标，合理设计问卷，通过市场调查，从消费者入手，收集消费者对上市产品的满意度，消费者购买能力、潜在需求；从产品因素入手，收集产品市场占有率、市场容量以及竞争对手信息；从市场环境入手，收集整理国家政策、法律、物价等社会环境等方面的信息，整理数据，运用 SWOT 分析法及其他方法进行分析，在综合分析的基础上，找出产品策略执行过程中的问题，提出产品策划的新思路。

【实践操作】

市场调查

用表 4-1 至表 4-6 对市场调查结果进行分析。

表 4-1 市场总容量调查估计表

商品名称或类别：　　　　　　　　调查区域：　　　　　　　　调查时间：

项　目	时　间						说　明
	年	年	年	年	年	年	
总人口							
消费群体占总人口比例							
物价指数							
居民存款调查							
消费群体购买力总和							
替代品或相关产品销售情况							
区域内市场总容量							

(续表)

项　目	时　间						说　明
	年	年	年	年	年	年	
竞争对手销售情况							
企业历史销售情况							
经济景气趋向							
竞争关系发展趋势							
企业策略建议							

表 4-2　市场绝对占有率分析表

商品名称或类别：　　　　　　　　调查区域：　　　　　　　　调查时间：

项　目	过去三年分析			未来三年预测			说　明
	年	年	年	年	年	年	
区域内该产品的总销售量 ①=②+③							
其中：企业甲							
企业乙							
企业丙							
企业丁							
合计②							
本企业在该区域内的销售量③							
本企业市场占有率④=③÷①×100%							
企业策略建议							

表 4-3　市场相对占有率分析表

商品名称或类别：　　　　　　　　调查区域：　　　　　　　　调查时间：

项　目	过去三年分析			未来三年预测			说　明
	年	年	年	年	年	年	
区域内该产品的总销售量①=②+③							
其中：企业甲							
企业乙							
企业丙							
企业丁							
合计②							
本企业在该区域内的销售量③							
本企业市场占有率④=③÷②×100%							
企业策略建议							

表 4-4 目标市场特征调查分析表

问　卷	答　案
1. 消费者需要什么	
消费者真正需要的价值是什么	
2. 消费者在何处满足自己的需要	
消费者在哪里购买该产品	
消费者在哪里使用该产品	
消费者为什么到甲店购买而不到乙店购买	
3. 消费者何时满足自己的需求	
消费者在何时使用该产品	
4. 消费者为何有此需求	
消费者因为什么原因而使用该产品	
5. 消费者如何满足自己的需求	
产品是单独使用还是成套使用	
消费者是单独购买还是几个人购买，通常购买是几个人	
6. 消费者消费特征如何变化	
有哪些因素会使消费者增加购买该产品	
有哪些因素会导致消费者放弃该产品	
消费者消费特性变化趋势	
……	

表 4-5 目标市场需求满足程度分析表

目标市场的特征和需求	如何满足目标市场需求
1. 目标市场需要什么	
质量可靠	
价格在××元之内	
品种多样，款式新颖，颜色最受欢迎	
保修期在××年以上	
2. 目标市场在哪里满足这种需要	
专业批发市场	
中等档次超市	
3. 目标市场在什么时候满足这种需要	
每年××月至××月每月购买量最大	
每年××节前后半个月每天购买量最大	
4. 目标市场为什么要满足这种需求	
家庭需要	
地位的象征	

(续表)

目标市场的特征和需求	如何满足目标市场需求
5. 目标市场如何满足这种需求	
成批购买	
单独购买	
跟风购买	
6. 消费者消费特性如何变化	
有新的替代品在×年内取代现有产品	
7. 其他	

表 4-6　与竞争对手产品对比分析表

	竞争对手产品分析	企业产品分析	差异描述
质量			
价格			
知名度			
售后服务			
使用方便性			
企业信誉			
销售方式			
外观设计			
广告投放数量及方式			
主要目标市场消费者			

资料来源：《市场营销管理职位工作手册(第二版)》，作者：程淑丽

【知识链接】

企业在进行产品策划时，需要从以下几方面进行思考。

(1) 产品的市场容量。从市场的发展来看，产品在未来市场容量到底有多大。如果市场容量不足，将导致销售困难，产品无论概念多好，都必须终止。

(2) 消费者的接受度。消费者在感情上是否可以接受，是否有拒绝的可能性。

(3) 产品的生存空间。产品的价格，应是市场能接受的主流价格，如果离开主流市场价格趋势，需要有特殊的市场手段给予配合。

(4) 产品的生命周期。针对生命周期各阶段特点，企业应采取不同的营销策略，以获得理想的营销效果。

(5) 与竞争对手产品的差异性。决定了企业产品的市场定位和进一步发展的空间。

某民营化妆品企业营销调研案例

背景：

某公司为广东省一个民营化妆品连锁企业，在不到四年的时间里，该公司依靠敏锐的

市场意识、对消费者的深度理解与把握、先进的营销模式、强烈的创新意识取得了惊人的业绩。然而，随着公司的不断发展壮大，在营销方面也凸显出不少难以解决的问题，例如老顾客流失、新顾客很难引入等，而这些都成为制约公司发展的瓶颈。

问题所在：

公司在营销方面存在的问题突出地表现在以下几个方面。

(1) 公司总体定位不清晰，缺乏系统的分析和论证。

(2) 目标市场和目标客户不明确，缺乏系统的调研、分析和论证。

(3) 连锁经营体系中单店经营尚未形成统一的成功运作模式，客观条件和服务提升方面有待加强，人为因素目前起主导作用，业绩浮动较大。

(4) 连锁经营体系中的激励制度不完善，美容师为追求短期利益致使客户过度消费的现象普遍存在。美容师队伍流动较大，人员归属感不强，缺乏制度和方法来留住与稳定员工，达到企业持续稳定发展的目的。

(5) 店面的培训以技能培训为主，缺乏系统的店面运营管理方面的培训。

(6) 总部与店面、店面与加盟商、总部与加盟商之间的关系不清晰，业务管理混乱。

(7) 广州以外区域市场缺乏统一的规划，没有明确的市场拓展策略和模式，缺乏日常的管理和监控，目前处于放任自流的状态。

(8) 原先市场部和销售部职能不健全，造成现有岗位人员任职能力较低，部分岗位还未能物色到合适人选，部门职能未能得到履行，相关运营体系不健全。

解决思路：

针对上述问题，建议公司开展广泛的营销调研活动，通过对消费者的细分，以及各类访谈(如电话访谈、上门访谈、小组座谈等)等一系列业务沟通流程来深入了解公司现有顾客的消费心理和消费行为特点，从而找出公司客户群难以扩大的根本原因。

案例来源：第三方调查网(www.d3fang.org.com)

【思考与练习】

一、选择题

1. 产品的生命周期可分为(　　)等几个阶段。

　　A. 投入期　　　　　　B. 成长期　　　　　　C. 成熟期　　　　　　D. 衰退期

2. 当产品处于(　　)时，市场竞争最为激烈。

　　A. 成长期　　　　　　B. 投入期　　　　　　C. 成熟期　　　　　　D. 衰退期

3. 整体产品包括(　　)几个部分。

　　A. 核心产品　　　　　B. 改进产品　　　　　C. 形式产品

　　D. 附加产品　　　　　E. 明星产品

4. 调查人员到现场直接记录被调查者的行为，从而获得有关市场信息的一种调查方法是(　　)。

　　A. 实验法　　　　　　B. 问卷法　　　　　　C. 抽样法　　　　　　D. 观察法

【实战演练】

1. 小李想在学院附近开一家小饭店，请你对市场进行调研并写出简单分析报告。
2. 小王想在学院附近开一家文具店，请你对市场进行调研并写出简单分析报告。

任务二　产品定位策划

【任务描述】

在产品调查分析的基础上，根据企业自身条件、消费者需要、竞争者情况和竞争优势，为企业产品创造出一种明显区别于竞争对手的特色，使企业产品在顾客心目中形成独特、深刻、鲜明的印象，从而形成产品在目标市场上无可替代的优势。

【实践操作】

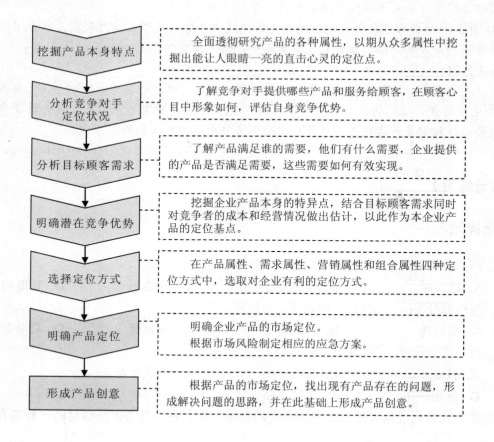

一、用本企业产品属性评价表(见表 4-7)对目标顾客需求和本企业产品特异点进行评估

表 4-7　本企业产品属性评价表

基 本 属 性	具 体 属 性	市 场 评 价			
		不 满 意	一 般	基 本 满 意	非 常 满 意
核心产品	功效				
	用途				
	方便				
	利益				
形式产品	品牌				
	包装				
	质量				
	款式				
	特色				
附加产品	声誉				
	服务				
	保证				
营销策略	价格				
	促销				
	渠道				

二、用竞争者产品属性评价表(见表 4-8)对竞争对手的定位状况进行评估

表 4-8　主要竞争者产品属性评价表

基 本 属 性	具 体 属 性	市 场 评 价			
		不 满 意	一 般	基 本 满 意	非 常 满 意
核心产品	功效				
	用途				
	方便				
	利益				
形式产品	品牌				
	包装				
	质量				
	款式				
	特色				
附加产品	声誉				
	服务				
	保证				
营销策略	价格				
	促销				
	渠道				

三、用竞争优势评价表(见表 4-9)评估本产品潜在竞争优势

表 4-9　竞争优势评价表

竞争优势	本企业品牌名次(1~10)	竞争品牌名次(1~10)	改变名次的重要性	支持能力和速度	竞争品牌改变名次的能力	建议采取的行动
功效						
用途						
方便						
利益						
品牌						
包装						
质量						
款式						
特色						
声誉						
服务						
保证						
价格						
促销						
渠道						

四、用产品定位表(见表 4-10)选择产品定位方式

表 4-10　产品定位方式分析表

属　　性			定　位　基　点	选择合适的定位方式
营销属性	营销观念		市场营销	
			关系营销	
			绿色营销	
	营销战略		成本领先	
			差异化	
			目标聚焦	
	竞争战略		是非定位	
			跟随定位	
		促销	推销人员	
			广告	
			公关	
			营业推广	

（续表）

属 性		定 位 基 点	选择合适的定位方式
产品属性	核心产品	功效定位	
		用途定位	
		利益定位	
	形式产品	包装定位	
		质量定位	
		款式定位	
		特色定位	
	附加产品	声誉定位	
		服务定位	
		保证定位	
需求属性	who	按专业化顾客群定位	
	why	按购买动机定位	
	when	按购买时间定位	
	what	按追求利益定位	
	where	按购买地点定位	
	how	按购买方式定位	

产品定位——宁夏红是"果酒"

宁夏枸杞是宁夏的特色资源，也是中国的特色资源。正是这种特色资源，给了"宁夏红"创始人以灵感与思路：白酒豪爽，葡萄酒时尚，保健酒有利于健康，而枸杞果酒可以具备所有这些的特性。"宁夏红"创新枸杞鲜汁低温发酵技术，形成自主知识产权，引进意大利、韩国全自动生产线，成功研制了具有国内先进水平的枸杞自动清洗流水线，研发了"宁夏红"枸杞健康果酒。

在当今饮酒低度化、健康化的趋势下，"宁夏红"枸杞果酒找准健康、时尚的产品定位，以消费者需求为起点，不断研发新产品，增加产品的附加值，释放了更大的市场空间。在未来的发展规划中，"宁夏红"还将利用市场网络、品牌资源，充分挖掘差异化的特色产品，开发健康含片、生命口服液、枸杞免疫软胶囊等保健产品，打造中国枸杞健康产业，形成枸杞产业链，走可持续发展之路。

案例来源："我爱酒网(www.529vip.com)"《一个成功的果酒品种"宁夏红"》一文，有改动

五、利用创意形成表(见表 4-11)呈现产品创意

表 4-11 创意形成表

序　号	阶　段	呈现创意的步骤
1	问题领域	
2	现实状态	
3	期望状态	
4	存在问题	
5	解决思路	
6	形成创意	

【知识链接】

产品定位策划就是指企业为了使自己的产品在目标市场占据明确、独特和深受欢迎的地位而做出的各种决策和进行的各种活动。

产品定位策划是企业开展市场营销工作的重要前提,要实现成功的产品定位,就必须全面挖掘产品本身的特异点,深入了解竞争对手产品的定位,充分研究消费者对产品的价值追求。

一、产品定位的关键问题

1. 全面挖掘产品本身的特异点

众多营销专家和学者都一再强调产品的市场定位,并不是要对产品做什么事情,而只是为产品在目标顾客的脑海中确定一个合理的位置。定位可以看成是对现有产品的一种创造性试验。定位的基本原则不是去创造某种新奇的或与众不同的东西,而是去操纵人们心中原本的想法,去打开联想之结,目的是要在顾客心目中占据有利的地位。唯有如此,方能在市场上赢得有利的竞争地位。因此,产品定位最基础的工作就是要全面透彻地研究产品的各种属性,以期从众多属性中挖掘出能让人眼睛一亮的直击心灵的定位点。

对产品属性研究的方法很多,最简单方便的是属性列举法。就是把产品所有可能的属性一一排列出来,从中列举出可以选用的产品属性。

2. 深入了解竞争对手产品的定位

在筛选排列出产品定位中可用的属性后,再进行差异化剔除,就是把已经被市场上其他竞争对手在产品定位中使用或表现过的属性予以剔除。因为首因效应的作用,消费者往往会深刻记住最初接触到的产品定位,把产品的这种定位形象牢固地和特定品牌关联起

来。竞争对手如果已经通过定位把某种独到的产品属性形象和特定品牌留在消费者的心里，那么后来者要想改变消费者的这种心理印象，是比较困难的，甚至产品定位沟通的效果还会被先入产品吸收，反而会强化先入产品的个性形象。

3. 充分研究消费者对产品的价值追求

在产品定位中，产品独到的个性形象应该从哪个属性中提炼，除了要考虑竞争对手在产品定位中应有的属性外，还要充分研究目标消费者购买产品时最重视的是哪些属性。

消费心理学研究表明，能和消费者的当前需求密切相关的信息，最能引起消费者注意并留下深刻印象进而产生兴趣。产品的定位点和消费者购买该产品时所看重的属性点不一致，这种定位自然就不会吸引消费者的兴趣，当然也不会引导其产生购买行为。因此，从产品众多属性中提炼定位点时，必须要考虑目标消费者对此产品最关注的属性是什么。

对筛选出来的可供定位的产品属性进行差异化剔除后，并不意味着定位点就可确定下来了，还需要针对目标消费者的需求进行针对性剔除。也就是说差异化剔除后保留下来的产品属性，并不一定都是目标消费者感兴趣的，不一定是目标消费者在购买该产品时特别看重或在乎的属性。因此，此时还需要对目标消费者购买该产品时注重追求的价值进行分析研究，把不能吻合消费者需求的、消费者不太关注的产品属性再予以剔除。

需要明确的是，如果经过上述筛选剔除后，依然保留有多个可以选用的产品属性，这时就需要结合企业的技术能力、企业历史、资源优势、企业核心竞争力等因素，进行优化选择。如果经过筛选剔除后，没有剩下任何可供选用的产品属性，则需要重新进行产品属性的挖掘，重新进行属性排列分析。

4. 明确潜在竞争优势

竞争优势有两种基本类型：成本优势和产品差异化优势。产品差异化优势可表现为技术、服务、价格等方面。对品牌定位来说，还要加上品牌的心理优势。企业的任务就是正确判断自身产品的成本优势、差异化优势和心理优势，同时，对竞争者的各方面优势做出估计，并以此作为本企业产品定位基点。只要该品牌在以上某个方面胜过竞争品牌，它就获得了竞争优势。某企业潜在竞争优势评价表见表4-12。

表4-12　某企业潜在竞争优势评价表

(1) 竞争 优势	(2) 品牌名次 (1～10)	(3) 竞争品牌名次 (1～10)	(4) 改变名次的 重要性	(5) 支持能力 和速度	(6) 竞争品牌改变 名次的能力	(7) 建议采取 的行动
成本	6	8	高	中	中	监控
技术	8	8	低	低	中	监控
质量	8	6	低	低	高	监控
服务	4	3	高	高	低	投资

在表中，两种品牌的技术力量都得8分(最低为1分，最高为10分)，这意味着双方的技术条件都很好。竞争品牌在成本方面处于优势(8:6)，如果市场上的顾客对价格比较敏感，这

就会给该产品造成损害。某企业的产品质量优于竞争品牌(8:6)。最后一点，两个企业提供的服务都处于平均水平之下。从表面上看，企业这时应追求成本或服务的差别化，以提高相对于竞争对手的市场吸引力。但还有其他一些需要深入考虑的因素。首先，第(4)栏表明降低成本和改进服务对目标顾客来说是非常重要的。其次，该企业是否有足够的资金进行这些革新？完成这些革新要多长时间？第(5)栏表明改善服务最易提供且改进的速度最快。最后，如果企业这样做，竞争对手是否也能同样做到？第(6)栏表明竞争对手改善服务的能力很低，这可能是因为竞争对手不重视服务或者资金不足。第(7)栏说明针对每种属性应采取的正确行动。可见，最重要的是提高服务水平，服务对顾客是至关重要的，企业如能尽快改善服务，也许竞争者会一时无法赶上。借助这个推理过程，企业能明确地增强真正的竞争优势。

王老吉的定位分析

1. 企业的竞争对手是谁

直接竞争对手——菊花茶、清凉茶。

间接竞争对手——可乐、茶饮料、果汁饮料、水。

2. 各竞争对手的定位状况如何

直接竞争对手，如菊花茶、清凉茶等由于缺乏品牌推广，仅仅是低价渗透市场，并未占据"预防上火的饮料"的定位。而可乐、茶饮料、果汁饮料、水等明显不具备"预防上火"的功能，仅仅是间接的竞争。

3. 目标顾客对产品或服务的评价因素

"预防上火"是消费者购买王老吉的真实动机。消费者饮用王老吉主要是在烧烤、火锅、户外活动等场合。其原因不外乎"吃烧烤和火锅容易上火，喝一罐先预防一下"，并无"治疗"要求。

4. 目标市场潜在的竞争机会

王老吉的"凉茶始祖"身份、神秘中草药配方、175年的历史等，显然是有能力占据"预防上火的饮料"这一定位的。

案例来源：《哈佛商业评论中文版》，2004年11月，有改动

二、产品定位方式

其实，商品交换关系就是由产品、需求和营销(供给)三方面组成的，企业产品的市场定位归根到底是由这三方面决定的。因此，概括而言，市场定位的方式就有产品属性定位、需求属性定位、营销属性定位以及三种属性组合定位这四类方式。

1. 产品属性定位

市场营销界习惯将产品整体概念概括为核心产品、形式产品和附加产品三个层次(见图4-1)，产品整体概念三个层次中的任何一个要素只要能形成企业的核心竞争优势，都可以作为定位基点进行定位(产品定位见图4-2)。产品属性定位举例见表4-13。

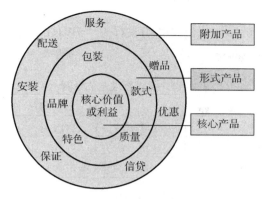

图 4-1　整体产品

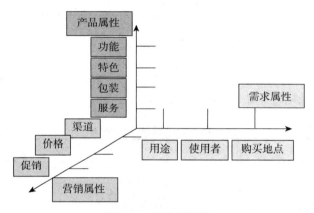

图 4-2　产品定位图

表 4-13　产品属性定位实例

定 位 基 点	定 位 方 式	实　　　　　例
核心产品	功效定位	中美史克驱虫药：只要两片就解决问题
	用途定位	脑白金：送礼就送脑白金
	利益定位	海飞丝：头屑去无踪，秀发更出众
形式产品	包装定位	爆果汽饮料：黑色包装
	质量定位	力士香皂：著名国际影星的香皂
	款式定位	某服装：总有一款适合你
	特色定位	南孚电池：聚能环
附加产品	品牌定位	同仁堂：老字号
	服务定位	沃尔玛：三米微笑
	保证定位	某家电：终身维修

2. 需求属性定位

对于需求属性定位，可以按照消费者购买行为"5W1H"六个要素进行定位。需求属性定位举例见表 4-14。

表 4-14 需求属性定位举例

需 求 属 性	定 位 方 式	实　　例
who	按顾客群定位	儿童营养液、太太口服液
why	按购买动机定位	复读机、好记星
when	按购买时间定位	圣诞树、春联、奥运产品
what	按追求利益定位	防晒化妆品
where	按购买地点定位	随处可得的可乐
how	按购买方式定位	赊销、信贷

3. 营销属性定位

按照营销属性定位，一般就是在目标顾客心目中形成众所周知、特色明显的营销观念、营销战略或策略。营销属性定位举例见表 4-15。

表 4-15 营销属性定位举例

营 销 属 性	定 位 基 点		实　　例
营销观念	市场营销		科技以人为本
	关系营销		进我新华，就是一家
	绿色营销		黑五类产品
营销战略	成本领先		格兰仕微波炉
	差异化		农夫山泉
	目标聚焦		小家电、小型快餐店
竞争战略	是非定位		七喜，非可乐
	跟随定位		××第一，我们第二
营销策略	价格		两元店
	渠道		邮购、直销
	促销	推销人员	保险公司
		广告	各类广告
		公关	捐助
		营业推广	买一赠一

4. 组合定位

组合定位是指产品属性、需求属性和营销属性中的两个或两个以上属性作为定位基点，策划企业产品的市场定位。

可供参考的企业产品定位方法

(1) 特色定位法。根据特定的产品属性来定位。包括制造该产品时采用的技术、设备、生产流程以及产品的功能等，也包括与该产品有关的原料、产地、历史等因素。如龙井茶、瑞士表等都是以产地及相关因素定位，而一些名贵中成药的定位则充分体现了原料、秘方和特种工艺的综合性。

(2) 用途定位法。根据产品的使用场合及用途来定位。如防晒霜被定位于防止紫外线将皮肤晒黑、晒伤，而润肤霜则被定位于防止皮肤干燥。

(3) 使用者定位法。根据使用者的类型来定位。如强生公司将其婴儿洗发液定位于常常洗头而特别需要温和洗发液的年轻女性，使其市场占有率由 3% 提高至 14%。

(4) 竞争定位法。可以接近竞争者定位，如康柏公司要求消费者将康柏个人电脑与 IBM 个人电脑摆在一起比较，企图将其产品定位为使用简单而功能更多的个人电脑；也可远离竞争者定位，如七喜将自己定位为"非可乐"饮料，从而成为软饮料的第三巨头。

(5) 档次定位法。不同的产品在消费者心目中按价值高低分为不同的档次。如劳力士表价格高达数十万元人民币，是众多手表中的至尊，也是财富与地位的象征。拥有它，无异于暗示自己是一名成功的人士或上流社会的一员。

(6) 利益定位法。根据产品向消费者提供的利益定位。这一利益点应是其他产品无法提供或者没有诉求过的，是独一无二的。如手机市场中，苹果定位于"时尚、高科技"，三星定位于"实用、个性化"。在汽车市场，宝马宣称"驾驶的乐趣"，沃尔沃突出"耐久安全"，而奔驰是"贵、王者、显赫、至尊"的象征，其电视广告中较出名的广告词是"世界上元首使用最多的车"。

(7) 形状定位法。根据产品的形状定位。这里的形状可以是产品的全部，也可以是产品的一部分。如"白加黑"感冒药把感冒药分为白、黑两种颜色，并以此形式为基础改革了传统感冒药的服用方法。这种全新形式本身就是该产品的一种定位策略，同时将其名称定为"白加黑"，也使这一名称表达了产品的形式特点及诉求点。

(8) 类别定位法。根据产品类别建立的品牌联想称为类别定位。类别定位力图在消费者心目中造成该品牌等同于某类产品或已成为某类产品的代名词或领导品牌的印象，使消费者在有某类特定需求时就会联想到该品牌。如快餐使人想到麦当劳，小型车使人想到奇瑞 QQ 等。

(9) 感情定位法。运用产品直接或间接地冲击消费者的感情体验而进行定位。如麦当劳公司行政总裁 Don Thompson 称，最近公司给自己设定了一个目标，用 18 个月提升品牌身份、简化菜单并成为一个"更值得信任和尊重"的餐厅。

(10) 情景定位法。情景定位是将品牌与一定环境、场合下产品的使用情况联系起来，以唤起消费者在特定情景下对该品牌的使用联想。雀巢公司曾就雀巢咖啡的饮用状况做了一项调查，发现在九种环境下消费者会饮用雀巢咖啡：早晨起床之后、午餐和晚餐之间、午餐时、晚餐时、与客进餐时、洽谈业务时、晚间工作时、与同事进餐时、周末。上述九种应用情况能使雀巢咖啡获得强烈的品牌联想。

(11) 文化定位法。将某种文化内涵注入产品之中，形成文化上的品牌差异，称为文化定位。文化定位不仅可以大大提高品牌的品位，而且可以使品牌形象独具特色。例如，万宝路引入"男性文化"因素，改换代表热烈、勇敢的红色包装，用粗体黑字来描画名称，并让结实粗犷的牛仔担任万宝路香烟广告的主角，反复强调"万宝路的男性世界"。由于不断塑造、强化健壮的男子汉形象，终于使万宝路香烟的销售额和品牌价值位居世界香烟排名榜首。

总之，市场定位实际上是一种竞争策略，是企业在市场上寻求和创造竞争优势的手段，要根据企业及产品的特点、竞争者及目标市场消费需求特征加以选择。实际营销策划中往往是多种方法结合采用。

案例来源：中国策划大学《企业营销策划学》教案，作者：岳兴禄

三、形成产品创意

形成产品创意的步骤如下。

(1) 根据产品定位，界定产品的问题领域。

(2) 分析新产品的现实状态。

(3) 分析产品的期望状态。

(4) 描述产品存在的问题。

(5) 形成解决问题的思路。

(6) 呈现产品创意。

例如，铁锅新品形成产品创意的步骤如表 4-16 所示。

表 4-16　铁锅新品形成产品创意的步骤实例

序　号	阶　段	实　例
1	问题领域	炒锅功能
2	现实状态	好用，寿命短(1.5 年)，功能单一
3	期望状态	长寿(5 年)，具有保健功能
4	存在问题	延长寿命(3.5 年)，增加保健功能
5	解决思路	开发一种长寿保健炒锅
6	形成创意	铁锅制作过程中，在其内外加一镀层，外层起保护作用，内层含保健微量元素(通过创意说明书描述)

资料来源：《营销策划理论与技艺》，作者：张丁卫东

【思考与练习】

一、选择题

1. 形成产品创意的步骤是(　　)。

A. 界定产品的问题领域　　　　B. 期望状态　　　　C. 产品的现实状态

D. 产品存在的问题　　　　E. 解决问题的思路

2. 防晒霜被定位于防止紫外线将皮肤晒黑、晒伤，而保持和补充水分的润肤霜则被定位于防止皮肤干燥，这属于(   )产品定位方法。

  A. 用途定位法   B. 情景定位法 C. 文化定位法   D. 附加定位法

二、简答题

1. 简述产品整体概念的含义。
2. 简述产品定位有哪些方法，并举例说明。

【实战演练】

1. 试为下列产品所能满足的基本欲望(核心产品)下定义。

  汽车 枕头 水笔 小说 教科书 服装 洗衣机

2. 请为小李的小饭店进行产品定位并提出产品的初步创意。
3. 请为小王的文具店进行产品定位并提出产品的初步创意。

任务三 产品品牌、包装与投放策划

【任务描述】

  产品策划的内容非常繁杂，包括产品定位策划、新产品策划、产品的品牌及包装策划、产品生命周期策划、产品组合策划等，而且产品策划离不开促销、渠道、价格策划的支持。在本任务中，我们将完成产品的品牌、包装、投放三个典型的策划任务。

  通过本任务的学习和实践，你应该能够掌握产品品牌策划，产品包装策划和产品投放策划的主要工作流程及工作内容，并且具备产品品牌策划、包装策划和投放策划的基本能力。

【实践操作】

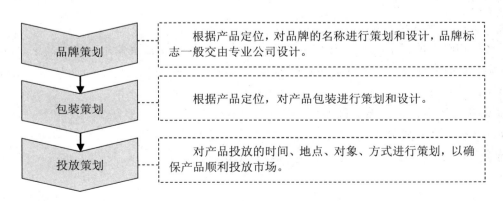

一、根据产品定位,用品牌形象分析表(见表 4-17)分析现有产品品牌形象的优势和缺陷

表 4-17 品牌形象分析表

产品品牌形象分析		分 析 人	
知名度	□高 　□中 　□低		
美誉度	□高 　□中 　□低		
注目程度	□不显眼 　□稍加留心能够辨认 　□非常引人注目		
竞争产品	□多 　□中 　□少		
个性	□高档 □中档 □低档 □男性的 □女性的 □大人的 □儿童的 □保守的 □时尚的 □严肃的 □活泼的		
价格	□贵 　□便宜 　□可再调高 　□可再便宜		
陈列	□显眼 □不引人注目 □太多 □太少		
好的印象			
坏的印象			
意外的印象			
改善提案			

资料来源:《市场营销管理职位工作手册(第二版)》,作者:程淑丽

二、根据上述分析,结合下面案例,确定产品名称

××家庭净水机命名程序

- 商品性能描述

具有三道水质过滤的特殊装置:龙头一开,净水马上流出;有 LED 显示屏,可以显示什么时候需要换滤芯;可以生饮,甘醇可口;价格—— 3300 元;体积—— 60cm×30cm×29 cm;色彩——象牙白、琥珀色两种。

- 提炼商品特色

由银粒子和污水交换式杀菌,可以制造出矿泉水;可生饮;母子式三种过滤设备。

- 商品形象定位

告别脏水,祛病养身。

- 设定目标消费者群

一台 3000 元的高层次净水系统面向年收入 5 万元以上、注重饮用水健康的家庭;城市 35~45 岁的家庭主妇;崇尚健康、回归自然的老爸。

- 命名目标

商品特性可以一目了然,很亲切,生活化,体现个性。

- 竞争对手品牌分析

有美宁、多碘、国际、三叶、三菱、BRITA 等。

- 列举关键词

都会、优雅、幽雅、高尚、魅力、品质、美的、健康、自然、流行、纯净、无菌、无尘等。

- 留意点

高贵感觉、新贵族的诉求；避开同业竞争；市场中无类似产品；品名一目了然。

- 选定名称

都会、高兰、圣上水、圣爱水、清一舍、蓝珊等。

案例来源：《公司、产品命名设计指南》，作者：焦为尼

品牌标志一般交由专业公司设计，策划人员可根据相应指标进行分析取舍，然后进行同类或类似产品品牌检索，确认符合相关法律，最后确定品牌设计并申报商标。

三、根据表 4-18 对产品包装进行评估，选定合适的包装策略

表 4-18　包装形象分析表

产品包装形象分析		分 析 人	
等级	□高级　□中级　□低级		
外形	□大　　□小　　□袖珍　□精致　□不精致　□与产品匹配　□不匹配		
注目程度	□不显眼　□稍加留心能够辨认　□醒目		
个性	□高档　□中档　□低档　□男性的　□女性的　□大人的　□儿童的 □保守的　□时尚的　□严肃的　□活泼的		
陈列	□显眼　□不引人注目　□太多　□太少　□易于取用　□不易拿取		
促销包装有没有 产生效果	□效果明显　□不明显　□无人关注		
哪一种包装的产品 销路较好	□最简单包装　□普通包装但售价便宜　□包装华丽价格昂贵 □附赠品包装　□无赠品包装　□一次性包装　□再使用包装 □大包装　　□小包装　　□组合包装　□单个包装		
好的印象			
坏的印象			
意外的印象			
改善提案			

四、用下列分析表(见表 4-19 和表 4-20)对目标市场的需求时间、地点进行调查分析，以便选定适当的市场、在适当的时间和地点进行产品投放。结合案例，最终确定产品的推广策划方案

表 4-19　消费者调查分析表

问　　卷	答　　案
1. 消费者需要什么	
消费者真正需要的价值是什么	

(续表)

问　卷	答　案
2. 消费者在何处满足自己的需要	
消费者在哪里购买该产品	
消费者在哪里使用该产品	
消费者为什么到甲店购买而不到乙店购买	
3. 消费者何时满足自己的需求	
消费者在何时使用该产品	
4. 消费者为何有此需求	
消费者因为什么原因而使用该产品	
5. 消费者如何满足自己的需求	
产品是单独使用还是成套使用	
消费者是单独购买还是几个人购买，通常购买是几个人	
6. 消费者消费特征如何变化	
有哪些因素会改变消费者增加购买该产品	
有哪些因素会导致消费者放弃该产品	
消费者消费特性变化趋势	
……	

表 4-20　目标市场需求满足程度分析表

目标市场的特征和需求	我们如何满足目标市场需求
1. 目标市场需要什么	
质量可靠	
价格在××元之内	
品种多样，款式新颖，颜色最受欢迎	
保修期在××年以上	
2. 目标市场在哪里满足这种需要	
专业批发市场	
中等档次超市	
3. 目标市场在什么时候满足这种需要	
每年××月至××月每月购买量最大	
每年××节前后半个月每天购买量最大	
4. 目标市场为什么要满足这种需求	
家庭需要	
地位的象征	
5. 目标市场如何满足这种需求	
成批购买	
单独购买	
跟风购买	

资料来源：《市场营销管理职位工作手册(第二版)》，作者：程淑丽

"脑轻松"开发及上市策划

香港康富来公司一直专门生产洋参含片、洋参胶囊等,是中国洋参制品市场的四大知名品牌之一。它在上海推出一种全新的健脑补品"脑轻松",顿时在市场上掀起了一股不大不小的旋风。

(1) 做出开发新产品的重大决定。由于洋参制品市场竞争越来越激烈,各大品牌被迫竞相加大广告投入和降低销售价格,致使各自的利润下降。究竟是加大力度与竞争对手一争高下,还是在保持现状的前提下开发新的保健品?决策层在反复权衡之后,做出了开发新产品的决定。

(2) 选择功能性的健脑产品进行开发。企业为此做了大量的保健品市场调查。他们找到了支持这一选择的四个理由:一是中国人的健脑意识和健脑需求随着智力竞争的加剧而开始增强;二是"巨人脑黄金"曾经一度成功的先例,证明了健脑产品是有市场潜力的;三是健脑产品目前没有领导品牌,这就给新产品留下了市场发展的机会;四是企业能从某中医药研究所购买到一个卫生部批准的健脑产品的专利。

(3) 确定上海市场为首攻市场。企业意识到决不可四面出击,必须集中力量先攻占一地,力争在此一炮打响而又能产生辐射周边市场的作用。上海是康富来公司的老市场,企业跟经销商和媒体关系都很密切,销售渠道畅通,上海媒体对邻近江、浙两省份影响很大,而上海的走俏产品历来在这两个省份也能很快地被市场所接受,加上保健产品多年来在上海市场一直销售很好,所以企业决策层最终确认上海为"脑轻松"的首攻市场。

(4) 明确规定洋参制品经销商和"脑轻松"经销商要"分而不合"。这既可保住洋参制品的现有销售市场,又让新产品"脑轻松"拥有一支强大而独立的销售队伍,以保证"脑轻松"有足够的力量攻打市场。与此相适应,企业为经销商服务的市场推广人员也兵分两路,各负其责。

(5) 决定进行广告投入。企业决策层达成共识:要想使市场开发迅速见效,广告大投入是绝对必要的。因此企业决定在为时34个月的产品导入期内投入1500万元,通过多种媒体发动强劲的立体攻势,以达到振聋发聩的广告轰炸效果。

(6) 制定产品合理的价位政策。决策层意识到,合理的价位才能保证经销商的销售利益,也才能保证有足够的市场推广费用。

案例来源:《成功策划第一书》,作者:高天成、李兆虹

【知识链接】

一、品牌策划

1. 品牌的含义

美国市场营销协会对品牌的定义如下:品牌是一种名称、术语、标记、符号或设计,或是它们的组合运用,其目的是借以辨认某个销售者或某群销售者的产品或服务,并使之同竞争对手的产品和服务区别开来。科特勒在《营销管理》中归纳了品牌具有的六个内涵。

- 属性。一个品牌首先给人带来特定的属性。
- 利益。属性需要转换成功能和情感利益。属性"耐用"可以转化为功能利益:"我可以几年不买车了"。属性"昂贵"可以转换成情感利益:"这车帮助我体现了重要性,令人羡慕"。
- 价值。品牌体现了该制造商的某些价值观。
- 文化。品牌象征了一定的文化。
- 个性。品牌代表了一定的个性。
- 使用者。品牌还体现了购买或使用这种产品的是哪一类消费者。

我们把构成品牌的这些名称、术语、标记、符号或设计,或它们的组合称为品牌元素。品牌名称常常预示出产品的定位,品牌的标记则更形象地传递信息。海尔的品牌设计如图4-3所示。

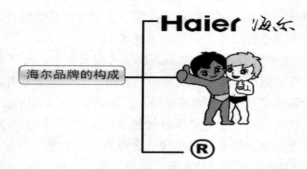

图4-3 海尔的品牌设计

2. 品牌设计的要求

品牌名称既是一门科学,又有极强的艺术性。一个企业如果能给自己的产品起一个响亮的名字,对企业参与市场竞争,创出名牌都有极大的好处。具体来说,品牌设计应该遵循以下四项原则和"六好"要求。

四项原则是:简洁醒目,易读易记;构思巧妙,暗示属性;富蕴内涵,情意深重;避免雷同,超越时空。

"六好"要求是:好听,好看,好记,好传,好念,好认。

3. 品牌名称策划

常用的命名方法见表4-21。

表4-21 常用的命名方法

序 号	方 法	实 例
1	以人物形象命名	康师傅,李宁,孔府家酒
2	以动植物形象命名	白猫洗衣粉,大白兔奶糖,莲花味精
3	以抽象几何图形命名	三角半球电饭锅,双星球鞋,方正电脑
4	以吉祥词汇命名	步步高,喜临门,金利来

(续表)

序 号	方 法	实 例
5	以生产者志向命名	全聚德，神舟电脑，新飞冰箱
6	以创始人命名	王致和臭豆腐，张裕葡萄酒，张小泉剪刀
7	违反常规命名	狗不理包子，傻子瓜子
8	以地名或名胜古迹命名	青岛啤酒，宁夏红
9	英汉同音	雅戈尔(younger)，格力(gree)
10	叠字命名	杉杉，维维
11	数字命名	999，555
12	暗示功效	汰渍洗衣粉，健力宝，可口可乐，舒肤佳
13	表明目标顾客	太太口服液，娃哈哈

4. 品牌标志策划

品牌不但要有响亮的名称，还要有醒目的标志，这样才能相映生辉、相得益彰。标志策划是品牌策划中的重要一环，这项工作一般由专业人员完成，营销策划人员的任务是将品牌的构思方向、品牌内涵蕴意以及希望通过品牌标志引起顾客的联想准确地交代给美术设计人员，当品牌标志设计完稿后，策划人员应具备准确的感觉与判断能力，以决定取舍。标志设计的四个关系必须处理好。

- 字形处理。世界上有 80% 的品牌是由文字设计而成的。在我国的品牌标志中，汉字构成的品牌标志是主流，用拉丁文字设计品牌标志，目前也比较流行。世界上有 60 多个国家使用拉丁字母，其笔画比较简单，如果将字母巧妙变形，可以起到意想不到的效果。

- 图形处理。目前大部分平面设计师的设计都借用几何图形，对自然形态的原始形象进行艺术、抽象的提炼加工。

- 色彩处理。人们在对文字、图形和色彩的感知过程中，对色彩最为敏感。品牌设计要善于利用色彩及其组合，突出和渲染品牌的特点，使它既能强化品牌的信息传播力度，又能引导人们深刻感知品牌的文化内涵。

- 构成处理。通常一个成功的抽象性品牌设计应该具有的特点是：图形是抽象的，表意却是具体的，形有限而意无穷。

色彩在品牌中的应用

雀巢公司的品牌设计为纯白和咖啡两色，以纯白为雀巢标志，以咖啡勾勒文字和标志，整个设计给人一种坚实可靠的庄重感，流淌着一种朴素、温馨、柔和的家庭情调，既透露出产品的色、香、味，又洋溢着文化的情、趣、意。

可口可乐品牌设计为红白相间，宛如一艘白色巨轮在红色的海洋中破浪前进，起到了对品牌特点的烘托和强化作用。

二、包装策划

包装既是指用容器或包扎物将产品盛放或包裹的活动，又是指盛放或包裹产品的容器或包扎物。包装包括三层：第一层包装是指最接近产品的容器，称为内包装。第二层包装是指保护第一层包装的材料，称为中包装，它为产品提供了进一步的保护和促销机会。外包装是指产品储存、辨认和运输时所必需的包装，是第三层包装。此外，标签亦是包装的一个组成部分，它是由印制好的表明该产品的信息所构成的，出现在包装物表面或和包装物合为一体。

1. 包装设计的基本要求

包装造型应美观大方。图案生动形象，不落俗套，避免模仿、雷同，尽量采用新材料、新图案、新形状，引人注目。

包装应与商品的价值或质量水平相匹配。贵重商品和艺术品、化妆品包装要烘托出商品的高雅和艺术性。

包装要能显示出商品的特点与风格。以青少年作为目标顾客的产品包装宜采用时尚的外形和明快的色彩；以送礼为主要购买动机的保健品宜采用高档、华丽的包装。

包装的结构和造型应考虑销售、使用、保管和携带方便。容易开启的包装结构便于商品的使用；喷射式包装适用于液体、粉末、胶状商品，如各种清洁剂等。包装的大小直接影响商品使用时的方便程度，在便于使用的前提下还要考虑贮存、陈列、携带方便。

包装上的文字应能增加顾客的信任感并指导消费。产品的性能、使用方法和效果常常不能直观显示，需要用文字来表达。包装上文字的设计应根据顾客的心理突出重点。如食品包装上应说明用料、食用方法、保质期等；药物类商品应说明成分、功效、用量、禁忌以及是否有副作用等。文字说明必须与商品性质相一致，最好有可靠的检验数据或使用效果的证明。虚假不实的文字说明等于欺骗性广告，既损害消费者的利益，也损害企业的声誉。

包装的色彩、图案要符合消费者的心理，并且考虑各民族的风俗习惯和宗教信仰，不犯禁忌。此外，还要考虑其他国家政府对包装的规定，避免造成公害，保护生态平衡。

2. 包装策略

(1) 类似包装策略

类似包装策略是指一家企业将其所生产的各种不同产品在包装外形上采用相同的图案、近似的色彩及其他共有的特征，使消费者和用户极易联想到这是同一家企业生产的产品。如日本三洋家电公司家电产品的包装都是蓝色的。类似包装策略的优点如下：

- 可以壮大企业声势，扩大企业影响力。
- 可以节约设计和印刷费用，从而降低包装成本。
- 有利于介绍新产品。新产品初次上市时，可以用企业的信誉消除用户对新产品的不信任感，使产品尽快打开销路。

类似包装策略适用于同一品质的商品。否则，不仅使低档产品的包装费用提高，而且使优质产品蒙受不必要的损失。

(2) 等级包装策略

等级包装策略是指企业把不同等级、不同品种的产品，按各自的特征采取不同的风格、不同的色调和不同的材料进行包装。如在销售茶叶时，一二级茶叶可以听装；三四级茶叶可以盒装；五六级茶叶可以塑料袋装；其他碎茶或条茶可以散装，等等。这种策略的优点是可以将不同产品通过色彩区别开来，且不至于因某一商品营销的失败而影响其他商品的市场声誉，不足是设计的成本较高。

(3) 配套包装策略

配套包装策略是指在同一包装内放入相关联的多种产品，同时出售。如化妆品盒内，可以把面霜、香水和口红等包装在一起。这种包装策略的好处是：便于用户购买和使用，也有利于带动多种产品销售，特别是有利于新产品的推销。如把新产品与其他老产品放在一起出售，可以使用户在不知不觉中接受新观念、新设计，从而习惯于新产品的使用。这种策略主要适用于小商品，且不能把毫不相干的商品搭配在一起，否则，必然会影响销售。

(4) 再使用包装策略

再使用包装策略是指企业在进行产品包装时，要考虑到即使产品用完后，空的包装容器还可以用作其他用途。如盛装咖啡、水果罐头的瓶子可做茶杯用，装衣服的袋子可做手提袋，等等。这种包装策略一方面可以引起用户的购买兴趣，另一方面还能使印有商标的容器发挥广告宣传作用，吸引用户重复购买。但是，这类包装成本一般较高，实际上包装已成为一种产品。

(5) 附赠品包装策略

附赠品包装策略是目前国外市场上比较流行的包装策略。如儿童市场上的玩具、糖果等商品附赠连环画、认字图；化妆品包装中附有赠券，积累到一定数量，可以得到不同的赠品。附赠品包装策略成本较高，容易影响产品在价格上的竞争力。各种包装策略的优缺点见表4-22。

表4-22　各种包装策略的优缺点

策 略 名 称	优 点	缺 点
类似包装策略	容易提高企业信誉，节约包装设计费用	一损俱损
等级包装策略	按需设计，差异营销	增加设计成本
配套包装策略	方便消费者购买、携带和使用	强制捆绑销售，易生反感
再使用包装策略	有利于诱发消费者的购买动机，空包装物还能起到广告宣传的作用	推高成本与价格
附赠品包装策略	激发兴趣，诱发重购，尤其是在儿童和家庭主妇市场上最具有吸引力	安全性、卫生性方面可能有负面影响

三、产品投放策划

1. 上市时机选择

综观企业新产品成功的上市经验,把握上市时机十分重要。以下三种类型很值得借鉴。

(1) 先于竞争者上市

这是指新产品在研制成功以后,立即上市。其优点是同类产品的竞争者数量很少或几乎没有,或潜在竞争对手的条件尚未成熟,先期上市可以"先入为主"。

(2) 同于竞争者上市

这是指市场一有变化,企业就闻风而动,与竞争者同时开发同一新产品。由于各方面条件和水平相当,很可能与竞争者同时完成一项产品的构思、试制、上市。其特点是:与竞争者共同承担风险,共享利润成果。

(3) 迟于竞争者上市

这是指虽然新产品已经成型,但决策者们却迟迟不将其公之于众,他们期待着更详尽的调查和更高的接受率,同时尽量避免上市失败给企业带来损失,这样就将风险转嫁给了竞争对手。如果竞争者产品销路好就立即推出,如果竞争者产品销路不好就立即退出。这种方法,即是所谓的"后发制人"。

2. 上市地点选择

上市的地点即推出新产品的地域,是在当地或异地,一个地区或几个区域,国内或国外,等等。一般资金雄厚、实力充足的企业会撒开大网,向整个地区推出,而中小型企业很少能拥有大范围的销售网络,面铺得太大会造成力量分散,最好是从某个地区入手,边巩固成果边向其他地区扩展。

麦当劳公司最初进入中国时,首先选中在北京安营扎寨,又买下王府井的寸土寸金之地兴建中国最大规模的快餐厅,其后的兴旺发达,就说明了产品上市地点选择的正确性。

3. 上市目标确定

产品的最终享用者是顾客。因年龄、性格、性别的不同,他们的购买需要也不相同。企业选准目标顾客群,并根据他们的特点制定营销对策,方能"有的放矢"。例如:新款手机以收入高的年轻人为上市首选群体,学区附近楼盘也以有一定收入和地位的中年人为目标市场,选错目标就会适得其反。

4. 确定上市推广方法

- 推介会。指通过集中的产品展示和示范表演,配以多种传播媒介的复合式传播形式,集中宣传产品和企业。
- 特殊手段推销法。利用大型体育活动、文艺活动等有影响力的特殊手段推销新产品。
- 知名人士介绍法。借助政治家、文学家、演员、歌唱家、记者、节目主持人等名人的地位与声望来宣传企业及产品。

● 直销法。直接面对消费者，取消中间环节。较流行的方式有电话、电视直销，直接邮寄 DM，上门推销，等等。

【思考与练习】

一、选择题

1. 企业生产的各种产品在包装上采用相似的颜色，体现共同的特征。这种包装策略叫作( )。

    A. 等级包装策略　　　　　　　　　　B. 类似包装策略

    C. 配套包装策略　　　　　　　　　　D. 复用包装策略

2. 对于拥有良好声誉且生产质量水平相近产品的企业，宜采用( )策略。

    A. 等级包装　　　　B. 类似包装　　　　C. 分类包装　　　　D. 配套包装

3. 海尔现有产品及新上市产品均使用"海尔"商标，属于( )。

    A. 制造者商标策略　　　　　　　　　B. 经销商商标策略

    C. 统一商标策略　　　　　　　　　　D. 商标拓展策略

4. 宝洁公司的洗发水采用了"飘柔""潘婷""海飞丝"等多个品牌名称，这种品牌策略叫作( )。

    A. 统一品牌策略　　　　　　　　　　B. 多品牌策略

    C. 统一名称+个别品牌策略　　　　　D. 品牌延伸策略

5. 同类产品的竞争者很少或几乎没有，或潜在竞争者的条件尚未成熟，这时候可以采取( )的策略。

    A. 先于竞争者上市　　　B. 同于竞争者上市　　　C. 迟于竞争者上市

6. 形式产品是指( )借以实现的形式或目标市场对某一需求的特定满足形式。

    A. 期望产品　　　　B. 延伸产品　　　　C. 核心产品　　　　D. 潜在产品

7. 处于市场不景气或原料、能源供应紧张时期，( )产品线反而能使总利润上升。

    A. 增加　　　　　　B. 扩充　　　　　　C. 延伸　　　　　　D. 缩减

8. 期望产品，是指购买者在购买产品时，期望得到与( )密切相关的一整套属性和条件。

    A. 服务　　　　　　B. 质量　　　　　　C. 产品　　　　　　D. 用途

9. 品牌中可以用语言称呼的部分叫作( )。

    A. 品牌名称　　　　B. 品牌标志　　　　C. 商标　　　　　　D. 品牌化

二、简答题

1. 简述品牌的含义。

2. 简述包装的作用及策略。

3. 简述产品投放策划的主要内容。

4. 产品定位策略有哪几种?

【实战演练】

1. 案例分析

可口可乐公司的产品策略

可口可乐从消费者的需求出发,生产出全世界统一口味的产品,并且提供消费者实现产品消费所必需的良好的服务保证。由此,可口可乐深受中国消费者的喜爱。

1. 全球市场产品策略

目前,可口可乐公司销售的饮料可分成4类:①碳酸饮料(可口可乐、雪碧);②主要是水的饮料(天与地、冰露);③含咖啡因和维他命的功能饮料(保锐得);④有益于健康和营养的果汁和牛奶(酷儿)。这些产品在全球范围内总共采用了230多个品牌。这种多品牌战略,以可口可乐这一强势品牌为核心,雪碧、健怡、芬达为两翼,其他本土化品牌为补充,使可口可乐的品牌家族成为一支战无不胜的航母编队。

2. 中国市场产品策略

在中国市场上,除了传统的可口可乐、雪碧、芬达、健怡4个国际品牌外,可口可乐公司拥有的品牌还包括"醒目"果味饮料系列、"保锐得"运动饮料、"雀巢冰爽茶"和"茶研工坊"茶饮料、"健康工房"本草饮料、"美汁源"和"酷儿"果汁饮料、"水森活"和"冰露"纯净饮用水、"天与地"矿物质水,等等,产品类别覆盖汽水、茶饮料、果汁和水等。可口可乐各品牌、各产品定位均有着明确的差异。

案例来源:《可口可乐公司的产品策略》,登载于"网络营销教学网站"网(http://abc.wm23.com/)作者:刘琦

(1) 请谈谈可口可乐的产品策略有什么特点。

(2) 案例带来的启示有哪些?

2. 小李想在学院附近开一家小饭店,请你在市场调研基础上为他进行产品策划。

3. 小王想在学院附近开一家文具店,请你在市场调研基础上为他进行产品策划。

【产品策划书】

克徕帝珠宝产品策划

源自欧洲的经典珠宝品牌——克徕帝主要从事钻石首饰设计、销售、售后及制造业务。克徕帝致力于优质钻石的推广,结合时尚与经典不断辐射全球市场。作为在华特许经营珠宝零售机构,克徕帝于1992年进入中国市场开设第一家大型专营店。经过多年的发展,现已在北京、重庆、厦门、南宁、长沙等全国各大中城市开设多家珠宝专营店。克徕帝传承比利时550年钻石切割技艺,首饰设计结合欧洲设计风格,在中国已成为备受消费者欢迎和信赖的珠宝零售机构。

一、营销环境

(一) 市场环境

随着经济实力的增强，社会财富的不断增加和人民生活水平的提高，中国珠宝首饰销售仍将呈现持续增长的趋势，成为继住宅、轿车之后中国老百姓的第三大消费热点。而且珠宝首饰已不仅是财富、身份、地位的体现，更是文化修养、个人品味的浓缩，它有助于增进人际沟通，增加感情交流，长期以来被人们用作感情恒久的象征。我国珠宝首饰市场销售额每年以 8%～10% 的速度递增，其中钻石饰品销售 400 亿元，黄金饰品销售 700 亿元，翡翠玉器和珍珠销售 600 亿元，皆位居世界前列。

(二) 目标市场

克徕帝的目标市场包括儿童、中老年人、年轻人和成功人士。对于儿童而言，长辈会给他们赠送包含生肖等信息的珠宝作为礼物。对于成功人士而言，他们需要外表华贵、设计精美的珠宝产品。中老年人比较偏向复古、朴实的珠宝产品，克徕帝针对这一市场设计了一系列外表朴实、价格适中的珠宝产品。而青年人追求的是个性、时尚的珠宝产品，克徕帝针对这一群体设计了外形时尚大方、性价比较高的珠宝产品。克徕帝的目标市场及需求见下表。

克徕帝的目标市场及其需求

目标市场	顾客需求	克徕帝的解决方案
儿童	中国人的传统思想为小孩配戴金、玉等饰物保佑其健康成长	雕刻有十二生肖的玉佩和金锁
中老年人	偏好价廉物美的珠宝产品	外表朴实、价格适中的珠宝产品
待结婚的情侣	表达爱慕以及对婚礼的重视	钻石婚戒等系列产品
有品位的成功人士	买高端珠宝不只为炫富，而且为表现品味	根据消费者的品味进行量身打造，设计出属于他们的独特珠宝

(三) 产品特点

1. 品质。采用南非天然钻石和纯天然翡翠等原料，全球宝石标准认证，样式新颖，工艺精湛，设计时尚，质量上乘，款式繁多。所有克徕帝品牌的珠宝饰品，均经过国家权威机构检测合格。连锁店所售珠宝饰品均保证为天然钻石。

2. 服务。终生免费刻字，将爱情永远刻骨铭"心"；终身享受免费保养、清洗等服务；在克徕帝任意实体店购买的首饰终生换款 3 次。

(四) 竞争对手

1. 周大生

形象良好，拥有强大的群众基础。经过多年的运营在群众中有了很强的口碑效应，品牌认知度很强；珠宝设计以中式为主，含蓄庄重；用大牌明星代言，国内影响力高。但是在前几年，周大生珠宝发现了质量问题，导致了其信誉有所下降，消费者对其信任度也出现了波动。

2. 老凤祥

老凤祥是珠宝行业的百年老店,工艺精细,信誉好,有着良好的品牌效应,现已经发展成为工贸一体的公司并且在全国有着广阔的销售渠道。但是其广告效应不足,致使消费者对其认知不全面。

二、SWOT 分析

1. 优势

(1) 网络电子平台。以强大的功能、人性化的界面,成为中国最特别的一家"钻石店",为消费者带来更为便捷和人性化的网络购钻体验。体验中心钻石在线 3D 展示,多种智能搜索方式实现"全球寻钻"功能,这些都为消费者带来了最特别、最贴心的购钻感受。

(2) 6C 体验中心。所谓的 6C 就是指"Concept of new model——全新模式、Create your own ring——钻戒 DIY、Culture of Diamond——钻石文化、Care for love——为爱呵护、Credit——信誉、Confidence——信心",为客户营造美好的文化氛围,带来更为丰富便捷的购钻体验,确立消费者对克徕帝品牌的信心。

2. 劣势

克徕帝于 1992 年进入中国市场,1994 年大举开拓中国市场,2002 年在北京、重庆、厦门、长沙等城市开设了八家品牌直营店,2009 年,先后在南宁、石家庄、贵阳、南昌、兰州等省会城市开设品牌直营店……相对于周大福、周大生等在国内已经存在几十年的老品牌来说,克徕帝远没有他们的知名度与影响力。

3. 机会

随着中国经济的快速发展,消费能力不断增强,人们开始追求奢侈品消费。克徕帝主打的就是"没有品质就没有品牌"的理念,而这也正好符合现在人们的观念。

4. 威胁

随着竞争的日趋激烈,人们对珠宝产品的要求越来越高,专卖店的房租越来越贵,加上节假日促销费用不断增加,员工工资一再上涨,竞争对手纷纷加入,珠宝原材料成本的迅猛上涨,这些都给珠宝产品带来潜在的威胁和巨大的竞争压力。

三、营销目标

克徕帝 2011 年的销售额为 870 万,根据以往每年 15%～20%的平均增长率,2012 年销售目标应该在 1000 万～1100 万左右。因此,克徕帝必须树立品牌声誉,明确市场定位,创建独特的品牌形象。

四、产品策略

1. 产品理念

做到"人无我有,人有我优,人优我新",狠抓产品质量,从而提高产品在消费者心目中的知名度和美誉度。

2. 主打产品

克徕帝的核心产品为钻石戒指,戒指按消费者对象分为男戒、女戒、情侣对戒;按原材料分为金戒指、白金戒指、钻戒；还有镶嵌型的戒指，如金镶嵌钻石、白金镶嵌钻石等；次要产品为项链、耳钉、耳环、吊坠等。

3. 新产品开发策略

开发有十二生肖的吊坠、戒指等系列产品，满足消费者对节日珠宝的需求；开发有设计感、与众不同的珠宝产品，满足成功人士的需要。

4. 特色服务策略

(1) 保换。钻石饰品只要完好无损，票据、标签、证书齐全，均可换取同等价值的钻石饰品。

(2) 保修。凡购买本品牌的饰品，因长期佩戴或意外撞击，导致饰品出现变形、松脱现象，凭发票及售后服务手册可提供免费维修。凡购买连锁店珠宝饰品，凭本店发票可享受终身免费服务，可免费缩放手寸。

(3) 个性化加工。连锁店可为消费者开展饰品特殊加工服务，如情侣对戒或生日礼物可刻印特殊字样，亦可看样、看图订做。

案例来源：道客巴巴(http://www.doc88.com/P-0886177238393.html)，作者不详

价 格 策 划

【单元概述】

市场营销活动由四个基本的战术要素组成，即产品、促销、分销和价格。企业通过前三个要素在市场中创造价值，然后通过价格从所创造的价值中获取收益。在营销组合因素中，价格是唯一能产生收入的因素，也是十分敏感的因素。在复杂的市场环境中，企业应以怎样的价格向市场推出自己的产品和服务，这始终是一个困扰经营者的重要问题。定价是否恰当，直接关系到顾客对产品的接受程度，影响着企业产品的销售量和盈利水平。营销活动中的价格策划并不仅仅意味着定价方法和技巧的简单组合，而且还要将企业整体的价格活动作为一个系统来加以统一把握。

价格策划，就是企业为了实现一定的营销目标而协调处理各种价格关系的活动。它并非只是简单的价格制定，而是在一定的环境条件下，为了实现特有的营销目标，协调配合营销组合的其他有关方面，在构思、选择和实施的过程中不断修正价格战略和策略的全过程。

【能力目标】

终极目标：

能够制定一份完整的价格策划书。

促成目标：

- 能够在价格策划之前进行有目的的市场调研，分析影响定价的因素。
- 能够依据分析结果确定价格策划的目标。
- 能够根据企业的定价环境和价格目标制定合理的价格。
- 能够对新产品进行合适的定价，并能在环境变化时对产品进行调价。
- 能够制定一份完整的价格策划书。

【项目导航】

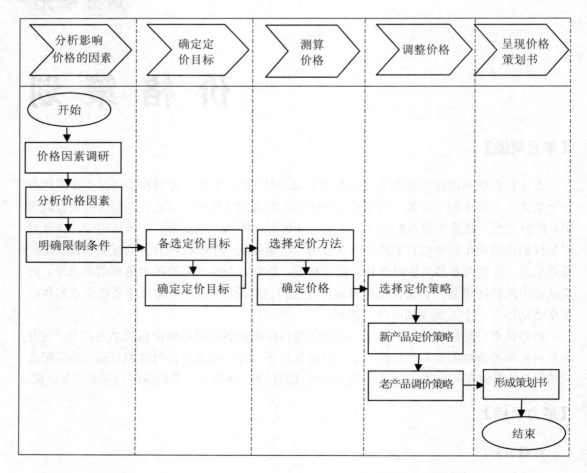

任务一　分析价格策划的影响因素

【任务描述】

　　企业制定价格存在两个基本的界限：上限和下限。从长期来看，产品的成本一般是价格的下限。如果产品的价格不能弥补其成本，该产品就会亏损。在多数情况下，企业产品的产销量越大，其成本就越低。因此，企业在制定价格时，应考虑不同价格水平下所产生的销量问题。价格的上限取决于竞争者的产品价格和消费者的支付能力。在其他因素一定的条件下，如果产品定价高于竞争者同种产品的价格，顾客就会转而购买竞争对手的产品；如果定价高于顾客的支付能力，就会使大量顾客流失。由此可见，市场需求、成本费用、竞争产品的价格水平是影响企业产品定价的三大主要因素。

【实践操作】

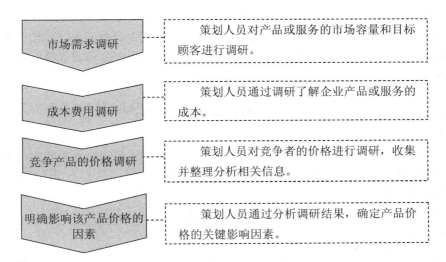

一、市场需求调研

市场需求调研包括市场容量调研和目标顾客调研。

1. 市场容量调研

主要调研现有和潜在的人口变化、收入水平、生活水平、购买力投向、本企业的市场占有率，然后将收集到的资料(以二手资料为主)汇总成为市场容量调研表，用来对市场容量进行分析。市场容量调查分析表如表 5-1 所示。

表 5-1　市场容量调查分析表

商品名称或类别：　　　　　　　　调查区域：　　　　　　　　调查时间：

项　　目	时　　间						说　　明
	年	年	年	年	年	年	
总人口							
消费群体占总人口比例							
居民存款调查							
消费群体购买力总和							
替代品或相关产品销售情况							
区域内市场总容量							
竞争对手销售情况							
企业历史销售情况							
经济景气趋向							
竞争关系发展趋势							
企业销售策略建议							

资料来源：《市场营销管理职位工作手册(第二版)》，作者：程淑丽

2. 目标顾客调研

一是了解购买本企业产品或服务的团体或个人的情况,如民族、年龄、性别、文化、职业、地区等;二是了解各阶层顾客的购买欲望、购买动机、习惯爱好、购买习惯、购买时间、购买地点、购买数量、品牌偏好等,以及顾客对本企业产品和其他企业提供的同类产品的欢迎程度。我们主要以消费者调查问卷的形式对消费者行为进行调研。

××乳制品消费调查问卷

尊敬的先生/女士:

您好!我是××乳制品厂的调研员,这是我的身份证明,感谢您接受我们的调查,您的宝贵意见能够帮助我们改进生产,提供更好的乳制品。

一、您的个人信息

1. 您的姓名:_____ 您的年龄:_____

2. 您的学历:

　　A. 未受过正规教育　　　　B. 小学文化程度　　　　　C. 初中文化程度

　　D. 高中/职校/技校/中专　　E. 大专　　F. 大学本科　　G. 研究生以上

3. 您的职业:

　　A. 生产企业从业人员　　B. 公务员　　C. 教师　　D. 专业技术人员

　　E. 个体私营企业主　　F. 离退休人员　　G. 在校学生　　H. 其他职业

　　请说明_____

4. 您的家庭成员:_____

5. 您的月收入:

　　A. 2000 元以下　　　　B. 2000～3000 元　　　　C. 3000～4000 元

　　D. 4000～5000 元　　　E. 5000 元以上

二、调查问题

1. 请问在您的家庭中,谁做出购买乳制品的决定?(请在横线上填写做出决定的家庭成员身份,如爸爸、妈妈、爷爷、奶奶等)

　　A. 牛奶_____

　　B. 调味和发酵乳品_____

　　C. 冰激凌_____

2. 您家里喝鲜牛奶的频率:

　　A. 几乎天天喝(每周 5 次以上)　　B. 经常买(每周 3～4 次)

　　C. 偶尔买(每周 1～2 次)　　　　D. 很少买(每周平均不到 1 次)

　　E. 从不买,请说明具体原因_____

3. 您购买鲜牛奶和其他乳制品的地方是(本题可多选):

　　A. 大型综合超市　　　　B. 附近连锁便利店　　　C. 附近食品店

　　D. 路边售奶点　　　　　E. 冷饮小商店

　　F. 其他地方,请说明_____

4. 您一般一次购买的牛奶数量为:
   A. 一整箱 　　　B. 2kg 以上 　　　　C. 1～2kg 　　　　D. 0.5～1kg

5. 您通常购买的乳制品的外包装为:
   A. 盒装 　　　　B. 500g 左右袋装 　C. 250g 左右袋装 　D. 其他
   请说明＿＿＿＿＿＿＿＿＿＿＿＿

6. 您所购买的乳制品的品牌包括: (请将品牌内容填写在横线上面)
   A. 纯牛奶＿＿＿＿＿＿＿＿＿＿＿
   B. 酸牛奶＿＿＿＿＿＿＿＿＿＿＿
   C. 优酸乳＿＿＿＿＿＿＿＿＿＿＿
   D. 冰激凌＿＿＿＿＿＿＿＿＿＿＿
   E. 其他＿＿＿＿＿＿＿＿＿＿＿＿

7. 您购买乳制品的时候:
   A. 认准一个品牌,一直使用
   B. 定期更换品牌
   C. 哪种品牌便宜就买哪种
   D. 喜欢尝试新品牌

8. 您在选购乳制品时,哪些因素会影响您的购买行为:
   A. 口味口感 　　B. 购买的便利程度 　C. 品牌 　D. 是否有优惠活动 　E. 外包装
   F. 产地 　　　　G. 其他,请给予说明＿＿＿＿＿＿＿＿＿＿＿＿

9. 您认为饮用乳制品对于您的身体健康而言:
   A. 非常重要 　　B. 重要 　　　C. 无所谓 　　　D. 不重要

10. 您对市场销售的乳制品的哪些方面感到不满意?
(1) 纯牛奶:
    A. 品牌杂乱 　　B. 包装形式少 　　C. 价格偏贵 　　D. 卫生状况差 　　E. 不新鲜
    F. 促销活动少 　G. 其他,请说明＿＿＿＿＿＿＿＿＿＿＿
(2) 优酸乳:
    A. 品牌杂乱 　　B. 包装形式少 　　C. 价格偏贵 　　D. 卫生状况差 　　E. 不新鲜
    F. 促销活动少 　G. 其他,请说明＿＿＿＿＿＿＿＿＿＿＿
(3) 发酵乳:
    A. 品牌杂乱 　　B. 包装形式少 　　C. 价格偏贵 　　D. 卫生状况差 　　E. 不新鲜
    F. 促销活动少 　G. 其他,请说明＿＿＿＿＿＿＿＿＿＿＿
(4) 冰激凌:
    A. 品牌杂乱 　　B. 包装形式少 　　C. 价格偏贵 　　D. 卫生状况差 　　E. 不新鲜
    F. 促销活动少 　G. 其他,请说明＿＿＿＿＿＿＿＿＿＿＿

案例来源: 企业文秘网(http//:entstd.com)

二、成本费用调研

不同产品或服务的成本费用调研表的内容不完全相同,下面两张表中,成本估价单是关于成本费用调研的原始表格,产品定价分析表是对许多因素的综合分析表。具体调研时可根据情况进行适当修改。成本估价单如表 5-2 所示，产品定价分析表如表 5-3 所示。

表 5-2　成本估价单

项　目	品　名	规　格	数　量	单　价	金　额
原料					
物料					
包装用料					
损耗					
直接工资					
管理费用					
其他费用					
合计					

表 5-3　产品定价分析表

产品名称规格												
客户类型说明						目前本产品销量						
	成本项目	产量	%	产量	%	产量	%	产量	%	产量	%	
成本分析	原料成本											
	物料成本											
	人工成本											
	制造费用											
	制造成本											
	毛利											
	合计		100		100		100		100		100	

产品名称规格						
产品竞争状况	客户类型说明		目前本产品销量	估计年销售量	市场占有率	备注
定价比较思路	定价分析	价格				
		市场占有率				
		销售额				
		毛利率				
	定价	利润				
		决定售价				
		厂价				
		零售价				

资料来源：《市场营销管理职位工作手册(第二版)》，作者：程淑丽

三、竞争产品的价格水平调研

竞争是影响企业定价的主要因素之一。竞争越激烈，对企业定价的影响程度越大。竞争产品的价格调研可以采用表5-4进行。

表5-4　竞争产品价格调查表

地区：　　　　　　　　　　　　　　　　　　　　　　　调查日期：

产品品牌	所在区域	档次/质量	包装/样式	零售价	陈列数量	购买情况
备　　注						

资料来源：《市场营销管理职位工作手册(第二版)》，作者：程淑丽

【知识链接】

一、影响企业定价的三大因素

1. 市场需求

(1) 市场需求是指在一定的时间内、一定的价格条件下和一定的市场上所有的消费者对某种商品或服务愿意而且能够购买的数量。市场需求就是消费者需求的总和。市场需求对于产品的价格有着非常重要的影响。在其他因素不变的情况下，如果某产品的市场需求增加，该产品的价格就会上升；如果某产品的市场需求减少，该产品的价格则会下降。

(2) 价格受需求的影响而变化，而需求又受价格和收入变动的影响。价格与收入等因素所引起需求的变动率，被称为需求弹性。需求弹性有收入弹性、价格弹性和交叉弹性之分。

所谓需求的收入弹性，是指因收入而引起的需求变动率。产品的需求收入弹性大，意味着消费者货币收入的增加会导致该产品的需求量有较大幅度的增加；产品的需求收入弹性小，则意味着消费者货币收入的增加只会导致该产品的需求量以较小的幅度增加。有的产品需求收入弹性是负值，则意味着消费者货币收入的增加将导致该产品的需求量下降，如某些低档食品、低档服装等。

所谓需求的价格弹性，是指因价格变动而引起的需求变动率。一般来说，需求会按照与价格相反的方向变动，即价格提高，市场需求就会减少；价格降低，市场需求就会增加。这被称为"供求定律"。产品的需求价格弹性大，意味着价格的变化会导致该产品的需求

量有比价格更大幅度的变化；产品的需求收入弹性小，则意味着价格的变化会导致该产品的需求量有比价格更小幅度的变化。价格弹性一般收入为负值，所以在用于比较时，会人为地取绝对值。但有的产品需求价格弹性是正值，则意味着价格提高会增加需求量，价格下降会减少需求量。由于价格影响市场需求，所以企业所制定的价格高低会影响其产品的销售，从而影响企业营销目标的实现。

所谓需求的交叉弹性，是指一种产品的价格变动所引起的另一种产品销售量的变动率。需求的交叉弹性告诉企业，在产品定价时，企业不但要考虑价格变动对于某一产品的销售的影响，还要考虑其他相关产品价格变动对该产品销售的影响。

2. 企业成本

企业成本有固定成本和变动成本之别。固定成本是那些在一定生产水平上不随生产或销售收入变化而变化的成本，如每月支付的固定租金、空调费、利息、主管人员的薪金等。变动成本则直接随生产或销售数量的变化而变化，如原材料和直接人工成本等。固定成本一般是不变的，但变动成本却随生产销售总量的变化而变化。

总成本是在某个生产水平上的固定成本和变动成本的总和。在固定成本不变的条件下，因为不同的生产水平上有不同的变动成本发生，所以总成本也不一定等比例递增。

为了合理定价，企业需要了解固定成本和变动成本是怎样随着不同生产水平的变化而变化的，比如可以做一个盈亏分析或量本利分析，找出企业生产某种产品的盈亏平衡点，也可以使用一些成本分析方法，确定最佳的生产规模。

3. 竞争产品的价格水平对企业定价的影响

竞争是影响企业定价的主要因素之一，竞争越激烈，对企业定价的影响程度越大。而竞争的激烈程度取决于不同的市场结构。市场结构的类型主要有完全竞争市场、垄断竞争市场、寡头垄断市场和完全垄断市场。营销策划者需要了解不同类型市场的特征，制定合理的价格。

在完全竞争的市场中，企业没有对价格的控制权，价格完全由市场决定，企业只是被动地接受市场价格。任何一个单独的购买者或销售者都不能对现行市场价格施加影响，即单一销售者不能把价格定得高于现行价格，也不能把价格定得低于现行价格。在这种完全竞争的市场中，企业营销活动对产品销售所起的作用很小。这种完全竞争的市场在现实中很难找到，它只是理论上的一个假设。不过，在现实中，我们还是能发现一些类似的例证，如以个体散户为主体的自由市场。

在垄断竞争市场中，许多购买者和销售者以不同的价格进行交易。因为生产经营者对自己的产品在质量、功能、式样和服务上实行了差异化，不同产品之间并非完全同质，所以生产经营者可以按不同的价格出售自己的产品。在垄断竞争的市场结构中，企业对价格的控制程度取决于产品的差异化程度。产品差异越大，企业对价格的控制能力越强。产品差异越小，竞争的程度越大，因而企业对价格的影响能力越弱。

在寡头垄断的市场中，只有少数销售者对自己产品的价格有较大的控制权，同时对竞争者的战略和行动保持高度的警觉。如果一家钢铁公司将产品价格降低10%，购买者便会迅速转向这个供应者，此时其他钢铁生产者就会降低自己产品的价格或增加服务来做出响应。如果一个寡头垄断的公司提高某产品的价格，它的竞争者不提价，该公司会把价格再降下来，否则可能会把自己的顾客推给竞争者。在寡头垄断的市场中，竞争者之间的相互依赖性加强。企业的价格行为在很大程度上取决于它市场地位是价格领导者、价格挑战者，还是价格追随者。

在完全垄断的市场中，一般只有一个销售者，多是政府垄断组织，也可能是一个获得政府授权的垄断性企业，还可能是一个非政府授权的垄断性企业。在不同情况下，企业定价有所不同。政府垄断组织可以追求不同的定价目标，比如某种产品与国计民生关系密切，而购买者又无力支付全部成本，此时可以把价格定得低于成本，或者把价格定为补偿成本即可。政府垄断组织也可把价格定得高于成本，取得可观的利润，或者把价格定得很高，以限制对该种产品的消费。在获得政府授权的垄断性企业中，政府允许该公司制定一个可获"合理报酬"的利润率，这种利润率使该公司得以继续维持经营或必要时可以扩大其业务。非政府授权的垄断性企业则是按市场情况自由定价。它们并不一定总是把价格定到最高，因为它们不想吸引竞争者进入。在完全垄断的市场中，企业对价格有很大程度的控制权，但政府一般会对市场进行干预与管制，以防止企业获取过高的利润，损害消费者的利益。

二、影响价格的其他相关因素

除了上面所讲的三大因素以外，其他很多因素都会影响企业定价，如企业所处的行业、经销商和国家政策等因素。

1. 企业所处的行业

对工业品的生产者来讲，在定价时只需考虑针对工业品用户的价格；对消费品的生产者来讲，在定价时不仅要考虑针对最终消费者的价格，而且还需考虑针对批发商或零售商的价格；而对零售企业来讲，定价问题只涉及针对最终消费者的零售价格。另外，企业所处的行业不同，其产品的生产成本结构(固定成本与变动成本的比例)也不一样，这会直接影响产品的定价。

2. 经销商因素

在整个营销渠道网络中，卖方的价格意味着买方的成本。对批发商或零售商来说，生产商的批发价格是他们的基本成本。除此之外，批发商或零售商所执行的一系列渠道功能也构成其成本。生产商对经销商的批发价格直接决定着双方的利润水平。批发价格水平又受生产商与经销商之间的权力结构、市场竞争等因素的影响。经销商对生产商的权力越大，生产商的讨价还价能力越弱，反之亦然。

3. 国家政策因素

在市场经济体制下，企业有定价自主权，但是价格受国家政策的影响。比如国家有关部门提出产品的最高限价或最低限价，以规范市场环境，在定价时企业需要认真考虑。企业定价应该考虑的因素如表5-5所示。

表 5-5　企业定价应该考虑的因素

因　素		定 价 水 平
定价目标	获取利润	需求弹性大的产品定低价，需求弹性小的产品定高价
	提高市场占有率	低价
	应付和防止竞争	低价
	维持生存	倾销价格、保本价或低价
成本	固定成本+变动成本	保本价
	总成本+目标利润	目标利润价
	变动成本	边际贡献价
需求	需求收入弹性	弹性大，则收入增，定高价；收入减，定低价；弹性小，定常价
	需求价格弹性	弹性大，定低价；弹性小，定高价
	需求交叉弹性	互补品，高低搭配；互替品，保持一致
	顾客议价能力	议价能力强，定低价；议价能力弱，定高价
供求	买方市场(供过于求)	定低价
	卖方市场(供不应求)	定高价
竞争	实力强大，资本雄厚	低于竞争对手(特殊情况下也可高于竞争对手)
	实力相当或实力弱	随行就市或同价
	产品独特	高于竞争对手
其他	行业、经销商、通货膨胀、国家法律、经济状况、进出口状况等	

【思考与练习】

一、选择题

1. 低档产品的需求收入弹性通常(　　)。

　　A. 较大　　　　　　B. 较小　　　　　C. 是负值　　　　　D. 等于零

2. "供求定律"是指(　　)。

　　A. 一般来说，价格与需求呈反向相关

　　B. 一般来说，价格与需求呈正向相关

C. 一般来说，价格与需求没什么关系

3. 需求价格弹性告诉我们( )。

A. 任何时候，产品价格与需求的关系都不符合供求定律

B. 任何时候，产品价格与需求的关系都符合供求定律

C. 每一种产品价格发生变动时，对需求的影响程度是不一样的

4. 需求的交叉弹性告诉我们( )。

A. 企业定价时只要考虑产品价格变动对该产品本身销售的影响

B. 企业定价时还要考虑其他相关产品价格变动对该产品销售的影响

C. 企业定价时要考虑需求的因素

D. 企业定价时要考虑竞争的因素

5. 以下( )属于固定成本。

A. 固定租金　　B. 直接人工成本　　C. 空调费　　D. 利息　　E. 主管人员的薪金

二、填空题

1. 企业的成本分为两种：＿＿＿＿＿＿、＿＿＿＿＿＿。

2. 影响企业定价的最主要因素是＿＿＿＿＿＿　、＿＿＿＿＿＿、＿＿＿＿＿＿。

3. 按竞争的激烈程度不同，市场结构可分为＿＿＿＿＿＿、＿＿＿＿＿＿、＿＿＿＿＿＿、＿＿＿＿＿＿四种。

任务二　确定定价目标

【任务描述】

定价目标是企业在对其生产或经营的产品或服务制定价格时，有意识地要求达到的目的和标准，它是指导企业进行价格决策的主要因素。定价目标取决于企业的总体目标。不同行业的企业、同一行业的不同企业，以及同一企业在不同的时期、不同的市场条件下，都可能有不同的定价目标。

各企业确定定价目标时，应着眼于经营环境、营销目标、企业规模等多方面的因素进行统筹考虑。企业定价的目标总结起来主要有四种：一是以获取利润为定价目标；二是以维持或提高市场占有率为目标；三是以应付或防止竞争为目标；四是以维持生存为目标。企业定价目标的选择并非一劳永逸，永远不变，而应视具体条件加以更改。

【实践操作】

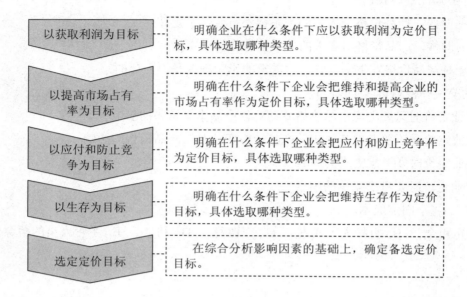

根据前述市场调查结果以及企业因素综合考虑定价目标。

【知识链接】

在选择与确定定价目标时,应当着重解决好以下几方面的问题。

(1) 企业在选择定价目标时,既要考虑自身需要,又要使其建立在具有充分经济依据及市场条件的基础上,使需要与可能相结合。

(2) 选择与确定定价目标,应当坚持全局观念,保持各目标间的一致性。企业各定价目标的侧重点是有区别的,在短期内各目标可能会相互矛盾。比如,为了维持或提高市场占有率,需用低价去开拓市场,将竞争对手驱逐出去。但获取最大利润的定价目标却希望将产品价格定得较高,高价给企业带来丰厚的利润。所以在短期内,企业显然不能既想实现市场占有率目标,又想达成利润目标。各种定价目标如何取舍、协调,均应本着使企业获利这一长远目标和根本要求,视具体情况而定。

(3) 对企业的定价目标的选择,并非一劳永逸、永远不变,而应视具体条件加以更改。比如,当企业产品刚刚进入市场时,由于消费者对该产品不甚了解,市场销售量有限,此时,企业便可用低价去开拓市场。而当产品逐渐被消费者熟悉,销售量扩大,进入成长期时,企业便可将追求最大利润作为定价目标。

一、以获取利润为目标

以获取利润为定价目标的情况一般分为以下三种,如表 5-6 所示。

表5-6 以获取利润为目标的定价方法

目 标 类 型	主 要 特 征
以获取投资收益为定价目标	能使企业在一定时期内收回投资并能获取预期投资报酬的定价目标。采用这种定价目标的企业一般是根据投资额和规定的收益率，计算出单位产品的利润，再加上单位产品成本作为销售价格。但必须注意两个问题：第一，要确定适度的投资收益率。一般来说，投资收益率应该高于同期的银行存款利率，但不可过高。第二，企业生产经营的必须是畅销产品，或者与竞争对手相比，产品具有明显的优势
以获取合理利润为定价目标	企业为避免不必要的价格竞争，以适中、稳定的价格获得长期利润的定价目标。采用这种定价目标的企业往往是为了减少风险、保护自己，或限于力量不足，只能在补偿正常情况下平均成本的基础上，加上适度利润作为产品价格。采用这种定价目标的条件是企业必须拥有充分的后备资源，并打算长期经营。临时性的企业一般不宜采用这种定价目标
以获取最大利润为定价目标	能使企业在一定时期内获得最大利润的定价目标。利润最大化取决于合理价格所推动的销售规模，因而追求最大利润的定价目标并不意味着企业要制定最高单价。最大利润既有长期和短期之分，又有企业全部产品和单个产品之别。有远见的企业经营者，都着眼于追求长期利润的最大化。当然并不排除在某种特定时期及情况下，对其产品制定高价以获取短期最大利润。还有一些多品种经营的企业，经常使用组合定价策略，即有些产品的价格定得比较低，有时甚至低于成本以招徕顾客，借以带动其他产品的销售，从而使企业利润最大化

二、以维持或提高市场占有率为目标

以维持或提高市场占有率为目标，即把维持和提高企业的市场占有率作为一定时期的定价目标。市场占有率是一个企业经营状况和企业产品在市场上竞争力的直接反映，关系到企业的兴衰存亡。较高的市场占有率，可以保证企业产品的销路，巩固企业的市场地位，从而使企业的利润稳步增长。

在许多情形下市场占有率的高低比投资收益率更能说明企业的经营状况。有时，由于市场的不断扩大，一个企业可能获得可观的利润，但相对于整个市场来看，所占份额可能很小或正在下降。无论大、中、小企业，都希望用较长时间的低价策略来扩展目标市场，尽量提高企业的市场占有率。以维持或提高市场占有率为定价目标的情况如表5-7所示。

表5-7 以维持或提高市场占有率为目标的定价方法

定 价 类 型	主 要 特 征
定价由低到高	在保证产品质量和降低成本的前提下，企业入市产品的定价低于市场上主要竞争者的价格，以低价争取消费者，打开产品销路，挤占市场，从而提高企业产品的市场占有率。待占领市场后，企业再通过增加产品的某些功能，或提高产品的质量等措施来逐步提高产品的价格，在维持一定市场占有率的同时获取更多的利润
定价由高到低	企业对一些竞争尚不激烈的产品，入市时定价可高于竞争者的价格，利用消费者的求新心理，在短期内获取较高利润。待竞争逐渐激烈时，企业可适当调低价格，赢得客户，扩大销量，提高市场占有率

三、以应付和防止竞争为目标

企业对竞争者的行为十分敏感，尤其对竞争者价格的变动更为敏感。在市场竞争日趋激烈的形势下，企业在实际定价前，都要广泛收集资料，仔细研究竞争对手产品的价格情况，通过自己的定价去对付竞争对手。根据企业的不同条件，一般有以下决策目标可供选择(如表 5-8 所示)。

表 5-8　以应付和防止竞争为目标的定价方法

目 标 类 型	主 要 特 征
稳定价格目标	以保持价格相对稳定，避免正面价格竞争为目标的定价。当企业准备在一个行业中长期经营时，或某行业经常发生市场供求变化与价格波动，需要有一个稳定的价格来稳定市场时，该行业中的大企业或占主导地位的企业率先制定一个长期内较为稳定的价格，其他企业的价格与之保持一定的比例。这样的定价，对大企业是稳妥的，中小企业也可避免遭受由于大企业的随时随意提价而带来的打击
追随定价目标	企业有意识地通过给产品定价主动应付和避免市场竞争。企业制定价格，主要以对领导企业的价格为依据，根据具体产品的情况稍高或稍低于竞争者。竞争者的价格不变，实行此目标的企业也维持原价；竞争者的价格或涨或落，此类企业也相应地参照调整价格。一般情况下，中小企业的产品价格定得略低于行业中领导企业的价格
挑战定价目标	如果企业具备强大的实力和特殊的优越条件，就可以主动出击，挑战竞争对手，获取更大的市场份额。一般常用的策略目标有： (1) 打击定价：实力较强的企业主动挑战竞争对手，扩大市场占有率，可采用低于竞争者的价格出售产品； (2) 特色定价：实力雄厚并拥有特殊技术，或产品品质优良，或能为消费者提供更多服务的企业，可采用高于竞争者的价格出售产品； (3) 阻截定价：为了防止其他竞争者加入同类产品的竞争行列，在一定条件下，往往采用低价入市，迫使弱小企业无利可图而退出市场，或阻止竞争对手进入市场

四、以维持生存为目标

以利润为目标、以市场占有率为目标和以竞争为目标的定价都将企业的发展作为基本目标。

如果产量过剩，或面临激烈竞争，或试图改变消费者的需求，企业需要以维持生存为主要定价目标。为了确保工厂继续开工和售出存货，即使无利可图，企业也必须制定较低的价格以吸引购买者。因为在这种情况下，企业的生存比利润更为重要。许多企业通过大规模的价格折扣来保持企业竞争力，只要价格能弥补变动成本和一些固定成本，企业的生存便得以维持。企业以维持生存为定价目标时，可以将产品价格制定在与成本一致甚至低于成本的水平上。

五、选定定价目标

根据以上四种可选的定价目标，结合企业的实际情况，主要包括企业所处的发展阶段、企业近期战略和远期战略、企业面临的竞争环境、产品所处的阶段等因素综合考虑，确定适合企业的一种或几种组合的定价策略。

任务三　测算价格

【任务描述】

定价方法是企业为实现其定价目标所采取的具体方法。价格策划者在了解了企业所处市场的特性，确定了企业的定价目标之后，就需要确定和选择企业的定价基础与定价方法。企业的定价基础有很多种，可以归纳为基于顾客、基于竞争者、基于企业和基于产品原有价格四类。与此相对应，也有需求导向定价法、竞争导向定价法、成本导向定价法和价格折扣四类定价方法。

【实践操作】

一、以成本为导向的价格测算基本方法

1. 测定成本价

成本价主要取决于企业的制造成本，这方面的资料主要通过企业财务部门核算取得。

2. 测算出厂价

例如：某企业固定成本为 200 万元(每年周转一次)，企业只生产一种产品，该产品单位变动成本为 6 元，经预测并计算获得的资料如表 5-9 所示。试运用量本利分析法，确定该产品出厂价为多少时，经济效益最好。

表 5-9　多种定价方案资料汇总分析表

方案	定价(元)	预测销量(万件)	销售额(万元)	流动成本(万元)	总成本(万元)	利润(万元)	成本利润率(%)
1	10	100	1000	600	800	200	25
2	12	80	960	480	680	280	41.2
3	15	40	600	240	440	160	36.4
4	20	10	200	60	260	−60	−23.1

很显然，该厂产品出厂价为 12 元时，经济效益最好，这时的加成率为：

$$\frac{12-(680\div 80)}{680\div 80}=41.2\%$$

3. 测算出厂价、经销商发货价及终端零售价(见表 5-10)

表 5-10　某产品各环节价格测算一览表

各环节价格	加点率(%)	测算过程	测算结果(元)
出厂价	41.2	(12−8.5)/8.5	12
一级批发价	8	12(1+8%)	12.96
二级批发价	10	12.96(1+10%)	14.26
终端零售价	15	14.26(1+15%)	16.40

二、以需求为导向的价格测算基本方法

1. 预估零售价格

经过市场调查和试销得知，某产品市场零售可销价格(即顾客认知价格)为 14 元。

2. 测算出厂价、经销商发货价及终端零售价(如表 5-11 所示)

表 5-11　某产品各环节价格测算一览表

终端零售价	加点率(%)	测算价格(元)	测算结果(元)
终端零售价			14
二级批发价	15	14/(1+15%)	12.17
一级批发价	10	12.17/(1+10%)	11.06
出厂价	8	11.06/(1+15%)	9.62

上述案例是一个典型的被动认知方法，即通过邀请有代表性的消费者进行评议和试销，最终得出消费者对于产品价值的判断作为零售价格，在此基础上逆向推算出厂价格。

还有一种主动认知方法，即通过有针对性的广告宣传、市场定位和销售环境布置，使消费者产生一种明确的价格认知，企业可以相应的价格销售。

美国一家拖拉机制造公司运用主动认知价值定价法将其拖拉机的价格定在 10 万美元,比其他竞争者的同类产品高出 1 万美元,销售数量不但未见减少,反而大增。该公司是这样说明的。

我们的拖拉机:

与竞争者产品质量相同,应定价为 90 000 美元;

因耐用性高于竞争者产品,应加价 7000 美元;

因可靠性高于竞争者产品,应加价 6000 美元;

因维修服务好,应加价 5000 美元;

因保证零部件供应期限,应加价 2000 美元。

我们每台拖拉机:

总价值:110 000 美元;

减去折扣:10 000 美元;

最终价格:100 000 美元。

该公司采用积极的创造方法,通过模仿购买者的决策过程(对比和计算),使购买者确信该公司每台拖拉机的真实价值是 110 000 美元,而不是 100 000 美元,将价格定在 100 000 美元,实际上是给了购买者 10 000 美元的折扣,适应了购买者的购买决策心理,使购买者觉得物超所值。

采用需求导向定价时,企业需要确定其产品由于质量、服务、广告宣传等非价格营销因素在顾客心目中所形成的利益,以及企业计划为顾客提供多大的价值(参照竞争产品所提供的价值)。在此基础上,就可以确定顾客购买的货币成本,即价格。价格确定以后,预测在该价格水平上的销售量,确定成本及利润。

【知识链接】

一、常用定价方法与定价策略

常用定价方法与定价策略如表 5-12 和表 5-13 所示。

表 5-12　常用定价方法一览表

类　　型	方　　法	主　要　特　点	适　用　条　件
成本导向定价法	成本加成定价法	价格＝单位成本×(1＋预定加成率)	制造商
	售价加成定价法	价格＝单位成本/(1－预定加成率)	经销商
	保本定价法	价格＝单位成本	盈利与否是最主要的考虑因素
	目标利润定价法	价格＝单位成本＋单位产品目标利润	实现预期利润是最主要的考虑因素
	边际收益定价法	价格＝变动成本＋单位产品边际贡献	产能富余或以提高市场占有率、争取边际贡献为目的

(续表)

类　型	方　法	主　要　特　点	适　用　条　件
需求导向 定价法	认知价值定价法	价格＝顾客认知价格水平	适应顾客需求
	心理定价法	价格＝能影响顾客心理的价格水平	利用价格符号满足顾客的特殊心理
竞争导向 定价法	随行就市定价法	价格＝行业市价	行业趋向成熟或在企业市场上无任何优势
	投标定价法	价格＝期望中标的递价	试图选择最佳提供者，多用在建筑工程、大型机械设备等的交易
	拍卖定价法	价格＝最高竞价	独特产品选择最佳购买者

表 5-13　常用定价策略一览表

类　型	具　体　策　略
新产品定价策略	撇脂定价：产品投入期定高价，追求高利润，随后逐步降低
	渗透定价：产品投入期定低价，追求高销量和高市场份额
	稳妥定价：产品投入期定中档价格，随行就市
折扣定价策略	现金折扣：支付现款或提前支付可享受折扣
	数量折扣：按照购买数量给予折扣，有累计折扣和非累计折扣两种形式
	季节折扣：按照销售淡旺季实行不同定价
	功能折扣：按中间商承担的营销职能给予不同比例的折扣
地区定价策略	产地定价：出厂价购买，买方负责运到目的地
	统一交货价：全国统一定价(出厂价+平均运费)
	分区定价：划分若干价格区，不同区域不同价格
	基点定价：出厂价+基点城市到顾客所在地的运费
心理定价策略	尾数定价：价格以零头结尾，使人感觉便宜和可信
	声望定价：名品、名店定高价
	招徕定价：通过特价商品招徕顾客
	习惯定价：按照顾客认同的习惯价格定价
差别定价策略	顾客差别定价：不同类别的顾客定价不同
	产品形式差别定价：不同形式的产品定价不同
	产品部位差别定价：不同部位的产品定价不同
	销售时间差别定价：不同销售的时间定价不同
产品组合定价策略	产品线定价：同一大类产品中，不同产品项目价格不同
	分级定价：区分产品档次、级别定价
	单一价格策略：所有商品一个价格，如 2 元店
	互补品定价：以增加主副产品总利润为目标定价
	替代品定价：以增强本产品竞争力为定价目标

二、产品零售价格的形成

根据产品流转过程，产品定价涉及成本价、出厂价、经销商发货价与终端零售价四个方面。产品零售价格形成如图 5-1 所示。

1. 成本价

成本价主要取决于企业的制造成本，这方面的资料主要通过企业财务部门核算取得。

2. 出厂价

制造商出厂价常常使用成本加成定价法制定。成本加成定价法是指按照单位成本加上一定百分比来制定产品销售价格。加成的含义就是一定百分比的利润。

单位产品价格＝单位产品成本×(1+加成率)

3. 经销商发货价

商业企业往往以售价为基础进行加成定价。这里的进价就是商业企业的进货成本，加成率就是商业毛利率，这种方法也叫毛利率法，实际上就是成本加成定价法的一种变通形式。毛利率在实际中也称为扣点率。

单位产品价格＝单位产品成本×(1-加成率)

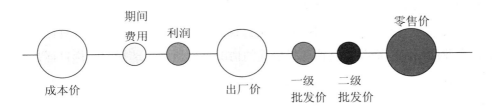

图 5-1　产品零售价格形成图

心理定价的类型

顾客对产品价格的心理反应对购买行为有重要的影响，心理定价就是利用顾客对价格的认知心理来确定价格的方法。又分为以下几种。

(1) 声望定价。在有些情况下，产品的价格可以充当质量的标志，即顾客利用价格来判定质量的高低。声望定价就是依据价格与质量关系的这一原理，将产品价格定得很高。当顾客对产品质量缺乏认识，或者对声望有极强烈的追求时，采用这种定价方法非常有效。在工业品市场中，购买者大多为专家，对产品质量有正确的认识，此时价格就不能成为认识质量的因素，因而也不适用于声望定价。

(2) 尾数定价。零售商常常将产品价格制定在整数以下(一般少几分钱)。尾数定价的基本假设是，如果价格为整数，顾客会感到比较贵，从而减少购买，企业就会损失销售额。而以很小的价格差异定价(即尾数定价)，就能让顾客感到便宜，这样做对企业是有利的。如果同样小的价格差异运用于一般的价格之中(如 8.67 元和 8.65 元)，消费者所认知的价格差异就很小，也就不能促进产品的销售。

(3) 参考定价。参考定价是利用消费者在判定价格高低时所利用的外部诱因制定零售价的一种策略。例如，消费者对价格很了解的产品(如口香糖)，企业价格如果超过了消费者认可的价格，消费者就会认为太贵。因此，对这些产品来说，企业应该以顾客的习惯来定价。如果出于一定的原因需要涨价，比较好的做法是通过适当减少包装中的数量而间接提价，而不是直接变动价格。

(4) 招徕定价。用低价格吸引顾客，满足消费者购买便宜商品的心理需求。超级卖场和百货公司将少数几件商品价格定得很低，甚至低于成本，目的是吸引顾客在购买这些低价商品的同时购买其他商品，以求在总量上扩大销售。

案例来源：《企业营销策划》，作者：庄贵军

【思考与练习】

一、选择题

1. 稳定行业中的市场主导企业通常会采取(　　)。

    A. 稳定价格目标　　　　　B. 追随定价目标　　　　　C. 挑战定价目标

2. 实力较弱的中小企业的产品通常会采取(　　)。

    A. 稳定价格目标　　　　　B. 追随定价目标　　　　　C. 挑战定价目标

3. 在企业面临困境而没有其他选择余地的情况下，通常会选择的定价目标是(　　)。

    A. 利润目标　　　　　　　B. 销售目标

    C. 竞争目标　　　　　　　D. 生存目标

4. 在激烈的市场竞争中，如果企业具备(　　)两个条件，则可追求短期利润。

    A. 企业的某种产品在技术或质量上占有优势

    B. 企业濒临破产

    C. 企业希望追求顾客满意

    D. 企业出现销售困难

    E. 企业对市场需求情况和成本情况有精确的了解

二、填空题

1. 企业定价的目标总结起来主要有四种：_____、_____、_____、_____。

2. 以获取利润为定价目标的情况一般分为三种：_____、_____、_____。

3. 以应付和防止竞争为定价目标的情况一般分为三种：_____、_____、_____。

4. 以维持或提高市场占有率为定价目标的情况一般分为两种_____、_____。

任务四 进行价格调整

【任务描述】

价格策划内容确定后，如何在市场环境中实施就成为了工作重点。产品的市场表现、厂商目标、竞争状况等多个方面的因素都会使得企业主动或被动调整价格。

【实践操作】

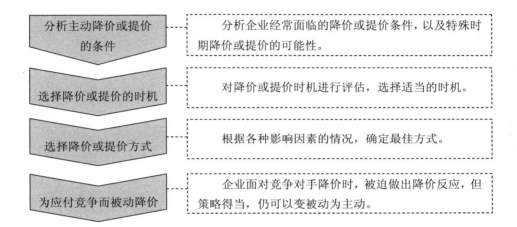

一、用价格决策作业表对现有价格进行分析

价格决策作业表如表 5-14 所示。

表 5-14 价格决策作业表

价格战略分析		
1. 现有的定价战略与希望达成的盈利性目标是否相符	□是	□否
2. 现有的定价战略与市场定位目标是否相符	□是	□否
3. 内部与外部因素是否暗示定价战略需要修改	□是	□否
4. 是否有足够多的可利用的成本信息来确定单位平均成本	□是	□否

制定价格战略

1. 按产品明确现有价格战略，即是低于、等同还是高于市场

产品   战略

A. _____   _____

B. _____   _____

C. _____   _____

D. _____   _____

制定价格战略

2. 目前每种产品的价目表如何？每种产品使用了什么折扣

产品   价格使用的折扣   实际价格

A. _____   _____   _____

B. _____   _____   _____

C. _____   _____   _____

D. _____   _____   _____

进行成本分析

1. 针对每一种产品，填写如下的成本工作记录

成本种类   数额

A. 总生产成本   _____

B. 总营销成本   _____

C. 制定详细目录的成本   _____

D. 预计的行政管理费用   _____

总成本_____

2. 单位成本(估算)_____元

3. 将成本与上面的价格水平部分中确认的价格进行比较

    价格是否反映了成本   □是   □否

    基于消费者的偏好及其他相关因素，是否需要提高/降低价格   □是   □否

产品   价格

A. _____   _____

B. _____   _____

C. _____   _____

D. _____   _____

二、如果认为某种产品应该降价，则填写产品价格变动分析表和产品降价申请表(提价可参考处理)

产品价格变动分析表如表 5-15 所示；产品降价申请表如表 5-16 所示。

表 5-15   产品价格变动分析表

产 品 编 号		产 品 规 格		产 品 名 称	
开发成本					
	合计				
材料成本					
	合计				

(续表)

总材料成本		产品售价			
人工成本		估计月销售量			
制造费用		估计月销售额			
销售费用		单位利润			
总成本		预计利润		利润率	
价格变动审核意见					

表 5-16　产品降价申请表

编号：　　　　　　　　　　　　　　　　　　　　　　　填写日期：

客户名称		订单号码		批　　号	
产品名称		规　　格		数　　量	
责任部门申请描述	申请降价额度				
	申请降价原因				
	申请人		审核		
处理决定	□不准许降价销售　　　□准许降价销售				
客户确认					
备注					

三、将变动价格填入产品价格变动记录表

产品价格变动记录表如表 5-17 所示。

表 5-17　产品价格变动记录表

编号 产品情况			编号 1	编号 2	编号 3	编号 4	编号 5	编号 6
产品名称								
产品规格								
第一次价格变动	月　日							
	单价	变动前						
		变动后						
	变动原因							
第二次价格变动	月　日							
	单价	变动前						
		变动后						
	变动原因							

(续表)

产品情况 \ 编号			编号 1	编号 2	编号 3	编号 4	编号 5	编号 6
第三次价格变动		月 日						
	单价	变动前						
		变动后						
	变动原因							
	备注说明							

资料来源:《市场营销管理职位工作手册(第二版)》,作者:程淑丽

【知识链接】

产品的销售价格很难保持长期不变,必须适时地进行调整。

1. 主动降价

(1) 降价的可能原因

- 由于产品供过于求,造成大量积压,占用大量流动资金。为了摆脱困境,保持生产正常进行,就要采取降价措施。
- 由于在激烈的竞争中,企业的市场占有率逐渐降低。为了夺回失去的市场和占有更大的市场,也可采用降价策略。
- 由于产品的成本降低,继续按原价格出售,虽然可以得到超额利润,但市场占有率不高,总利润额不能得到较快增长。为了扩大市场占有率获取更大利润,也可采用调低价格策略。

(2) 选择降价时机

为保证降价策略的顺利实现,降价时机可选择在这样几种情况下。

- 产品在市场上处于劣势地位。
- 产品进入衰退期。
- 季节性商品到达销售淡季。
- 竞争对手降价。

(3) 确定降价方式

- 直接降价。削价最直截了当的方式是将企业产品的目录价格或标价绝对下降。
- 间接降价。在标价不变的情况下,可以利用各种折扣形式来降低价格,如数量折扣、现金折扣、回扣和津贴等形式,还可以通过赠送样品和优惠券、给中间商提取推销奖金、允许顾客分期付款或赊销、免费或优惠送货上门、技术培训、维修咨询、提高产品质量、改进产品性能、增加产品用途等办法间接降低价格。

由于这些间接降价方式具有较强的灵活性,在市场环境变化的时候,即使取消也不会引起消费者太大的反感,同时又可作为促销策略,因此在现代经营活动中运用得越来越广泛。

确定何时削价是调价策略的一个难点，通常要综合考虑企业实力、产品在市场生命周期所处的阶段、销售季节、消费者对产品的态度等因素。比如，进入衰退期的产品，由于消费者失去了消费兴趣，需求弹性变大、产品逐渐被市场淘汰，为了吸引对价格比较敏感的购买者和低收入需求者，维持一定的销量，削价就可能是唯一的选择。由于影响削价的因素较多，企业决策者必须谨慎分析和判断，并根据削价的原因选择适当的方式和时机，制定最优的削价策略。

2. 主动提价

(1) 提价的可能原因

- 产品供不应求，企业的生产不能满足市场需要。在这种情况下，采用提价策略，能促进生产发展，限制消费，从而实现供求平衡。
- 产品的成本提高。成本提高的主要原因是所使用的原材料价格上涨，而技术的进步、生产效率的提高跟不上原材料价格上涨的幅度，且原材料价格上涨的因素又不能在企业内部消化的时候，企业就要考虑采取调高价格的策略。
- 通货膨胀。
- 企业为显示产品高质量的形象。

(2) 选择提价时机

为了保证提价策略的顺利实现，提价时机可选择在这样几种情况下。

- 产品在市场上处于优势地位。
- 产品进入成长期。
- 季节性商品到达销售旺季。
- 竞争对手产品提价。

(3) 确定提价方式

在方式选择上，企业应尽可能多地采用间接提价，把提价的不利因素减到最低程度，使提价不影响销量和利润，而且能被潜在消费者普遍接受。同时，企业提价时应采取各种渠道向顾客说明提价的原因，配以产品策略和促销策略，并帮助顾客寻找节约途径，以减少顾客的不满，维护企业形象，提高消费者信心，刺激消费者的需求和购买行为。

至于价格调整的幅度，最重要的考虑因素是消费者的反应。因为调整产品价格是为了促进销量和利润的增加，忽视了消费者的反应，销售就会受挫，只有根据消费者的反应调价，才能收到好的效果。

3. 竞争性被动调价

企业面对竞争对手降价时，可采取如表 5-18 所示的对策。

表 5-18　竞争对手降价时企业可考虑的策略

被动调价策略	适用条件及策略
维持原价	竞争对手降价幅度不大，对企业利润和份额影响有限
维持原价，提高顾客理解的程度	在顾客对价格不很敏感的情况下可采用，通过加强与顾客沟通、提供服务、改进产品等手段争取顾客理解

(续表)

被动调价策略	适用条件及策略
提高已有产品质量和价格或开发高质量的新品牌,形成高质高价定位	企业产品的性价比高于对手,即使价格较高,也能形成竞争优势
建立更低价格的"战斗品牌"	顾客对价格特别敏感
相应降价	竞争对手突然进攻

被动降价的反应模式如图 5-2 所示。

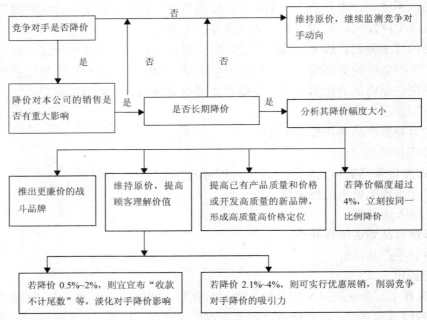

图 5-2　应付竞争对手降价的反应模式

资料来源:《营销策划费:理论与技艺》,作者:张丁卫东

【价格策划】

××楼盘价格企划方案

一、本案市场定位及项目定位

(一) 市场总定位(略)

(二) 项目定位

1. 形象定位(略)

2. 户型定位

① 一室一厅(60m²)占 10%左右。

② 二室一厅(90m²)占 20%左右。

③ 三室一厅(120m^2)占 40%左右。

④ 三室两厅(150m^2)占 30%左右。

(三) 目标客户定位

从地域分布、职业特征、消费形态等方面进行目标客户定位。

二、价格及价格策略

为了更好地在后续营销过程中充分体现总体营销目标,经过周密的调研,结合本案所在地周边主要竞争楼盘的销售价格,综合项目要素资源和营销推广传播要素,结合项目定位,我们对本案的销售价格做了如下规划。

(一) 定价的参考因素

1. 考虑市场竞争态势的变化并迎合消费者的购买心理。

2. 根据项目开发、工程进度及整体价格策略需要,在确保销售目标实现的基础上考虑定价。

3. 项目前期如何在市场竞争中确立自己的品牌优势,巩固及塑造发展商自己的品牌形象,为日后的销售及发展打下良好的基础,并且明确远期的目标。

(二) 单位定价原则

1. 增大景观、中庭花园与其他单位的价差。

2. 定价时注重采光、日照对单位的影响。

3. 注重公共配套对住宅的影响。

4. 注重距离、采光、通风、隐私等因素的影响。

5. 复式单位与标准层单位的价差。

以上是可作为定价时的参考因素,最终还需在定价时做适当的调整,务求使整体价格合理。

(三) 具体的价格定位及策略

1. 价格定位

整个项目的销售均价为 10 000 元/m^2,其中起价为 8000 元/m^2,最高价为 15 000 元/m^2。

2. 价格策略

采取"低开高走"型价格策略,开盘后半年进行第一阶段的价格调整(略升),尾盘销售变相略降。

3. 优惠政策(价格折让)

结合本案特征以及周边主要竞争楼盘的具体情况,建议采取以下优惠措施。

① 一次性付款九六折。

② 银行按揭九八折。

③ 其他付款方式无折扣。

④ 市场认知阶段或特殊活动期间,实行"折上折"的优惠政策,也可采取"赠送一定年限的物业管理费""免入伙费用""赠家电"等促销优惠政策。

(四) 付款方式及要求

① 银行按揭。

按揭年限由购房者自主选择,按揭金额不超过所购楼款的70%。

② 一次性付款。

③ 分期付款。

在销售时,几种付款方式可灵活运用,结合购房者的具体情况,建议其使用恰当的付款方式,以便迅速地促成交易。在销售过程中,可考虑给予购房者一定的价格折让,尽可能鼓励或引导客户采取一次性的付款方式。

(五) 项目入市时机及姿态

1. 入市时机

① 根据规划与工程进度以及营销准备,在×年5月开盘,可以抓住"春季房交会""五一"劳动节等机会掀起第一个启动高潮。

② 在国庆节、×年秋季房交会、元旦等重要时期掀起新的销售高潮。

2. 入市姿态

以全市乃至西北地区以"财富地产、品位住宅"形象登场。

案例来源:"管理资源吧"网(www.glzy8.com)

【思考与练习】

一、选择题

1. 利用目标市场对价格较敏感的特点而采取的一种低价策略,称为( )。
    A. 撇脂定价　　　　B. 渗透定价　　　　C. 心理定价　　　　D. 认知价值定价

2. 为了鼓励中间商承担额外的渠道功能(如促销)所进行的价格优惠,称为( )。
    A. 数量折扣　　　　B. 功能折扣　　　　C. 现金折扣　　　　D. 季节折扣

3. 超级卖场和百货公司将几件少数商品价格定得很低,甚至低于成本,目的在于吸引顾客购买这些低价商品的同时购买其他商品。这种定价方法称为( )。
    A. 声望定价　　　　B. 尾数定价　　　　C. 参考定价　　　　D. 招徕定价

4. 高价策略的优点是( )。
    A. 尽快收回新产品投资,并在短期内获取收益
    B. 树立优质产品的形象
    C. 能有效地限制竞争者进入市场
    D. 为今后的降价创造条件
    E. 争取用户,可以迅速占领市场

5. 高价策略的缺点是( )。
    A. 高价产品投放市场,限制用户购买,不利于开拓市场
    B. 投资回收期较长

C. 掩盖企业管理的缺陷，不利于降低成本

D. 高利润富有吸引力，促使竞争者迅速介入

E. 降低价格的回旋余地较小

二、简答题

1. 企业调低价格的主要原因是什么？应如何操作？

2. 企业调高价格的主要原因是什么？应如何操作？

【实战演练】

1. 某企业产品出厂价为 10 元，各级中间商扣点率如图 5-3 所示，试分别按照成本加成定价法与售价加成定价法计算各环节售价，并比较两种售价有何不同？

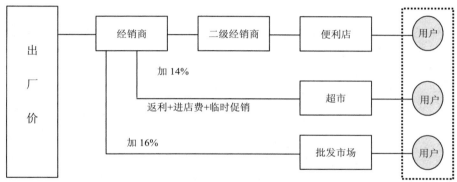

图 5-3　售价加成法定价图示

资料来源：《营销策划：理论与技艺》，作者：张丁卫东

2. 假设经过市场调查和竞争产品定价分析，确定本企业终端零售价格为 13.30 元，各级中间商扣点率不变，那么按照售价加成定价法倒推企业产品出厂价应该是多少？思考同样的扣点率按照哪种方法计算对本企业有利？

渠 道 策 划

【单元概述】

渠道是产品从生产经营者到消费者或用户所经过的路径及其中介组织，它的主要功能有调研、促销、接洽、组配、谈判、物流、风险承担和融资。常常听到企业抱怨，它们的产品价格虽然贵一点，但质量很好，性价比可能更胜一筹，但就是卖不动。当企业有这种疑问时，最好先看看自己的渠道，看看合作伙伴是怎样销售产品的。问题很可能就出在那里。

本单元将学习和实践如何通过市场调研、分析渠道现状、设计渠道结构、选择渠道成员、评估选择渠道方案等策划流程。

【能力目标】

终极目标：

能够制定策划方案，形成渠道策划书。

促成目标：

- 能够明确渠道策划任务流程。
- 能够对现有渠道状况进行分析。
- 能够通过主客观因素分析，确定渠道的长度和宽度结构。
- 能够根据限制条件选择渠道成员。
- 能够评估和确定渠道方案。
- 能够制定渠道策划书。

【项目导航】

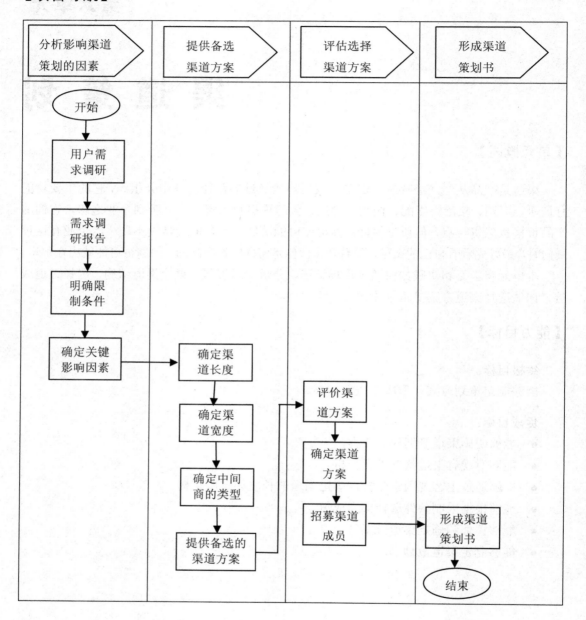

任务一 分析渠道策划的影响因素

【任务描述】

全面地掌握最终用户的实际需求及企业在渠道建设中重点考虑的因素，是进行渠道策划的基础工作。企业需要通过多种调研方式收集最终用户对企业产品的需求,明确企业的产品到底是卖给哪些人,这些人在什么情况下如何使用产品,以及所需要的服务支持。同时,企业需要根据自身的管理要求、产品特性、市场情况、政策环境等因素,基于企业战略规划、市场布局、市场占有率等多方面考虑,确定和部署渠道方案。不同企业的经营目标与经营能力不一样,目标市场对渠道的选择性与适应性也有很大差别,因而渠道的类型、结构、方案也有很大差别。

明确渠道策划的关键影响因素,有利于解决企业营销渠道中的关键问题,即在哪里卖、卖什么、卖给谁。

【实践操作】

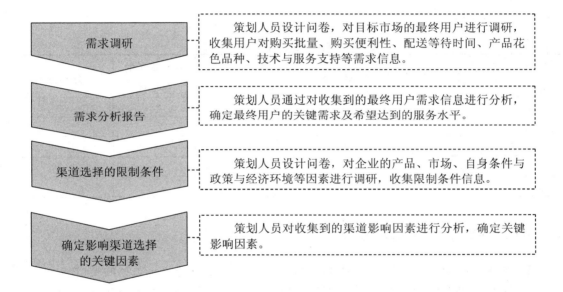

一、对最终用户需求进行调研

市场上的消费者对服务产出的需求千差万别,不同产品、不同目标市场的消费者产出的需求也各具差异。因此,为了更好地服务目标市场的消费者,提高渠道系统的效率,我们可以通过调研消费者对渠道服务的要求,统计分析目标市场渠道服务产出需求水平。

最终用户需求调查问卷

目标市场: 　　　　　调研人: 　　　　　调研时间:

1. 您通常每次在购买××产品时,购买量是多少?

　　A. 1个　　　　　B. 2~5个　　　　　C. 5~10个　　　　　D. 10个以上

2. 你通常在以下什么地方购买××产品?

　　A. 家附近　　　B. 单位附近　　　C. 商业街　　　　D. 网购

3. 您希望在购买××产品时，销售商能够在多长时间配送产品？

    A. 现场   B. 1小时内   C. 一天之内   D. 十天之内

4. 您希望××产品的花色样式多吗？

    A. 现在这些足够了   B. 希望增加一点   C. 再不增加我就不买了

5. 您希望××产品的销售商为您提供专业的技术咨询和服务吗？

    A. 没有这方面要求   B. 可有可无   C. 非常希望

二、收集需求调研表单后进行统计分析

统计收集到的调研资料，针对渠道服务产出需求，形成需求分析报告，以此作为目标市场渠道定位的参考依据。在进行渠道细分和定位时，可以借助渠道服务产出需求分析表来进行具体的分析，如表 6-1 所示。

表 6-1　渠道服务产出需求分析表

服务产出 / 目标市场	批量规模	空间的便利性	配送——等待时间	品种花色的多样性	服务支持
目标市场 1					
目标市场 2					
目标市场 3					
……					
目标市场 N					

三、分析渠道选择的限制条件

只有掌握影响渠道结构的关键因素，才能设定科学的、针对目标市场的渠道结构。一般的，影响渠道结构的主要有产品、市场、厂商自身、政策与经济环境等四大因素。

以上因素通常可以由企业内部直接做出判断，而竞争状况则需要做调研，可用竞争对手对比分析表进行分析，如表 6-2 所示。

表 6-2　竞争对手对比分析表

调研项目	竞争对手分析	自身分析	差异与渠道设计建议
质量			
价格			
品牌知名度			
售后服务			
使用方便性			
企业信誉			
渠道数量及方式			
主要目标市场消费者			

四、确定影响因素渠道选择的关键

将以上因素汇总分析后，得出渠道选择的限制条件分析表，如表 6-3 所示。该表的结论可帮助企业进一步明确影响渠道选择的关键因素，以便企业据此做出科学合理的渠道策划。

表 6-3 渠道选择的限制条件分析表

因　素	分　项	结论(用高/低/大/小等来表示)	重要性(●表示重要，○表示非重要)
产品因素	产品价值		
	时尚性		
	易腐、易毁性		
	体积与重量		
	季节性		
	技术与服务要求		
	经济生命周期		
	产品的用途		
市场因素	顾客的类型		
	顾客的数量		
	顾客的分布		
	购买数量		
	竞争状况		
厂商因素	规模和实力		
	声誉与市场地位		
	经营管理能力		
	控制渠道的要求		
政策与经济环境	宏观经济环境		
	政策法规		

【知识链接】

渠道消费者是产品从生产者到消费者或用户所经过的路径及其中介组织。在商品经济条件下，产品必须通过交换发生价值形式的运动，从一个所有者转移到另一个所有者，直至消费者手中，这称为商流。伴随着商流，还有产品实体的空间移动，称为物流。商流与物流相结合，使产品从生产者手中到达消费者手中，这便是分销渠道或分配途径，简称渠道。

一、明确消费者期望达到的渠道服务水平

市场上的消费者对服务产出的需求千差万别，不同产品、不同目标市场的消费者对渠

道服务产出的需求各具差异。因此，为了更好地服务目标市场的消费者，提高渠道系统的效率，我们可以通过分析目标市场渠道服务产出需求水平，来确定目标市场渠道定位。在进行渠道细分、定位时，可以借助分析工具——渠道服务产出需求分析表格来进行具体的分析。下面以个人电脑为例，对渠道服务产出需求进行分析，如表 6-4 所示。

表 6-4　个人电脑三个目标市场对渠道服务产出的需求比较

服务产出 目标市场	批量规模	空间的便利性	配送—等待 时间	品种花色的 多样性	服务支持
商业用户	低	高	购买阶段：高 售后服务阶段：低	软件：高 品牌：低	高
家庭用户	高	高	购买阶段：低 售后服务阶段：低	软件：低 品牌：高	高
学生用户	高	高	购买阶段：高 售后服务阶段：高	软件：中 品牌：中	高

1. 批量规模

批量是渠道在购买过程中，允许每次交易购买数量单位的大小，它会影响目标市场不同类型消费者的利益。允许购买的数量单位下降，可使购买者直接将产品转入消费过程，减少储存和维护费用，渠道的服务产出水平也就越高。

在个人电脑市场，一般而言，商业用户多为集团采购，采购量比较大。然而，家庭用户和学生用户却不同，一般情况下每次只需购买一台。因此，与家庭用户和学生用户相比较而言，商业用户对批量规模的要求比较低，而家庭用户和学生用户对批量规模的要求较高。

2. 空间的便利性

空间的便利性是指渠道为消费者购买产品所提供的方便程度。营销渠道不但要让消费者"买得到"，而且还要"买得方便、快捷"。通过销售网点的分散布局，减少消费者运输和寻找产品的成本，这样可以增加消费者的满意度。为满足消费者的便利性而设计渠道的例子俯拾皆是，如社区购物中心、邻近超市、便利店、自动售货机和加油站等。提高空间的便利性势必会增加渠道成本。

在个人电脑市场，空间的便利性对于三个目标市场来说都很重要，但原因各异。众所周知，个人电脑在售完之后，交易并没有完结，售后服务也许是影响最初购买决定的关键因素之一，当然也是影响用户最终满意度的关键因素之一。就家庭用户和学生用户而言，在最初的购买阶段，对于空间便利性的要求可以相对不那么高，但在售后服务阶段其对空间的便利性，即售后服务的可获得性，肯定是高的。因为他们对电脑的故障维修与技术支持的要求很高。然而，对于商业用户来说恰好相反，在购买的最初阶段，他们对空间的便利性的要求相对较高(如他们也许需要销售人员上门推销，而不是自己主动去各商场寻求购买)，但在售后服务阶段，其对空间便利性的要求相对而言就较低。这是因为一般而言，商业用户都会有自己的电脑技术与维修人员以及维修设备等，因此对制造商提供的故障维修和技术支持的依赖性较低，而不像家庭用户和学生用户那样高度依赖制造商提供的故障维修与技术支持。

3. 配送—等待时间

配送—等待时间指消费者从订货到收货之间需要等待的平均时间，这个时间越短，就越方便消费者购买，购买费用也越低，渠道服务产出水平也就越高。对于冲动型用户来说，无论是何种产品，无论身处何种细分市场，他们都不愿意在送货与等待上花费时间，即他们对配送—等待时间的需求是高的。

就个人电脑市场而言，在最初的购买阶段，家庭用户可能是最肯花时间等待的一个细分市场，因为，他们对于电脑的需求不是那么迫切。而对于商业用户和学生用户则不同，他们需要快速的送货以及最短的等待时间。对于学生用户，尤其是在新学期开学时，这种需求程度就更高。至于商业用户，配送—等待时间会直接影响他们的工作效率。

在售后服务阶段，家庭用户对于配送—等待时间的需求同样也是最低的，因为对他们来说，需要电脑处理的事情往往不那么火急，因此他们可以忍受技术与维修获得的时间延后。对于学生用户则不然，因为电脑处于瘫痪状态会直接影响他们的许多事务的处理(如功课的完成)，尤其是在多媒体教学普及的今天更是如此。至于商业用户，对于配送—等待时间的需求也是相对较低的，这主要缘于：一方面这类用户有他们自己内部的维修技术人员和维修设备；另一方面，这类用户也许会有多余的库存，可以在机器出故障时备用，因此他们对制造商的技术支持与维修服务的依赖性不大，所以其对售后服务阶段的配送—等待时间的要求并不是很高。

4. 品种花色的多样性

渠道为客户选购提供的品种花色越多，其产出水平就越高，但要求存货相应越多，渠道成员的分销成本也就越高。

不同的用户对电脑软件品种花色的需求是各不相同的，用户的性质和电脑的用途决定了用户对软件种类的需求。商业用户的电脑用途往往具有一定的复杂性，使用的范围也较广泛，这就决定了它在三类用户中对软件的品种需求是最高的。而家庭用户使用电脑往往是最简单的，他们也许只需要一些文字处理系统和游戏程序即可，因此是三类用户中对软件品种需求最低的。至于在个人电脑品牌上的需求，商业用户是三类目标市场中最低的一类，而家庭用户则是最高的。无论是对软件还是对品牌的种类需求，学生用户都处于商业用户和家庭用户之间，即都是中度要求。

5. 服务支持

服务支持是渠道提供的附加服务(如信贷、交货、安装、保修等)。服务支持贯穿于售前、售中和售后，消费者需求的服务支持越高，则提供服务的成本就越高，消费者支付的价格相应增加；消费者参与自助服务的程度越高，提供服务的成本就越低，消费者支付的价格就会相应减少。

家庭用户和学生用户对服务支持的需求都高，一旦机器出了故障，他们对制造商的技术支持和维修服务具有一定的依赖性。而商业用户由于其自身拥有这方面的专业技术人员与维修设备，故对技术支持和维修服务的需求相对来说要低得多，但商业用户可能需要信贷、延期付款、商业折扣等方面的支持。

二、厂家选择渠道的限制条件

为更高效地将产品传递到消费者手中，要扩大市场、开拓市场，厂商需要对渠道进行系统设计。但在现实中又会存在许多的限制条件，厂商需要对各种因素进行评价和平衡，以设计出相对合理的渠道。

1. 产品因素

- 产品的价值。一般情况下产品单位价值的大小与渠道的宽窄、长短成反比例关系。
- 产品的时尚性。凡产品的式样或款式变化比较快的，一般宜采取短渠道。
- 产品的易腐易毁性。易腐的鲜活产品应尽量缩短渠道，迅速把产品出售给消费者。
- 产品的体积与重量。体积过大或过重的产品，应采用短渠道。
- 产品的技术与服务要求。凡技术性较强而又需提供售前、售中、售后服务的商品，企业应该尽量直接卖给消费者。
- 产品的季节性。季节性越强的商品，越适宜采用稍短一些的渠道。反之，则适宜使用长渠道。
- 产品的生命周期。对处在试销阶段的新产品，企业可组织自己的推销队伍，通过试销门市部、专营店等各种形式与消费者直接见面。处在饱和阶段(或叫成熟期)的产品，以间接渠道销售的居多。
- 产品的用途。用途广泛、通用的、标准的商品，可用间接销售渠道；而专用性强的商品，如：专用设备，特殊品种、规格、用途的产品，应采取直接销售渠道为宜。

2. 市场因素

- 目标顾客的类型。即目标顾客是生活资料的消费者还是生产资料的用户，生活资料宜点多面广，而生产资料宜采用短而窄的渠道。
- 潜在顾客的数量。潜在的顾客多，市场大，需要中间商为之服务；潜在的顾客少，则可由厂家直接供应。
- 目标顾客的分布。目标顾客集中，企业有条件采用直接渠道销售。目标顾客分散，往往采用间接渠道。
- 购买数量。客户购买批量大的，可以采用直接销售渠道；客户购买批量小的，则利用中间商销售最有利。
- 竞争状况。要根据竞争企业采取的渠道策略制定相应的渠道策略，以争取竞争中的有利位置。

此外，还要考虑消费者购买不同产品时接近渠道的习惯。

3. 制造商本身条件

● 企业的规模和实力。规模大、资金力量雄厚的企业，往往有能力自己管理渠道。而规模小，资金力量不强的企业，往往须依靠中间商为其提供销售服务。但这不是绝对的，应参照其他因素综合考虑渠道策略。

● 企业的声誉。对生产企业或经营企业来说，声誉越高，选择的余地就越大，相反，声誉不高或没有地位的企业，选择的余地就比较小。

● 企业的经营管理能力。如果管理经验丰富、经营能力强，职工的业务素质高，选择渠道的主动性就大，选择权也大；否则渠道的选择权就小。

● 控制渠道的要求。凡企业在营销中需要对渠道时刻控制的，不宜采取长渠道、宽渠道结构。企业如有较强的销售能力把产品直接出售给消费者或用户，应选择较短的渠道结构。

4. 宏观经济情况和国家的有关法律和规定

企业选择分销渠道时，要参考整个宏观经济状况，同时要遵守国家的有关法律规定，使用合法的中间商，采用合法的推销手段，否则将受到法律的制裁。

【思考与练习】

一、选择题

1. 影响渠道结构的主要因素有(　　)。
　　A. 产品　　　　B. 市场　　　　C. 厂商自身　　　D. 政策与经济环境　　　E. 公众

2. 企业选择分销渠道时，对竞争者进行市场调研的内容包括(　　)。
　　A. 企业信誉　　　　　　B. 渠道数量及方式　　　　C. 主要目标市场消费者
　　D. 售后服务　　　　　　E. 使用方便性

3. 产品因素会影响到企业选择分销渠道，其包含的内容有(　　)。
　　A. 产品价值　　　　　　B. 产品时尚性　　　　　　C. 易腐易毁性
　　D. 季节性　　　　　　　E. 产品寿命周期

4. 分析消费者期望达到的渠道服务产出水平，应从(　　)等方面进行分析。
　　A. 批量规模　　　　　　B. 空间的便利性　　　　　C. 配送—等待时间
　　D. 品种花色的多样性　　E. 服务支持

5. 市场因素会影响到企业选择分销渠道，其包含内容有(　　)。
　　A. 顾客的数量　　　　　B. 顾客的类型　　　　　　C. 顾客的分布
　　D. 购买数量　　　　　　E. 竞争状况

6. 制造商本身条件会影响到企业选择分销渠道，其包含内容有(　　)。
　　A. 企业的规模和实力　　B. 企业的声誉和市场地位
　　C. 企业的经营管理能力　D. 控制渠道的要求　　　　E. 竞争状况

二、简答题

什么是分销渠道？影响企业选择分销渠道的因素有哪些？

【实战演练】

某公司向所有中间商供货时均采用统一的供货政策，销售业绩较为稳定。最近由于竞争加剧，公司 30%的大客户停止或减少订货。

请分析：该公司近来销售中可能出现了什么问题？产生这一问题的原因可能是什么？公司渠道管理的重点是什么？公司应如何恢复业绩？

任务二　确定备选渠道方案

【任务描述】

掌握了最终用户的实际需求及企业在渠道建设中重点要考虑的因素之后，即可初步确定渠道的长度和宽度，匹配适当类型的中间商，完成初步的渠道方案。

渠道的长度和宽度需要根据产品特性、市场容量、竞争状况、中间商、厂家实力等因素确定。

不同形式的中间商在经营模式、品种、与制造商的关系等诸多方面有所不同，需要根据不同的情况进行选择。

渠道方案重点解决企业渠道策划中的两个关键问题：怎么卖、由谁卖。

【实践操作】

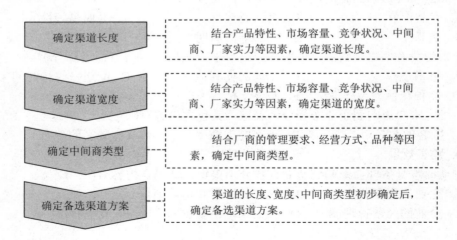

确定渠道长度	结合产品特性、市场容量、竞争状况、中间商、厂家实力等因素，确定渠道长度。
确定渠道宽度	结合产品特性、市场容量、竞争状况、中间商、厂家实力等因素，确定渠道的宽度。
确定中间商类型	结合厂商的管理要求、经营方式、品种等因素，确定中间商类型。
确定备选渠道方案	渠道的长度、宽度、中间商类型初步确定后，确定备选渠道方案。

一、确定渠道长度

渠道长度决策时需要考虑的因素主要有市场、产品(行业)、中间商、企业自身条件、管理要求、物流组织等，如表 6-5 所示，因素多而复杂，有时会相互冲突，使得决策很难得出明确的结论。

表 6-5　渠道覆盖的长度决策

特　征	短　渠　道	长　渠　道
产品	体积大	体积小
	保存性差	保存性好
	单位价值高	单位价值低
	产品标准化低	产品标准化高
	技术要求高	技术要求低
企业自身情况	规模大	规模小
	财务能力强	财务能力弱
	控制愿望强	控制愿望弱
	管理能力强	管理能力弱
市场情况	顾客数量少	顾客数量多
	地理集中	地理分散
	销售耗用时间长	销售耗用时间短
	顾客层次高	顾客层次低

二、确定渠道宽度

渠道宽度决策是渠道设计的重点，渠道的宽度反映了企业渠道战略的主要方面，并且与企业在渠道中实施关系营销密切相关。渠道宽度决策如表 6-6 所示。

表 6-6　渠道宽度决策

项目	密集分销	选择分销	独家分销
含义	制造商尽可能多地通过各类渠道成员分销产品	制造商精心挑选合适的中间商分销产品	制造商在某一地区仅选择一家中间商分销产品
优点	与消费者广泛接触	中等市场销售渠道变高；适度渠道控制；适度销售与毛利率	可得到中间商最大限度的支持；价格稳定；可获较高毛利率
缺点	销售成本高；中间商积极性低	—	市场覆盖面有限；受中间商制约；分销渠道不能形成竞争

用渠道选择汇总表(如表 6-7 所示)对渠道结构进行选择。

表 6-7 渠道选择汇总表

因　素	分　项	渠 道 长 度		渠 道 宽 度		
		长渠道	短渠道	密集分销	选择性分销	独家分销
产品因素	产品价值高低					
	时尚性					
	易腐易毁性					
	体积与重量					
	季节性					
	技术与服务要求					
	经济生命周期					
	产品的用途					
市场因素	顾客的类型					
	顾客的数量					
	顾客的分布					
	购买数量					
	竞争状况					
厂商因素	规模和实力					
	声誉与市场地位					
	经营管理能力					
	控制渠道的要求					
政策与经济环境	宏观经济环境					
	政策法规					

三、确定中间商类型

为了更有效率地达到预定的渠道目标和执行渠道政策,企业的渠道管理者要在专业化分工的基础上,认真选择和合理使用渠道中间商。选择中间商的类型是第一步。

中间商有两大类型:经销商和代理商,其中经销商又分为批发商和零售商。

批发商有三种类型:商人批发商、经纪人和代理商、制造商和零售商的批发机构。每个类型所承担的功能与制造企业的渠道布局、营销政策有关。

零售商:以零售活动为主的商业机构或个人从业者,每个类型所承担的功能与零售商的业务能力有关。

可用表 6-8 对中间商的功能加以明确。

表 6-8　中间商的功能分布

分项功能	具体功能	批 发 商			零 售 商			
		商人批发商	经纪人和代理商	制造商和零售商的批发机构	超级市场	百货公司	专业商店	便利店
推销	新产品市场推广							
	现有产品的推广							
	向最终消费者促销							
	建立零售展厅							
	价格谈判							
	销售形式确定							
渠道支持	市场调研							
	地区市场信息共享							
	向顾客提供市场信息							
	与最终消费者洽谈							
	选择经销商							
	培训经销商的员工							
物流	存货							
	订单处理							
	产品运输							
	与最终消费者的信用交易							
	向顾客报单							
	单据处理							
产品售后服务	提供技术服务							
	调整产品以满足顾客需求							

(续表)

分项功能	具体功能	批 发 商			零 售 商			
		商人批发商	经纪人和代理商	制造商和零售商的批发机构	超级市场	百货公司	专业商店	便利店
产品售后服务	产品维护与修理							
	处理退货							
	处理订单							
风险承担	向最终消费者提供信用							
	存货融资							
	存货的所有权							
	产品义务							

为了确保中间商能承担以上功能，需要对中间商的能力和实力等进行评估。中间商评估表如表 6-9 所示。

表 6-9　中间商评估表

条件要求	批 发 商			零 售 商			
	商人批发商	经纪人和代理商	制造商和零售商的批发机构	超级市场	百货公司	专业商店	便利店
合法经营资格							
目标市场							
较理想的地理位置							
销售策略							
销售服务水平							
储运能力							
财务状况							
企业形象和管理水平							

资料来源：《市场营销精细化管理(全案)》，作者：程淑丽

四、提供备选渠道方案

根据之前分析的影响渠道选择的关键因素、渠道长度、渠道宽度、中间商的功能与类型，结合企业市场布局和营销策略，提供备选的渠道方案，如表 6-10 所示。

表 6-10　备选渠道方案

目标市场：_____

渠道长度 (级次)	中间商类型分布数量						
	商人 批发商	经纪人和 代理商	制造商和 零售商的 批发机构	超级市场	百货公司	专业商店	便利店
一级							
二级							
三级							
…							
N 级							

【知识链接】

设计渠道的中心问题是确定产品到达目标市场的最佳途径,因此它是企业渠道策划的重中之重。

一、确定渠道模式(渠道长度决策)

分销渠道的长短一般是按流通环节的多少来划分,具体包括以下四层。

1. 零级渠道(MC)

零级渠道即由制造商(Manufacturer)直接到消费者(Customer)。

2. 一级渠道(MRC)

一级渠道即由制造商(Manufacturer)通过零售商(Retailer)到消费者(Customer)。

3. 二级渠道(MWRC)

二级渠道即由制造商(Manufacturer)——批发商(Wholesaler)——零售商(Retailer)——消费者(Customer)构成的渠道,多见于消费品分销。

或者是由制造商(Manufacturer)——代理商(Agent)——批发商(Wholesaler)——消费者(Customer)构成的渠道,多见于工业品分销。

4. 三级渠道(MAWRC)

三级渠道即由制造商(Manufacturer)——代理商(Agent)——批发商(Wholesaler)——零售商(Retailer)——消费者(Customer)构成的渠道。

娃哈哈的渠道模式

娃哈哈的营销队伍目前走的是一条"联销体"路线。与其他一些大型企业相比,娃哈哈在全国各地的营销员少得让人难以想象,只有 200 人。娃哈哈的营销组织结构是这样的:

总部——各省区分公司——特约一级批发商——特约二级批发商——二级批发商——三级批发商——零售终端。

根据有无中间商参与交换活动，可以将上述四种模式中的所有通道归纳为两种最基本的销售渠道类型，即直接渠道和间接渠道。间接渠道又分为长渠道与短渠道。

图 6-1 和图 6-2 所示是两类典型产品的基本营销渠道。

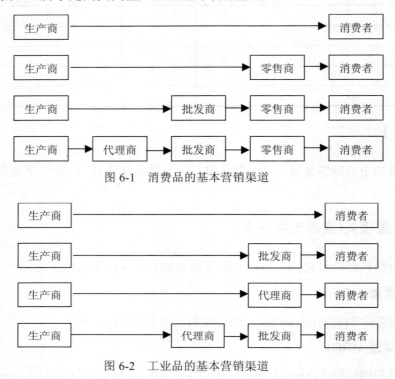

图 6-1　消费品的基本营销渠道

图 6-2　工业品的基本营销渠道

二、确定渠道成员数量(渠道宽度决策)

企业决定所在每一环节中使用同类型中间商的数目，既要考虑产品在市场上的地位及特征，又要考虑到企业的渠道结构，一般有三种选择形式。

1. 密集分销

密集分销即生产企业对经销商不加任何选择，中间网点越多越好，力求使产品能广泛地和消费者接触，方便消费者购买。这种策略适用于价格低廉、产品无差异的日用消费品，或生产资料中的标准件小工具等的销售。

这种策略具有点多面广、方便购买的优点，在具体实施时还可以通过全国范围的广告，使选择中间商更为方便。但这种渠道策略的缺陷是经销商数目众多，企业要花费较多精力来联系，且不易取得经销商的密切、长期合作。同时，生产企业几乎负担全部广告宣传费用。

2. 独家销售

独家销售是指生产企业在特定的市场区域内，仅选择一家中间商经销特定产品。这种策略一般适用于新产品、名牌产品以及有某种特殊性能和用途的产品。独家销售对生产者和经销者双方都有利有弊。对生产者的好处是易于控制市场的销售价格和数量，能够获得经销商的有效协作与支持，有利于带动其他新产品上市，同时，在一个较大市场中的独家经销商还愿意花一定投资和精力来开拓市场。缺点是在一地区过分地依赖经销商，易受经销商的支配并承受较高的风险。

3. 选择分销

选择分销是指生产企业选择几家中间商销售特定的产品，如采取特约经销或代销的形式把经销关系固定下来。这种渠道策略适用于一些选择性较强的日用消费品和专用性较强的零配件，以及技术服务要求较高的产品。选择这种策略可以获得经销商的合作，有利于提高经销商的经营积极性，也可以减少经销商之间的盲目竞争。

渠道宽窄取决于渠道的每个环节中使用同类型中间商数目的多少。企业使用的同类中间商多，产品在市场上的分销面广，称为宽渠道。如一般的日用消费品(毛巾、牙刷、开水瓶等)通常由多家批发商经销，又转卖给更多的零售商，这样能大量地接触消费者，大批量地销售产品。企业使用的同类中间商少，分销渠道窄，称为窄渠道。它一般适用于专业性强的产品，或贵重耐用的消费品，由一家中间商统包，几家经销。它使生产企业容易控制分销，但市场分销面受到限制。

【知识拓展】

一、选择分销渠道模式的原则

分销渠道管理人员在选择具体的分销渠道模式时，无论出于何种考虑，从何处着手，一般都要遵循以下原则。

1. 畅通高效的原则

这是渠道选择的首要原则。任何正确的渠道决策都应符合物畅其流、经济高效的要求。商品的流通时间、流通速度、流通费用是衡量分销效率的重要标志。

畅通的分销渠道应以消费者需求为导向，将产品通过最短的路线，以尽可能优惠的价格送达消费者方便购买的地点。畅通高效的分销渠道模式，不仅要让消费者在适当的地点、时间，以合理的价格买到满意的商品，而且应努力提高企业的分销效率，争取降低分销费用，以尽可能低的分销成本获得最大的经济效益，赢得竞争的时间和价格优势。

2. 覆盖适度的原则

企业在选择分销渠道模式时，仅仅考虑加快速度、降低费用是不够的，还应考虑及时准确地送达的商品能不能销售出去,是否有较高的市场占有率。因此,不能一味强调降低分销成本,这样可能导致销售量下降、市场覆盖率不足的后果。在分销渠道模式的选择中,也应避免扩张过度、分布范围过宽过广,以免造成沟通和服务的困难,导致无法控制和管理目标市场。

3. 稳定可控的原则

企业的分销渠道模式一经确定,便需花费相当大的人力、物力、财力去建立和巩固,整个过程往往是复杂而缓慢的。所以,企业一般轻易不会更换渠道成员,更不会随意转换渠道模式。只有保持渠道的相对稳定,才能进一步提高渠道的效益。畅通有序、覆盖适度是分销渠道稳固的基础。

由于影响分销渠道的各个因素总是在不断变化,一些原来固有的分销渠道难免会出现某些不合理的问题,这时就需要分销渠道具有一定的调整功能,以适应市场的新情况、新变化,保持渠道的适应力和生命力。调整时应综合考虑各个因素的协调,使渠道始终都在可控制的范围内保持基本的稳定状态。

4. 协调平衡的原则

企业在选择、管理分销渠道时,不能只追求自身的效益最大化,而忽略其他渠道成员的利益,应合理分配各个成员间的利益。

渠道成员之间的合作、冲突、竞争的关系,要求渠道的领导者对此有一定的控制能力——统一、协调、有效地引导渠道成员充分合作,鼓励渠道成员之间有益的竞争,减少冲突发生的可能性,解决矛盾,确保总体目标的实现。

5. 发挥优势的原则

企业在选择分销渠道模式时,为了在竞争中处于有利地位,要注意发挥自己在各个方面的优势,将分销渠道模式的设计与企业的产品策略、价格策略、促销策略结合起来,增强营销组合的整体优势。

健力宝的营销渠道失误

长期以来,健力宝绝大部分产品是通过传统的多级经销商分销的,产品要到达消费者至少要经过三个中介结构,加大了企业的控制难度,使信息的传递和反馈十分困难。此外,由于存在多级经销商,层层加价,削弱了健力宝在市场上与同类产品的竞争力。

健力宝的分销渠道是单一的多层渠道。每年的销售计划主要依赖一年一度的国家糖酒订货会的订货量,缺乏其他渠道的分销,造成市场覆盖面的狭窄与销售方式不灵活的状况,企业对销售现场的广告宣传、产品摆设等方面起不到应有的指导、控制作用。

多年来健力宝的交款方式为"款到交货",对于漏罐的赔偿费厂家只承担60%~80%,客户必须承担剩下的20%~40%,这在一定程度上加大了经销商的风险,影响了经销商的积极性。

案例来源:《快递消费品企业分销渠道研究》一文,作者:毕雪萍、姜艳

【思考与练习】

一、选择题

1. 以下分销渠道结构模式中，哪些属于长渠道(   )。
   A. 生产者——消费者
   B. 生产者——零售商——消费者
   C. 生产者——批发商——零售商——消费者
   D. 生产者——代理商——批发商——消费者
   E. 生产者——代理商——批发商——零售商——消费者
2. 日用品一般采取(   )的结构类型。
   A. 密集分销   B. 选择分销   C. 独家分销
3. 以下哪种情况下，企业应采取短渠道策略(   )。
   A. 产品易腐烂变质   B. 目标市场范围大
   C. 企业有控制渠道的强烈愿望   D. 利用中间商需要支付较高费用
   E. 经济不景气时
4. 产业用品渠道一般不包括(   )。
   A. 批发商   B. 代理商   C. 制造商   D. 零售商
5. 非标准化产品或单位价值高的产品一般采取(   )。
   A. 直销   B. 广泛分销   C. 密集分销   D. 自动售货
6. 当目标顾客人数众多时，生产者倾向利用(   )。
   A. 长而宽的渠道   B. 短渠道   C. 窄渠道   D. 直接渠道
7. 企业选择分销渠道模式应遵循(   )。
   A. 畅通高效的原则   B. 覆盖适度的原则
   C. 稳定可控的原则   D. 协调平衡的原则
   E. 发挥优势的原则

二、简答题

1. 渠道宽度策略有哪三种？
2. 确定渠道长度需要考虑的因素有哪些？

【实战演练】

　　某公司开发出一种美容保健型新饮料，力图通过众多的中小商店销售给普通消费者。由于该产品价格比普通保健型饮料高出 50%，所以销售量一直没有达到预期水平。为了促进销售，该公司要求广大经销商大做广告宣传，并以此作为保持渠道成员资格的条件。但是，此举遇到了中小商店的抵制。许多中小商店宁可不再经销该公司的产品，也不愿在该商品上投资做广告。你认为产生这种状况的原因是什么？你如果是该公司的市场营销经理，将会采取什么策略来扭转当前的局面？

任务三　评估选择渠道方案

【任务描述】

营销渠道结构的各种情况及基本方案确定之后，需要对渠道结构进行评价。有三个主要评价标准。

- 经济性标准：以渠道成本、销售量和利润来衡量渠道方案的价值。
- 可控性标准：主要依据企业的渠道控制要求进行评估。
- 适应性标准：评估因市场环境变化所引起的渠道成员的适应性，以避免可能发生的风险。

【实践操作】

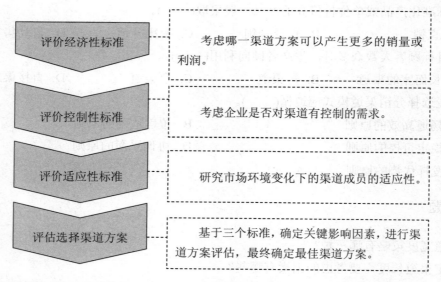

渠道的最主要目的是提供服务，为生产商提供销货途径，为中间商提供盈利机会，为消费者提供便利购买等，评价渠道的标准有三个，即经济性标准、可控性标准和适应性标准，其中最重要的是经济性标准。

一、经济性标准

经济性标准主要是比较每个渠道方案可能达到的销量及利润水平。

例：某企业销售某一产品时，生产成本为17元/件，销售价格为30元/件，现有以下三种分销途径可供选择。

(1) 派员推销。由于交通、住宿、广告、座谈会等项开支，每月需销售费用800元。

(2) 开设门市部自销。由于影响大，服务周到，能扩大销量，但需支付房租、办公费等，每月销售费增至1100元。另由于整批发运，能节约运费0.20元/件。

(3) 委托代销。每销售一件需付8%的佣金，仍为整批发运。

试对三种不同分销途径的经济收益进行分析比较。

首先，分别计算各自的盈亏临界点。

派员推销盈亏临界点$=800/(30-17)\approx62$(件)

门市部自销盈亏临界点$=1100/(30-17+0.2)\approx84$(件)(此处将节约的运费作为利润)

委托代销盈亏临界点为0。

其次，进行分析比较。

以上盈亏临界点计算的结果，并不能说明当月销售量在62件以上就可派员推销，在84件以上就可开设门市部自销。为了保证经济收益最大，还必须分析比较在不同销售量的情况下，采用何种形式有利。

1. 派员推销与委托代销比较

下列式中，

R_1表示派员推销利润。$R_1=37-17=13$(元/件)

R_2表示门市部自销利润。$R_2=13+0.2=13.2$(元/件)(此处将节约的运费作为利润)

R_3表示委托代销利润。$R_3=30\times(1-8\%)-17=10.6$(元/件)

Q_1表示派员推销月销售量。

Q_2表示门市部自销月销售量。

Q_3表示委托代销月销售量。

两者利润分别为：

$$R_1=13\times(Q_1-62)$$

$$R_3=10.6\times Q_3$$

经比较分析得知，当月销售量界于62～335件时，两者都能得到利润，但$R_3>R_1$；当月销售量为336件时，$R_1=R_3$；当月销售量超过336件时，$R_1>R_3$。这就说明月销售量小于336件时，企业采用委托代销有利；大于336件时，则派员推销有利。

2. 门市部自销和委托代销比较

两者利润分别为：

$$R_2=13.2\times(Q_2-84)$$

$$R3 = 10.6 \times Q3$$

同样分析可得：当月销售量小于 426 件时，企业采用委托代销有利；当月销售量大于 426 件时，则开设门市部自销有利。

案例来源：黄冈职业技术学院 教学资源中心(http://zyzx.hgpu.edu.cn)《选择分销渠道的模式及分销方案的选择评估》一文

二、可控性标准

一般来说，企业采用中间商可控性小，直接销售可控性大；分销渠道长，可控性小，渠道短则可控性大。企业必须进行全面比较、权衡，从而选择最优的方案。

三、适应性标准

如果生产企业同中间商的合约时间长，而在此期间发现其他销售方法，如直接邮购更有效，但生产企业不能随便解除合同，这样企业选择分销渠道便缺乏灵活性。因此，生产企业必须考虑渠道策略的灵活性，除非在经济性或控制性方面具有十分优越的条件。经销商评估标准如表 6-11 所示。

表 6-11　经销商评估标准

决 策 因 素	参 考 权 重	评分(1～10)	最 终 分 值
顺畅	5%		
增大流量	5%		
便利	10%		
开拓市场	10%		
提高市场占有率	15%		
扩大品牌知名度	10%		
经济性	20%		
市场覆盖范围和密集度	15%		
渠道控制	10%		
合计			

在具体操作时，可以用重要因素评价法来帮助策划者做出选择。

这种方法由以下五个步骤组成。

(1) 明确列出渠道选择的决策因素。

(2) 以百分比形式标出每个决策因素的权重，以反映它们的相对重要性。

(3) 每种渠道选择以每个决策因素按 1～10 的顺序打分。

(4) 将权重与因素分数相乘，计算每种渠道方案的加权总分。

(5) 将备选的渠道结构加权总分排序，一般获得最高分的渠道方案即为最适合的选择。

【思考与练习】

一、选择题

1. 评价渠道的标准有三个，分别是(   )。
   A. 经济性   B. 可控性   C. 适应性   D. 职业性   E. 实践性
2. 渠道评估标准的具体内容有(   )。
   A. 顺畅   B. 便利   C. 开拓市场
   D. 市场覆盖范围和密集度   E. 扩大品牌知名度

二、简答题

企业渠道评估主要考虑哪些方面？具体步骤有哪些？

【实战演练】

因经销商不得力造成销售业绩不理想，A企业的新领导人H想到了更换经销商的方法。当H的这个想法刚想尝试实施时，便遭遇了出乎意料的阻力。遭到的困难有以下几项：①来自企业内部的障碍。一方面是企业元老对原有经销商的长期情感培养造成的人情障碍；另一方面是企业相关人员担心长期与经销商达成的利益分配被触动，造成利益损失。②来自被更换经销商的障碍。由于面临企业的遗弃，经销商心理极不平衡，他们会在所能触及的范围内，处处给企业设置障碍，最典型的手段有两种，即：囤积货品，扰乱市场秩序，毁坏品牌形象；以大宗欠款来对企业施压。③来自整个渠道的障碍。经销商进行大面积的负面传播，动摇原有渠道的军心，同时向地区同行和终端客户散布谣言，为企业重新寻找经销商设置障碍。

假如你是企业经理，根据资料为该企业制定出顺利实现经销商更换的可行方案。

任务四   渠道策划实施

【任务描述】

渠道策划内容确定后，如何实施就变为重点工作。渠道管理是个复杂的工作，主要的工作有：厂商按照渠道要求选择渠道成员(各级中间商)，培养中间商在经营、管理等方面的能力，制定激励政策激励渠道成员，合理评估渠道成员的经营结果和能力，不断优化和调整渠道成员。

【实践操作】

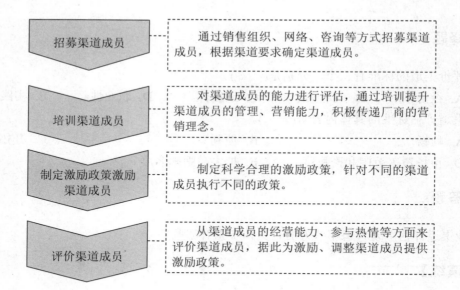

一、招募渠道成员

招募渠道成员就是搜寻企业未来在营销渠道活动中可能的合作伙伴。当然，有些企业在确定渠道成员时可能并不需要这一步，因为它们已经有足够的合作者，它们要做的是从中找到最满意的。但是对于那些新创立的企业，寻找可能的合作伙伴，就是一项必须做的工作。

一般来说，招募渠道成员时，搜寻的范围越大越好。搜寻的范围越大，找到合适渠道成员的机会就越大。企业寻找渠道成员的途径主要有商业途径、网上查询、顾客和中间商咨询、广告等。

确定渠道成员初选对象后，企业积极进行沟通，并收集渠道成员初选对象的信息，判断其真实性、可靠性、参与的热情、经营能力、营销能力、客户与市场等，最终确定渠道成员。

经销商招募大会是普遍采用的渠道选择方式。招募前期通过报纸、网络、商业组织等多种途径向有意愿的机构传递邀请加盟信息，待收集到经销商申请表后，确定初选名单，收集其相关信息，通过中间商评估表逐步明确其是否符合经销商条件(见任务二，中间商评估表)，并最终确定经销商。

(1) 在经销商招募大会上要讲解的内容。

● 产品是否有前景，是否有竞争力。

● 利润空间是否够，是否有钱可赚。

● 推广支持是否周密可行，支持力度是否大，能否到位。

● 企业是否有实力、信誉，承诺能否兑现，包括支持、协销承诺及分销商风险控制承诺等。

(2) 通过经销商招募大会的召开，最好能让目标分销商信任企业、产品、营销模式、利润空间、合同内容。

- 相信企业，即让分销商相信企业有实力、讲信誉、有能力、有战略、有远见。
- 相信产品，即让分销商相信产品确实有功效、卖点独特、定位准确、质量可靠，在市场上有前景。
- 相信模式，即让分销商相信企业的营销模式先进、有实效、管理规范，可操作性强。
- 相信利润，即让分销商相信产品有钱可赚、利润空间大。
- 相信合同，即让分销商相信合同严密、责权明确，有绝对的约束性和保障性。

经销商申请表如表 6-12 所示，各级中间商调研表如表 6-13 所示。

表 6-12　经销商申请表

申请日期				
公司名称				
公司地址和邮编				
公司联系部门/人员				
联系电话		传真		E-mail
公司发展状态	□新成立　□创业期　□过渡期　□管理期　□繁荣期			
公司主营品牌		注册资金		流动资金
公司员工总数		销售人员数量		承诺年销售额
销售覆盖区域		经营范围		销售模式
备注	公司如有办事处或分公司，请将其具体地址和联系方式列出			

表 6-13　各级中间商调研表

机构名称		地址				邮编	
负责人		性别		年龄		职务	电话
机构类别	A. 高档商场　　B. 大型商场　　C. 中小型商场　　D. 超市 E. 地区经销商　F. 一般经销商　G. 其他规模						
税号			工商登记号				
往来银行及账户			付款条件				
休息日			结账日				
主营业务			注册资本				
固定资产			流动资金				
赊账期			结账期				
运输车数			销售/导购/营业员人数				
营业面积			商圈范围				
仓库面积			进货店数目				
运输方式	□铁路□航空□公路 □自提□其他		送货地址				
店面所有制	□私有　□自有　□公有　□租赁　□联营　□合资　□其他						
客户的其他资料							

最近 2 年产品销售统计(单位：万元)

年＼月	1	2	3	4	5	6	7	8	9	10	11	12
2009												
2010												

资料来源：《市场营销管理职位工作手册(第二版)》，作者：程淑丽

二、培训渠道成员

一些企业逐步认识到通过培训提高渠道成员整体素质的重要意义,他们开始邀请专家为成员们进行实战培训,一方面作为企业对渠道成员的一种福利,另一方面通过培训使企业的营销理念在整个渠道中更好地贯彻,使渠道更顺畅。

授之以渔

有100多年历史的飞利浦公司的支柱业务之一是它的照明业务,为了提升在中国市场的占有率,飞利浦专业照明部采取了一系列的专业知识培训,除了培训自己的员工外,对经销商的培训也作为长期的营销策略。飞利浦认为,在激烈的市场竞争中,销售、产品、服务的专业化在市场营销中起着越来越重要的作用,衡量一个经销商的销售水平,不能仅仅从销售业绩上来评判,应该根据综合因素评估。因此,对经销商的培训很重要,它就相当于一种市场网络投资,是争取市场主动权的超前投资。

飞利浦照明部在中国有7个销售区,每个区域的培训都会根据当地的经济水平、城市发展、使用产品的习惯和消费能力等各因素制订详细计划,其中特别注意了经销商的具体需求。

针对产品批发类的经销商,飞利浦会安排销售技巧、产品知识及渠道管理的培训;针对照明工程经销商,公司会安排照明工程的设计和产品技术运用方面的培训。同时,飞利浦也经常鼓励经销商给公司的培训提建议。

培训核心内容有两部分:新产品的介绍与应用和销售技巧。

新产品的介绍与应用主要针对经销商的业务骨干。为了保证他们能准确地向顾客介绍和推销产品,有针对性地介绍一些新产品的功能和特点、产品的使用以及产品的发展趋势。这些主要由公司的研发部门主管来讲授。

销售技巧的培训针对经销商的营销人员。其内容主要包括销售前的准备技巧(了解推销区域、找准客户、做好销售计划等)、接近顾客的技巧(电话拜访、直接拜访、邮件拜访等)、进入销售主题的技巧、事实调查的技巧、询问与倾听的技巧、产品展示和说明的技巧、处理客户异议的技巧、撰写建议书的技巧以及达成交易的技巧,等等。

飞利浦的培训主要有以下三种形式。

(1) 专家报告。对于每个销售区域,飞利浦一般会组织经销商到某一地方集训,这些培训主要由专家讲解,是学习性的。

(2) 区域经理的现场报告。公司要求每一区域经理每年要有计划地现场演讲。只要经销商有这方面的要求,区域经理就会到现场给予培训。

(3) 培训教材。飞利浦给经销商发放一些培训的教材(如光盘等)让他们自主培训。

飞利浦每年计划的培训至少有20场。

案例来源:《以市场定位的价值创新博弈市场》一文,作者:刘铭山

渠道成员的培训工作主要有以下任务。

(1) 经销店址选择培训

通过培训,使经销店管理人员能够综合考虑人口流动性、交通便利、消费者需要、企

业策略等因素，为经销店选择最佳位置。

(2) 商品知识培训

进行商品特性、功能、质量、形象等方面的培训，使经销店管理人员能够掌握和运用商品相关知识进行渠道服务。

(3) 营销技术培训

通过培训，使经销店掌握促销技术、促销制作、广告、员工礼仪、社区公共关系方面的知识和技能。

(4) 管理能力培训

培训的主要内容是库存管理、物流管理、信息管理、客户关系管理、员工激励管理、货品管理、陈列管理、财务管理、会计处理等。

(5) 基础知识培训

培训的主要内容是营销知识、法律知识等，为经销店各项业务的开展打下良好基础。

三、激励渠道成员

一般来讲，要有效地调动中间商的销货积极性，及必须了解他们的需求。对中间商而言，他们的需求主要有：好销的产品；优惠的价格；丰厚的利润回报；一定量的前期铺货；广告支持；业务人员指导；业务销售技巧方面的培训；及时的供货；特殊的补贴和返利；优厚的付款条件，等等。

三星笔记本电脑渠道拓展激励计划

三星笔记本电脑实行区域代理商制，即一个区域或一个省份由一到两家代理商代理全系列的三星笔记本电脑，在相应的区域内进行销售。而北京、上海、广州、成都、沈阳全国 5 个分公司分别对自己所属区域内的代理商进行支持与管理，三星笔记本电脑中国总部则负责总体指导。

一、维护原有渠道

对各级代理商进行台阶式奖励，通过考核，分阶段、分层次地把丰厚的奖金奖励给优秀的经销商；同时还将实行周密的价格保障体系，稳定价格，免除经销商的后顾之忧。

二、开拓新渠道

三星笔记本鼓励各区域代理商吸收新代理商，并向三、四级区域市场拓展；同时鼓励并协助组建代理商联盟；并向大型连锁商场开拓。具体实施措施分述如下。

1. 店面建设。为了加强对零售终端的管理，激励销售并提高三星笔记本的品牌形象、凝聚力，三星笔记本电脑将指导并协助 IT 卖场金牌店建设，提供各种终端支持、奖励及相关管理政策；同时吸收小代理商单店加入，施行更有利于促进销售的产品策略和市场推广策略。此外，对于三星笔记本形象店的建设(如装修等方面)也将提供资金上的帮助。

2. 举办活动。三星笔记本定期举办渠道代理商会；组建三星俱乐部；对行业用户和高端用户群进行有针对性的展示；对广大终端消费者也将进行 IT 卖场路演等活动。

3. 加强终端。在终端卖场方面，三星笔记本将对终端销售员进行销售奖励；同时进行奖励；对于促销活动的促销员给予补贴和奖励；同时设立促销专员，完善促销活动。

4. 加大培训。针对各级经销商和代理商，同时针对各店面的销售人员和促销人员，三星笔记本都将进行大力度的产品培训和销售技巧培训，并建立良好的培训体系。

5. 行业拓展。三星笔记本电脑成立行业大客户部(B2B 部门)；鼓励并吸收行业代理商；同时为了避免相互冲突，行业市场和个人市场实行不同的产品和渠道策略，最大限度地保证代理商的权益。

6. 渠道监督。对于窜货等现象的规避，三星笔记本电脑对代理商给予了充分的信任，主要通过督导管理和定期调查进行监督。

案例来源：道客巴巴(http://www.doc88.com/)

制造商对中间商的激励措施主要有以下几项。

(1) 开展促销活动。生产者利用广告宣传推广产品，一般很受中间商欢迎，广告宣传费用可由生产者负担，亦可要求中间商合理分担。生产者还应经常派人前往一些主要的中间商处，协助安排商品陈列，举办产品展览和操作表演，训练推销人员，或根据中间商推销业绩给予相应奖励。

(2) 资金支持。中间商一般期望生产企业给予他们资金支持，这可促使他们放手进货，积极推销产品，一般可采取售后付款或先付部分货款，待产品出售后再全部付清的方式，以解决中间商资金不足的困难。

(3) 协助中间商搞好经营管理，提高营销效果。

(4) 提供情报。市场情报是开展市场营销活动的重要依据。企业应将所获得的市场信息及时传递给中间商，使他们心中有数。为此，企业有必要定期或不定期邀请中间商座谈，共同研究市场动向，制定扩大销售的措施；企业还可将自己的生产状况及生产计划告诉中间商，为中间商合理安排销售提供依据。

(5) 与中间商结成长期的伙伴关系。一方面，企业要研究目标市场上产品供应、市场开发、账务要求、技术服务和市场情报等方面的情况，以及企业与中间商各自能从对方得到什么，然后，根据实际可能，与中间商共同议定这些情况，制定必要的措施，签订相应的协约，如中间商能认真执行，企业要考虑再给予一定的补助。另一方面，可在组织方面与中间商进一步加强合作，把生产者和中间商的要求结合起来，建立一个纵向联合销售系统，生产企业可在此系统内设立一个中间商关系计划部，由这个部门与中间商共同规划销售目标、存货水平、商品陈列、培训员工计划以及广告宣传计划，其目的是使中间商认识到，作为一个精明的纵向联合销售系统的一员，自己可以从中获利。

例如，一家制造商为了与经销商建立长期合伙关系，不是直接给经销商 25% 的销售佣金，而是按下列标准支付。

① 给 5%，因其保持适度的存货。

② 再给 5%，因其能满足销售配额的要求。

③ 再给 5%，因其能有效地服务顾客。

④ 再给 5%，因其能及时地通报最终顾客的购买水平。

⑤ 最后再给 5%，因其能正确管理应收账款。

不同公司激励渠道成员的方法

(1) 铁姆肯(Timken)公司(滚珠轴承)让其销售代表对经销商的总经理、采购经理和销售人员进行多层次的访问。

(2) 施奎亚·D(Square·D)公司(断路器、配电盘)让其销售代表用一天时间与每一经销商一起"站柜台"，以便了解经销商的经营情况。

(3) 杜邦公司建立了一个经销商营销指导委员会，定期集会讨论有关问题和趋向。

(4) 岱高(Dayco)公司(工程用塑料和橡胶制品)实行每年一次为期一周的"休养周"制度，由20个经销商的年轻高级管理人员和20个岱高公司的年轻管理人员参加，以便通过研究讨论会和旅游活动来加强相互联系。

(5) 派克·汉尼汾(Parker Hannifin)公司(液压动力产品)每年一次发出邮寄调查表，要求其经销商对公司的绩效进行评估，还通过业务通信和录像带向其经销商通报有关新产品和用途的情况。

(6) 柴雅利(Cherry)电器产品公司(电气开关和电子键盘乐器)专门指定两名内部销售人员负责与每一经销商进行电话联系，以便建立迅速反应系统。

这些不断进取的制造商曾成功地使经销商转变为工作伙伴。

案例来源：中国策划在线网(www.cnstp.com)《激励渠道成员》一文

四、评价渠道成员

通常，我们采用绩效标准来对中间商进行评估。评价渠道成员绩效的加权标准法如表 6-14 所示。

表 6-14　评价渠道成员绩效的加权标准法

分项标准	具体标准	权　重	分值(1～10分)	加权分数
销售绩效	总销售量	0.20		
	销售量随时间的增长	0.15		
	完成的销售量/销售定额	0.10		
	市场份额	0.05		
库存绩效	平均库存保有量	0.10		
	库存量/销售额	0.05		
	库存周转率	0.05		
销售能力	销售人员总数	0.05		
	分配到厂商的销售人员总数	0.10		
态度	绩效、中间商功能执行程度	0.10		
发展前景	销售绩效良好、稳步增长，扩展能力强	0.05		

分销商评选问卷

请针对经销商的表现(经销商名称略)在以下表格中打分，5分为最高分。

	1分	2分	3分	4分	5分
产品价格					
供应产品种类					
供货能力					
供货速度					
批量灵活度					
技术支持					
物流服务					
付款条件					
产品质量					
公司信誉					
电商能力					

【渠道策划书】

百事可乐——乡镇市场分销渠道策划案

农村市场由于具有人口多、消费潜力大等特点，一直是快销品企业角逐的主战场。在未来的农村市场，谁拥有的终端网点数量最多，谁就拥有最大的市场主动权，谁就能在激烈的市场竞争中立于不败之地。

然而，真正要在四、五级市场扎下根，需要改变的不仅仅是营销模式，还需要打造一支专门运作此类复杂市场的班子，这对企业文化、管理、营销、组织适应能力都是一场严酷冷峻的考验。

一、乡镇分销模式现状

(1) 县城经销商通过公司或代理商进货。

(2) 县城经销商再送货到县城二批和大乡镇二批。

(3) 县城经销商送货到县城 C、D 类客户和部分乡镇 C 类客户。

(4) 乡镇二批将产品送到零售终端。

反过来看，我们知道针对农村的进货渠道一般有以下三种方式。

(1) 零售终端到乡镇批发部或县城批发部提货。

(2) 由乡镇批发部送货上门。

(3) 县城批发部直接送货到农村店铺，这种比较少，一般存在于城市近郊。

在现有的这个进货渠道中，乡镇批发起到了承上启下的作用，所以我们要想做好农村市场，一定要做好批发渠道的掌控；乡镇批发渠道是农村终端的"咽喉"，如果我们能控制这个"咽喉"，我们就能在农村的市场竞争中取胜。

二、产品目前分销模式的 SWOT 分析

1. 优势(S)

(1) 方便公司管理和掌控客户。

(2) 合理地安排区域业务人员。

(3) 可以覆盖到县城和部分大乡镇的客户。

(4) 可以有效地执行公司的相关政策。

(5) 减少公司人力、物流、市场成本。

(6) 对县城市场有很好的销售控制作用。

2. 劣势(W)

(1) 公司对县城下一级的客户缺乏了解和沟通。

(2) 经销商配送人力有限，只能覆盖大乡镇的大客户。

(3) 完全依靠品牌效应的自然流通，销量增长缓慢。

(4) 除百事产品有一定的铺货率之外，七喜、美年达产品根本不能达到有效的铺货。

(5) 乡镇几乎无任何品牌宣传，如 POP、围栏纸等。

3. 机会(O)

(1) 随着新农村建设的开始，国家取消延续了几千年的农业税，农民的收入水平将不断得到提升。

(2) 国家财政支农资金增量不断加大，未来几年大量的外出务工人员将携资回到农村。

(3) 乡镇客户百事产品种类太少，如大瓶装只有 2L 或 1.25L，小瓶装只有 600ml 的产品，没有 355ml 的产品，更多的零售终端只有非常系列。

(4) 乡镇消费者对产品品牌意识在逐渐提高，如沙淇可乐的柠檬味、沙淇雪等品种正在热销。我们的七喜和美年达产品也会有很大的市场。

(5) 几乎所有的饮料公司对乡镇市场渠道操作过于简单，没有很好地寻求适合乡镇的分销渠道模式。

(6) 大多数公司对乡镇市场开发都停留在"蜻蜓点水"的阶段，没有进一步深入。

4. 威胁(T)

(1) 乡镇市场的销量不断增长，占县城整体销量的 40% 以上。

(2) 竞争对手对乡镇市场的人力、市场费用的大量投入。

(3) 竞争对手渠道变革，针对县级市场将新开发更多的客户。

(4) 乡镇客户的健康意识不断增强，将会在很大程度上影响碳酸饮料的整体销量。

所以，我们可以看到在乡镇市场上，有很多的机会和威胁，怎样才能制定出适合公司特点的分销渠道，提高公司产品的乡镇市场销量，提高公司产品的市场占有率呢？

下面我们来看看影响分销渠道设计的因素。

(1) 顾客特性。乡镇具有人口多、消费潜力大的市场特点，客户经常采取小批量的购买，这需要采用较长的分销渠道为其供货。

(2) 产品特性。由于农民收入水平较低，造成农村消费注重价格便宜、实惠，包装的

大气、喜庆，看起来要物有所值等。

(3) 中间商特性。农村特别是山区农村的交通不太发达，乡村终端店主要靠乡镇批发部辐射为主。

(4) 竞争特性。农村终端产品主要以日用生活品为主，产品大多为当地小品牌，大品牌相对较少，而且终端网点较分散，特别是西部地区和山区。

(5) 企业特性。公司的经济实力和市场操作、管理能力可以确保进一步地开发乡镇市场。

(6) 环境特性。开发农村市场是提高市场份额的前提，也是大势所趋。

三、新的分销渠道设计

城市市场领导品牌的营销模式主要集中在"产品拉动型"和"品牌拉动型"，而三、四线市场优势品牌的营销模式却集中在"利益驱动型"和"双向驱动型"，所以一、二线市场更加需要品牌资源，而三、四线市场更需要渠道资源。

针对乡镇市场的渠道特点，我们可以尝试建立乡镇分销商渠道模式，通过对渠道中间商的相关激励措施，会更好、更快捷地提高产品在乡镇市场的终端到达率，并能有效地提高公司全系列产品的铺货率和市场掌控能力，从而提高产品的整体销量。

所以，乡镇渠道建设的下一步思路是发展区域内经济条件好、有潜力的乡镇，培养万元镇，使其发展壮大，给予更大的利润支持或发展为分销商，让其带动周边的其他乡镇。

1. 全渠道模式

公司——县城级经销商——乡镇分销商——零售门店——消费者

2. 乡镇分销商模式

乡镇分销商——乡镇二批/零售门店——消费者

乡镇分销商模式的优点如下。

(1) 更方便、快捷地到达终端售点。

(2) 解决了县城经销商人力和配送的不足。

(3) 增强区域经销商的终端销售能力和信心。

(4) 更快地加强百事系列产品的铺货。

(5) 更直接地为乡镇消费者提供各类促销推广活动。

(6) 终端为王的渠道特点突出。

(7) 加强了公司对四、五级市场的控制力。

(8) 区域内百事系列产品的销量将会逐渐增大。

(9) 更好地为乡镇客户提供服务。

现在我们的问题又出来了，如何对乡镇分销渠道进行有效管理，如何对县城经销商和乡镇分销商的利益进行分配，又如何兼顾增加渠道长度后的产品定价问题？这就是我们进一步要讨论的渠道管理问题。

四、分销渠道的管理

1. 选择和管理渠道成员

(1) 对分销商的选择要从经济实力、人员、配送能力、覆盖区域、配合度等多方面考虑。

(2) 与乡镇市场分销商签订协议。

(3) 县城经销商下设的分销商数量不宜过多，一般控制在五家以内。

(4) 对每个分销商划分区域，分区管理。

(5) 安排专门的业务人员对分销商进行培训、管理、市场拓展工作。

(6) 制定适合当地市场的分销商激励和考核措施。

2. 渠道成员的激励

(1) 县城经销商

● 县城经销商针对下面的乡镇分销商采取进价加 0.5 元/件发货(防止分销商又窜货回县城)，公司对经销商乡镇送货实行 0.5~1.0 元/件的补贴。

● 县城批发客户不享有乡镇分销商的价格(防止价格混乱)，提升经销商的管理能力、业务能力和服务能力，为渠道客户提供更好的服务。

● 做好县城的品牌宣传，增加销量。

(2) 乡镇分销商

● 分销商销售百事产品，享有 0.2~0.5 元/件的区域补贴。

● 完成或区域内公司规定的产品铺货或单品销量等考核指标，则提供产品奖励，每月、每季度对分销商进行销量排名，提供奖励，促进分销商为荣誉而战。

● 组织分销商参加七喜铺货等项目的比赛，并提供相关物质奖励；定期对分销商进行市场的相关分析，提升其业务能力和服务能力；为分销商的区域提供市场物资，加强品牌宣传；制定适合乡镇的促销活动，提供乡镇消费者喜欢的促销品。

3. 评估渠道成员

(1) 定期对经销商进行全面评估。

(2) 坚决砍掉不符合公司发展的经销商。

(3) 对经销商薄弱的地方进行提升培训。

(4) 将经销商销量绩效按月、季度、年进行对比，发掘市场潜力。

五、与分销渠道模式相关项目的同步计划

1. 产品方面

(1) 加大百事产品全系列的铺货。

(2) 做好七喜、美年达产品的推广。

(3) 做好渠道客户的产品服务工作。

(4) 做好产品的政策执行。

2. 价格计划

(1) 执行好区域内的各渠道价格，维护好区域分销商和零售商的利益分配。

(2) 经销商、分销商严格执行公司的产品供货价。

(3) 业务人员监管区域内各渠道的产品价格。

(4) 分销商利润一般控制在 1~1.5 元/件。

(5) 充分考虑零售终端客户的售卖利润。

(6) 做好产品的价格调查工作，提出有针对性的策略。

3. 人员计划

(1) 管理人员

针对乡镇的市场特点，为更好地做好乡镇的市场开发工作，特别推出乡镇推广管理专员的团队管理模式。

工作职责：

- 乡镇业务人员的管理。
- 乡镇的终端网络建设(覆盖)。
- 市场表现(店内外表现)。
- 促销计划的执行。
- 乡镇相关数据的统计。
- 提供乡镇工作所需的相关表格。
- 与公司相关销售部门的协调工作。

(2) 业务人员

由于乡镇过于分散，每个乡镇方圆几十里，靠原来县城的业务员根本无法顾及，但如果我们纯粹以增加业务人员数量的方式来解决这个问题，势必造成公司人力成本的不断增高，特别推出助理业务代表模式和经销商业务代表模式。

工作职责：

- 负责品牌宣传、陈列、分销。
- 开发和维护客户。
- 执行公司的相关政策。
- 解决客户的问题。
- 负责消费者资料的收集。
- 了解竞争对手市场活动、价格等。

4. 促销

乡镇渠道客户对促销很关注，他们喜欢与生活有关的促销品，比如毛巾、洗衣粉、牙膏、食用油等。这样一来，我们就可以根据乡镇的消费喜好来制订相关产品的促销计划。

需要提出的是，乡镇客户对产品的忠诚度不太强，他们更注重产品的购买成本、实惠，包装的大气、喜庆，物有所值是他们的选择标准。这样对我们的七喜等产品的推广将是一个很好的机会。

5. 渠道体系部门协作

要运作好乡镇这个潜力巨大的市场，仅仅靠销售部门和当地办事处是不够的，一定要公司各部门积极配合，共同制定出适合乡镇市场的管理和运作流程。

(1) 销售部制订相关渠道中间商的奖励及考核计划。

(2) 销售部制订相关渠道价格的计划。

(3) 市场部制订相关乡镇市场的推广计划。

(4) 人力资源部制订相关人员的招聘、考核计划。

(5) 财务部制订相关乡镇渠道中间商的奖励发放流程。

综上所述，分销渠道是整个市场营销的关键环节，我们必须高度重视，系统地设计与管理，它既需要进行长期战略性建设和营造，又需要根据市场的变化进行不断的修正、完善、创新与变革。

案例来源：爱 51 代码网(www.251com.cn)

【思考与练习】

一、选择题

1. 企业寻找渠道成员的途径主要有( )。

    A. 自设销售组织　　　　　　　B. 商业途径　　　　　　C. 网上查询

    D. 顾客和中间商咨询　　　　E. 广告

2. 厂商在招商会上要阐述的主要内容有( )。

    A. 产品是否有前景，是否有竞争力

    B. 利润空间是否够，是否有钱可赚

    C. 推广支持是否周密可行，支持力度是否大，能否到位

    D. 企业是否有实力、信誉，承诺能否兑现

3. 培训渠道成员的主要内容有( )。

    A. 经销店址选择培训　　　　　　　　B. 商品知识培训

    C. 营销技术培训　　　　　　　　　　D. 管理能力培训

    E. 员工激励管理培训

4. 激励渠道成员的政策有( )。

    A. 向渠道成员提供价格让步

    B. 向渠道成员提供经济资助

    C. 向渠道成员提供一些保护性政策选项

    D. 商品

5. 渠道成员的激励方法有( )。

    A. 向渠道成员提供物美价廉、适销对路的产品　　B. 促销支持

    C. 合理分配利润　　　　　　　　　　　　　　　D. 资金支持

    E. 提供情报

二、简答题

1. 激励渠道成员有哪些办法？

2. 企业如何对渠道成员进行培训？培训内容有哪些？

【实战演练】

李先生原来是一家当地有名的服装厂的设计师，因为与老板意见不合而离职。李先生认为自己有很强的时装设计能力(过去他设计的多套服装销路都不错)，便决定自己当老板，拿出多年的积蓄开了一家服装厂，并打算在销售渠道方面大胆创新，推出服装邮购销售方式。但如何来组织商品销售，他还是个外行，构思的可行性如何，他更是心中无底。为此，他来征询你的意见。请问，李先生的服装厂是否适合采用邮购销售模式？如果可以，他应当抓好哪些环节来保证商品销售顺畅？

促 销 策 划

【单元概述】

　　促销策划可分为广告策划、营业推广策划、人员推销策划、公共关系策划等内容，考虑到广告策划是其中最典型、最常用、最复杂的方式，这一单元主要以广告策划为例，说明促销策划的工作任务和要求。

　　广告的目的是说服可能的顾客购买你所推荐的产品(或服务)。在激烈的市场竞争中，要达此目的并非易事。信息社会中，平均每人每天都会接触数以百计的资讯信息，绝大部分的信息会被遗忘，能记住并印象较深的仅占 2% 左右。如何使你的信息挤入你所期望的顾客的记忆中，使他们在需要时会优先想到你的品牌，这就是广告策划所要解决的问题。

【能力目标】

终极目标：

能够制定策划方案，形成促销策划书。

促成目标：

- 能够明确广告策划任务流程。
- 能够对广告策划的影响因素进行调查和分析。
- 能够通过主客观因素分析确定广告媒体。
- 能够根据广告媒体确定广告表现方式。
- 能够进行科学合理的广告费用预算。
- 能够评估广告效果。
- 能够呈现广告策划书。

【任务导航】

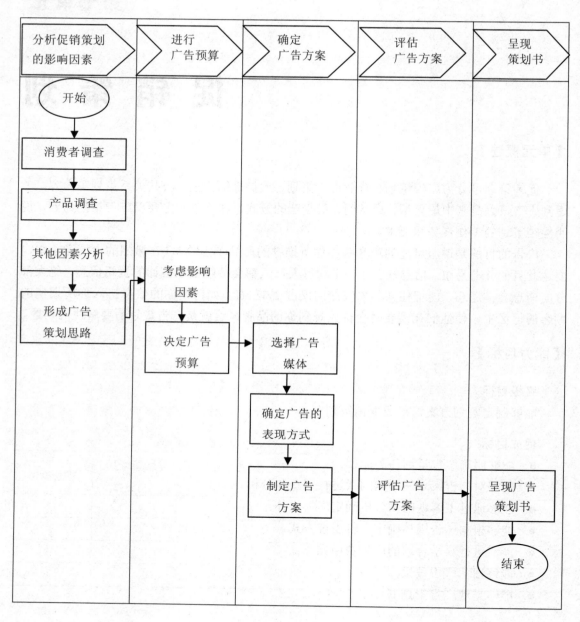

任务一　分析促销策划的影响因素

【任务描述】

明确广告策划的关键影响因素，有利于解决企业促销中的关键问题：谁在做广告？做什么广告？怎样做？广告给谁看？谁会因为广告而购买产品？

【实践操作】

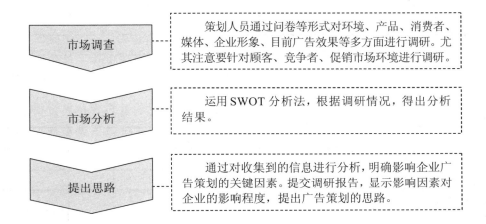

市场调查 —— 策划人员通过问卷等形式对环境、产品、消费者、媒体、企业形象、目前广告效果等多方面进行调研。尤其注意要针对顾客、竞争者、促销市场环境进行调研。

市场分析 —— 运用 SWOT 分析法，根据调研情况，得出分析结果。

提出思路 —— 通过对收集到的信息进行分析，明确影响企业广告策划的关键因素。提交调研报告，显示影响因素对企业的影响程度，提出广告策划的思路。

一、市场调查

通过表 7-1 至表 7-7 对市场状况进行调查与分析，掌握广告策划的重要因素——环境、产品、消费者、媒体、企业形象、目前广告效果等多方面的基本信息。

表 7-1　宏观环境调查分析表

调查项目	调查内容	调查结果
政治法律	政治局势	
	法律政策	
	公众利益团体	
	社会治安	
人口	人口规模	
	性别结构	
	年龄结构	
	民族结构	
	城乡结构	
	人口流动率	
	职业、受教育程度	
	家庭生命周期	

(续表)

调查项目	调查内容	调查结果
经济	通货膨胀率	
	消费结构	
	消费者收入	
	市场利率	
	人均可支配收入	
	产业结构	
文化	相关群体	
	消费/价值观念	
	风俗习惯	
	社会阶层	
科技	新材料/工艺/设备/技术	
	新型支付手段	

表 7-2　市场总容量调查估计表

商品名称或类别：　　　　　　　　　调查区域：　　　　　　　　　调查时间：

项　目	年	年	年	年	年	年	说　明
总人口							
消费群体占总人口比例							
物价指数							
居民存款调查							
消费群体购买力总和							
替代品或相关产品销售情况							
区域内市场总容量							
竞争对手销售情况							
企业历史销售情况							
经济景气趋向							
竞争关系发展趋势							
企业销售策略建议							

（时间为表头）

表 7-3　产品市场分析表

来　源	特　性	调　查　结　果
企业产品	产品名称	
	销售年数	
	获利率	
	市场占有率	

(续表)

来　源	特　　性	调　查　结　果
企业产品	价格	
	品质	
	外观	
	其他	
竞争产品	竞争产品差异性	
	品质	
	生产厂家	
	经营单位	
	价格	
	其他	

表 7-4　竞争品牌市场调查表

调查地点		地　　　址	
品　　名		本企业类似产品	
规　　格		包装样式	
零 售 价		陈列数量	
陈列位置优劣		□优　　□中等　　□劣	
促销活动情况			
销售人员			
店员平均营业额			
备　　注			

表 7-5　消费者调查分析表

来　源	特　　性	调　查　结　果
消费群体	年龄	
	文化程度	
	性别	
	职业	
	收入	
	其他	
消费需求	购买对象	
	购买方式	
	购买频率	
	购买时间	
	购买地点	
	购买主体	
	信息来源	

资料来源：《市场营销管理职位工作手册(第二版)》，作者：程淑丽

表 7-6　企业形象要素分析表

企业形象类型	企业形象的内容	调　研　结　果
市场形象	认真考虑消费者要求	
	对顾客服务很周到	
	善于宣传、广告、促销	
	销售网相当完善	
	国际竞争力强	
外观形象	富于信赖感	
	稳定性强	
	有优良传统	
	企业规模大	
技术形象	研究开发能力很强	
	技术优良	
	对新产品的开发很热心	
未来性形象	符合时代潮流	
	积极性	
	未来性	
经营者形象	经营者很优秀	
	对社会有贡献	
	善尽社会责任	
公司风气形象	具有健康清洁的形象	
	具有现代感	
	公司风气良好	
	员工和蔼可亲有礼貌	
综合形象	一流的企业	
	希望子女在此公司任职	
	想购买此公司的股票	

资料来源：《营销策划：理论与技艺》，作者：张丁卫东

表 7-7　媒体调研分析表

媒 体 类 型	媒体调研的内容	调 研 结 果
印刷类媒介	性质(日报\晚报；机关\行业报；专业报纸\趣味性报纸)	
	目标市场发行量(大\小)	
	目标市场覆盖面(大\小)	
	读者层次(年龄\性别\职业\收入)	
	阅读该刊物时间	
	是否同时读多种报刊	
	发行周期(报纸是日报还是周报，期刊是周刊还是旬刊、月刊、季刊)	

(续表)

媒 体 类 型	媒体调研的内容	调 研 结 果
电子类媒介	传播范围(大\小)	
	节目的编排与组成	
	哪些节目比较有特色	
	节目的总体质量	
	阅读该刊物的时间	
	是否同时读多种报刊	
	发行周期(报纸是日报还是周报,期刊是周刊还是旬刊、月刊、季刊)	
其他媒介	功能特点	
	影响范围	
	广告费用	

二、市场分析

用促销调查综合分析表对前面掌握的原始信息进行归纳整理,反映广告策划环境的整体特征,如表 7-8 所示。

表 7-8　促销调查综合分析表

因　素	分　项	结　　论	重 要 程 度
宏观环境	政治法律		
	人口		
	经济		
	科技		
	文化		
消费需求	消费群体		
	消费需求		
产品状况	自身产品		
	竞争产品		
企业形象	市场形象		
	外观形象		
	技术形象		
	未来性形象		
	经营者形象		
	公司风气形象		
	综合形象		
媒体状况	印刷媒体		
	电子媒体		
	其他媒体		

三、形成广告思路

用广告促销决策作业表形成广告策划决策的思路和框架,如表 7-9 所示。

表 7-9　广告促销决策作业表

项　目	内　容	项　目	内　容
市场定位战略		竞争品特征	
产品特征		促销主题	
促销目标		选择媒体	
选择传递信息		促销费用预算	
目标人群的特征			

【知识链接】

在广告策划之前,先要对企业现有的广告环境进行调查和分析,明确广告策划的时效性和针对性。广告调查的内容有环境调查、消费者调查、产品调查、媒介调查、企业形象调查、目前广告效果调查等几个方面。

一、环境调查

广告的环境是指广告活动所处的总体环境,主要指自然环境、国际环境、政治环境、产业环境、商品环境、文化环境等。一般来说,在广告策划之前要进行环境调查。一要调查了解相关法规,分析这些法规对广告策划是有利还是不利。二要调查产品目标市场的经济情况,如就业、国民收入、工农业发展、工资收入等情况。一般就业率高、收入高的地区,消费者的购买力就强。三要调查地理气候情况。不同地理条件、气候条件下的消费者对商品的需求是不同的。四要调查有关的社会因素,如民族、宗教、传统等。通过以上的调查,可以准确地判断各种环境对广告策划活动所产生的影响,从而对广告策划因"境"制宜。

二、消费者调查

消费者调查是对消费者的群体性质、消费需求、消费动机和消费习惯进行的调查。要想知道消费者需要什么,就要对消费者进行调查。如调查特定产品主要是哪一类消费者购买,这类消费者的基本情况如何(如年龄、文化程度、性别、职业等),他们为什么购买,何时购买,等等。

三、产品调查

产品调查包括对广告产品的调查和市场同类产品的调查。首先要对广告产品的质量、功能、设计、式样、颜色、包装、价格、品牌、销售指数和市场占有率进行调查。其次要了解同类产品在目标市场中销售的具体数目、品牌规格、来源、生产厂家、经营单位、价格等，以及这些产品在市场上的占有率和销售指数是多少，其竞争力如何，等等。

产品调查是建立在消费者调查基础上的，除了调查广告产品、同类产品的情况外，还要向消费者调查与产品有关的情况，了解消费者对产品的认识度、理解度、好感度。

四、媒介调查

广告媒介调查是指对各种广告传播媒介的特征、效能、经营情况、覆盖面、收费标准所进行的调查。广告媒介调查的内容包括以下几点。

1. 印刷类媒介的调查

调查重点放在报纸、杂志等媒介上。一要调查其性质。如是日报还是晚报，是机关报还是行业报，是专业报纸还是知识性、趣味性报纸，是邮寄送达还是零售或直接送达。二要调查其发行量。发行量越大，覆盖面越广，每千人广告费用就越低。同时要调查在预定目标市场内的发行数量，了解在该区域内对广告的接触效果。三要调查读者层次。如年龄、性别、职业、收入等，是否读多种报刊，花多少时间等。四要调查其发行周期，即报刊发行日期的间隔数。如是日报还是周报，是周刊还是旬刊、月刊、季刊等。

2. 电子类媒介调查

调查重点放在广播、电视等媒介上。一要调查其传播范围。二要调查其节目的编排与组成。如哪些节目比较有特色，节目的质量如何。三要调查其收听、收视率，要精确到各个节目的收听、收视率。例如，某产品要做电视广告，首先要弄清楚哪一个电视台影响最大、知名度最高；再调查拟做广告的电视台的覆盖范围、收视的户数或人数；最后调查收看该台电视节目的人们喜欢什么样的节目，多在哪一时间段收看电视，对电视及其广告的态度如何。

3. 其他媒介调查

除了大众传播媒介之外，户外、交通、特制品等均归入这一类。主要调查他们的功能特点、影响范围、广告费用等。如调查交通广告、霓虹灯广告、路牌广告，一般是通过调查交通人数、乘客人数、进出商店人数等来测算这些广告的接触率。接触率越高则广告传播范围越大。

五、企业形象调查

企业形象调查是指对品牌形象、技术形象、市场行销、未来形象、企业风气、视觉识别、经营者形象等进行的调查。进行企业形象调查时，首先要辨认出与企业有关的公众，从中分析选择，确定调查对象，然后再实施调查。将所得的调查数据加以分析，得到结论，再与企业自身设定的形象相对比，找出差距，确定新的目标。在调查时要从企业的广告接触度、企业认知度、企业评价度等方面入手，来了解企业的知名度和美誉度。

六、广告效果调查

广告效果调查分事前调查、事中调查和事后调查。广告的事前调查是指在事前对广告目标对象做一次小范围的调查,了解消费者对该广告的反应,据此改进广告设计。广告的事中调查是指广告作品正式发布之后到整个广告活动结束之前的广告效果调查。广告的事后调查是指对广告的效果做全面的评估。

电话访谈的十个小技巧

随着电子商务的发展,电话已不仅仅是通信的工具,更成为市场营销、商务拓展的重要工具。以下十条电话访谈技巧将告诉你如何在访谈中有效地引导客户,获得你想要的信息,实现销售。

(1) 首先,你必须明确此次电话访谈的目的,要知道你想通过此次电话访谈得到什么。

(2) 在拨打电话之前,应该对达到预期目标的过程进行设计,可以准备一张问题列表,并对可能得到的答案有所准备。

(3) 可以给一个公司或组织的多个部门打电话,这不仅可以帮你找到正确的访谈对象,还可以帮助你了解该公司的组织运行模式(例如项目的决策过程、采购流程等)。如果你需要给许多类似企业打相同的电话,这些信息就会大有帮助。人力资源部、总裁办、采购部、投资部等都是可以进行首次接触的部门。

(4) 选择一家公司的较高行政部门(例如总裁办)开始进行电话访谈是一个较好的选择。因为公司总裁或总裁秘书通常会清楚地知道公司中哪个部门或谁负责这些工作。考虑到他们的工作很忙,开门见山地提出问题是一个好的选择,例如"请问贵公司由谁负责××工作?"

(5) 客户往往在最初的几秒钟就会做出决定,因此一个精心准备的开场白十分重要,一个典型的开场白可能是这样的:"我是____公司的____,我们公司为客户提供____(产品或服务),我们能够帮你____。"

(6) 在进行完个人和公司的简短介绍后,应首先征询受访者的许可,然后再进入电话访谈的正式内容。

(7) 如果受访者此时很忙,尽可能与受访者约定下次访谈的时间。约定时应采用选择性的问题,如使用"您看我们的下次访谈定在明天上午还是下午呢?""是下午二点还是下午三点?"。

(8) 电话访谈进行中要注意倾听电话中的背景音,例如有电话铃声、门铃声、有人说话声等,此时应询问受访者是否需要离开处理,这表明你对受访者的尊重。

(9) 提高你提问和听话的能力。通过提问去引导你们的电话访谈,在听取受访人回答时正确理解他们的意图,包括话外音。

(10) 最后一点,也是最重要的,一定要有信心和恒心坚持下去,你一定能够找到那个向你提供信息或者购买产品的人。

案例来源:电话营销培训网(www.wzyxpxw.com)

【思考与练习】

一、选择题

1. 某企业产品在促销期间市场份额上升了 5%，促销活动结束后则下降了 3%，过一段时间又回到了原来的水平，这说明(　　)。
   A. 此次促销活动吸引并获得了大批新顾客
   B. 促销期间吸引了现有顾客大量购买
   C. 促销期间的购买者主要是新顾客
   D. 该产品属于衰退形势
2. 儿童产品选择(　　)媒体效果最好。
   A. 报纸　　　　　　B. 电视　　　　　　C. 广播　　　　　　D. 杂志

二、填空题

1. 促销策划可分为四种策划，它们是_____、_____、_____、_____。
2. 广告的目的是_____。
3. 广告调查的内容有_____、_____、_____、_____、_____等几个方面。
4. 消费者调查是对消费者的_____、_____、_____和_____进行的调查。
5. 广告媒介调查的内容包括_____、_____、_____。
6. 企业形象调查是指对_____、_____、_____、_____、_____、等进行的调查。

【实战演练】

在当地选择一家较知名的工商企业，组织学生到该企业参观调查。注意了解以下情况。
(1) 企业情况：企业历史及经营项目、企业的优势、主要竞争对手。
(2) 市场情况：企业产品的市场容量与市场占有率，市场的未来趋势，企业产品的销售渠道，主要竞争对手的销售渠道，各主要竞争对手的产品在市场上的占有率、价格、质量、知名度等基本情况。
(3) 消费者情况：现实消费者，潜在消费者，消费者的购买时间、地点、动机。
(4) 产品的情况：产品的市场生命周期、产品的品质与功能、产品的价格、产品的销售规律。
(5) 企业现阶段的广告情况：现阶段的广告目标、主要选择哪些媒体的哪些时段(版面)做广告、现阶段的广告在策略上有何特点。
在调查了解上述情况后，请你结合企业、产品、市场、竞争者、消费者的具体情况，分析该企业的广告目标是否合理，媒体的选择是否恰当，广告策略是否适宜。

任务二　进行广告预算

【任务描述】

广告预算是在企业确定广告目标的基础上确定的，广告预算决定了广告媒体的采用，某种程度上也影响了广告的最终效果。这个单元，主要学习和实践编制广告预算的流程、广告预算包含的基本内容以及如何在不同媒体、不同时间、不同市场之间分配广告预算。

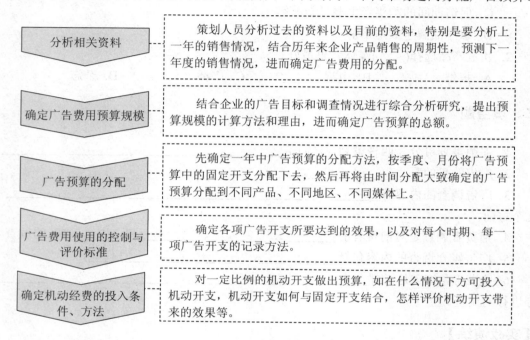

【实践操作】

一、分析相关资料

用广告预算影响因素分析表对影响广告预算的相关因素进行分析，如表 7-10 所示。

表 7-10　广告预算影响因素分析表

因　　素	上　年　度	本　年　度
企业规模		
企业财务状况		
企业营销目标		
宏观环境		
媒介覆盖范围		

(续表)

因　素	上　年　度	本　年　度
主导媒介		
竞争对手数量		
竞争对手实力		
市场范围		
供求状况		
销售额和利润率		
销售范围		
用户规模		
季节与时令性		

资料来源：《市场营销管理职位工作手册(第二版)》，作者：程淑丽

二、确定广告费用的预算规模

用广告促销费用预算表进行广告总预算的说明，如表 7-11 所示。

表 7-11　广告促销费用预算表

费 用 项 目	费 用 明 细	费用额度(元)
市场调研费	文献调查	
	实地调查	
	研究分析	
广告设计费	报纸	
	杂志	
	电视	
	电台广播	
	其他	
广告制作费	印刷费	
	摄制费	
	工程费	
	其他	
广告媒介租金	报纸	
	电视	
	电台	
	杂志	
	其他	
行政经费	广告人员工资	
	出差	
	办公	
	管理	
机动费用		
其他杂费开支		
总　　计		

三、广告预算的分配

用广告预算分配表进行广告预算的分配，如表 7-12 所示。

表 7-12　广告预算分配表

编号：　　　　　　　　　　　　　　　　　　　填写日期：　　年　　月　　日

委托单位			负责人	
预算单位			负责人	
广告预算项目			预算期限	
广告预算总额			预算员	
费用项目	费用明细	开支内容	费用额度(元)	执行时间
市场 调研费	文献调查			
	实地调查			
	研究分析			
广告 设计费	报纸			
	杂志			
	电视			
	电台广播			
	其他			
广告 制作费	印刷费			
	摄制费			
	工程费			
	其他			
广告 媒介 租金	报纸			
	电视			
	电台			
	杂志			
	其他			
行政 经费	广告人员工资			
	出差			
	办公			
	管理			
机动费用				
其他费用开支				
总　　计				

资料来源：《市场营销管理职位工作手册(第二版)》，作者：程淑丽

四、广告费用使用的控制与评价标准

用广告费用月度报告单对广告费用的使用进行控制与评价，如表 7-13 所示。

表7-13　广告费用月度报告单

品　牌			负责部门		
产　品			月　份		
呈　送			报告人		
费用分布	大众媒体类	设计制作类	公关促销类	计划总费用	实际总费用

【知识链接】

一、制定广告预算的根据

广告预算影响因素如表7-14所示。

表7-14　广告预算影响因素一览表

因　素	广告预算大	广告预算小
企业能力	规模大、实力强，营销目标远大	规模小、实力较弱，营销目标较小
宏观环境因素	经济环境有利	经济环境不利
媒体因素	全国性媒介	地方性媒介
	电视媒体作为主导媒介	报刊媒体作为主导媒介
竞争因素	竞争激烈	市场竞争缓和
	竞争对手多且强	竞争对手少且弱
销售因素	市场范围大	市场范围小
	供过于求	供不应求
	销售额高、利润率高	销售额低、利润率低
	外地销售、国外销售	本地销售、国内销售
	团体用户	个人用户
	旺季、节日、流行	淡季、平时、过季

数字媒体崛起，颠覆并重组传统广告产业链

数字媒体的崛起，以受众的参与性、互动性、效果可量化等优势，已被绝大多数企业和品牌认识到其独特的媒体形态、传播价值及影响力；近年来数字媒体在广告媒体市场的份额逐年递增，并呈现快速增长的势头；有关机构的研究报告显示：2011年广告主在数字媒体的市场预算相对2010年平均增长18.2%。在众多的数字媒体形式中，社交类媒体最受青睐，其次是搜索广告、视频广告。

未来的数字媒体广告市场将呈现怎样的竞争格局？当下专业的媒介策划和购买公司、数字广告代理公司和网络媒体，都以各自的优势吸引着一批服务对象，活跃在数字媒体市

场,推进着我国数字营销的发展。数字时代的新型广告产业链已初具端倪,现有的广告市场战略格局已被颠覆和重组。值得注意的是:所有这些变化均追随着网络信息技术的创新和发展而不断演进,为此数字媒体将在相当长的时期内成为主导未来数字广告市场的核心力量。

数字技术对信息传播提供的核心价值是:为信息的传授双方搭建了信息使用者可直接"检索""分享""对话""聚合"的信息交互平台,而且所有的网络信息使用行为均沉淀为数据库。基于这样的技术前提,商业信息的传播策略也随之发生质的变化(包含纯粹的广告信息),诸如:用预设话题聚合目标人群、引导目标人群参与对话、在目标人群的对话中强化品牌或企业的核心概念、在对话中引导目标人群认识产品并产生购买的冲动和愿望等,所有这些新的沟通方式都是营销策划的重要前提。所以,基于数字技术平台的广告传播策略,除了以往被称之为"富媒体"的数字信息传播平台之外,更为有效的是基于社交媒体平台的、具有 Web 2.0 传播特征的一系列技术手段所引导的传播活动,乃至线上线下的信息传播的交互作用。

案例来源:《广告大观》,2012 年第 3 期

二、广告预算的决定方法

各个企业对广告费用的决定方法不一样,但广告的目的和范围、企业的规模是基本的考虑因素。此外,还要考虑顾客的购买力、年龄、性别、反应情况,竞争者的广告状况、可能负担的广告费,达到广告目标的最少广告费,增多广告费是否可以增加利润,等等。

对这些因素的不同考虑也就构成了对广告预算方法的不同选择,广告学家哈斯伯特(Harsbert Hase)举出了常用的四种方法。

1. 百分率法

百分率法是指以一定期间内按销售额或盈利额的一定比率,计算出广告经费。

以销售额为标准时,可根据上年度或过去数年间的平均销售总额,再考虑次年度的预测销售总额进行计算。以盈利额为标准时,根据上年度或过去数年度的平均盈利额,再考虑次年度的预测盈利额计算。

2. 销售单位法

销售单位法是指以商品的一件,或同类商品的一箱等某一特定数量为单位,以这一单位广告费乘以销售数量而计算。

例如,罐头每箱的广告费定为 10 元,若一年共售一万箱,则一年的广告费为 10 元/箱×1 万箱=10 万元。

3. 邮购法

邮购法是指根据特定的广告吸引来的询价和订货人数来计算广告效果,找出广告费和广告效果的合理关系,以归纳的方式来决定广告经费。

例如,单位广告费=(目录印刷费＋销售信函印刷费＋邮费)÷产品销售件数,有了单

位广告费数字，即可算出某一定销售额需要的广告费。

4. 目标完成法

目标完成法是指先树立一定的销售目标，决定达到这一目标所需要的广告活动和范围，然后计算广告经费。

广告预算编制一定要考虑公司的财力，同时要充分控制，详细列表，总预算、各类预算要确实而详尽。

三、广告预算的分配

广告预算的分配主要有以下几种方法。

1. 按广告预算项目分配

按照广告预算项目类别的不同进行分配，主要有广告媒介发布费用、广告设计制作费、管理费、调研费等。

● 广告调研费

广告调研费主要包括市场调查、消费者调查、产品调查、调查策划、广告效果检测以及购买统计部门和调研机构的资料所支付的费用。

● 广告设计制作费

不同媒体广告设计制作费的标准也有所不同，电视广告的制作费远远高于广播广告和印刷广告，而同一媒体的广告制作费也往往差异较大。

● 媒介发布费用

这是指购买媒体的时间、版面、位置等度量单位的费用。即购买报纸、杂志版面及购买广播电视的时间的费用，购买户外广告、交通广告、电影、幻灯广告、直接广告等广告媒体时间、位置、面积等的费用。

● 广告管理费

广告管理费包括广告人员的工资、办公、出差、管理等经费。

一般来说，上述广告费用四个方面内容的支出比例大体是：广告制作费用约占广告预算的10%；购买传播媒体的版面、位置和时间的费用约占80%；调查研究与购买调研资料的费用约占5%；行政与管理费用约占5%。当然，每个企业的管理情况是不同的，因而其广告费用的内容和支出比例也会有一些差别。

2. 按广告媒体分配

按广告媒体分配即根据传播同一广告内容所需的不同媒体进行经费分配。广告媒体费用一般占预算费用总额的80%左右，媒体间的分配包括广告计划所规定的运用各种不同类型媒体之间的广告费分配，例如报纸广告占多少份额、电视广告占多少份额、网络媒体占多少份额、其他媒体占多少份额等。一般来说，电子媒介尤其是电视，集声、光、电为一体，声色并茂、传播广、覆盖率高，分配经费较多。报刊广告图文并茂、传播面广、传播速度快，分配广告经费次之。而一般的直邮广告、招贴广告、POP广告等分配的广告经费相对来说就少一些。

按广告媒体进行预算分配有两种方法：一种是用于不同媒体之间的广告预算分配，即根据不同的媒体需求分配广告经费，这种分配方法主要用于综合媒体的广告宣传；另一种是用于同一类型媒体内的广告预算分配，即根据同一媒体在不同时期的需求来分配广告经费，这种分配方法主要用于单一媒体的广告宣传。总之，按广告媒体分配广告经费，要根据产品、市场、媒体的使用价格等因素综合考虑，一般来说，在广告预算中首先应该保证的是广告媒体的经费。

3. 按广告区域分配

这里的广告区域指的是广告信息传播的地区，实质上就是产品销售地区。在广告策划中一般会将不同的广告地区进行切块，然后根据各个区域分配广告经费。按广告地区进行分配，要根据各个地区对商品的现时需求和潜在需求、市场细分和目标市场的分布，以及市场竞争状况等因素合理分配广告费用。一般来说，产品销售容易的地区要比销售困难的地区少分配，人口密度低的地区要比密度高的地区少分配，地方性市场的广告经费要少于全国性市场的经费。总之，广告经费的分配要向产品现实的和潜在销售量大的区域倾斜，其最低界限应不少于维持产品在该地区竞争地位所需的基本费用。

例如，M企业在全国销售某品牌产品，根据产品销售情况可以将全国市场划分为A、B、C三个区域市场。企业计划投入的电视广告费用为3500万元，该企业电视广告费用的区域市场分配情况如表7-15所示。

表7-15 M企业电视广告费用的区域分配

市场分布	占销售总额的比例(%)	听众暴露度(千次)	每千人成本(元)	广告费用	费用比例(%)
A	50	32.000	500	1600	45.7
B	30	28.000	500	1400	40
C	20	10.000	500	500	14.3
总计	100	70.000	500	3500	100

4. 按广告时间分配

这里的广告时间是指广告活动进行的时间。用这种方法进行广告预算分配主要有两种情况：一种情况是按广告活动期限的长短分配，有长期性广告预算分配和短期性广告预算分配；还可分为年预算分配、季度广告预算分配、月度广告预算分配。另一种情况是按广告信息传播时机进行广告预算的分配，对于一些季节性、节日性、流行性商品，要合理地把握广告时机，采用突击性广告预算分配和阶段性广告预算分配抢占市场。在我国，每年12月至次年2月是零售业的销售旺季，这时的店面广告可以营造一种节日的气氛，调动媒体受众产生购买欲望，其广告效果非常好，一份广告投入可能取得数倍的广告收益。这一段时间内广告策划者应该扩大店面广告的规模，提高店面广告的艺术品位，要多投入。6～8 月是销售淡季，再多的广告投入也难以改变商品销售不旺的规律，这一段时间内，广告策划者应理智地缩小广告规模。

5. 按广告商品类别分配

该分配即按同一企业的不同产品类别进行广告预算分配。通常将同一企业的不同产品分为几大类，凡可以一起做广告的产品归为一类，然后确定每类产品在一定时期的广告经费。按产品的类别分配经费应根据产品的生命周期、产品的竞争状况、产品的市场占有率、产品在企业产品体系中的地位、产品的利润水平、产品的销售潜力等因素综合考虑。如果广告计划中列有公共关系广告、企业广告、观念广告时，也要分摊一定的广告费。

广告预算包括的内容

广告预算是企业为开展广告活动所付出的所有费用，那么，这所有经费具体包括哪些内容呢？美国"印刷者油墨(墨汁)"杂志曾运用白、灰、黑三色方法列表界定了广告经费的内容，即将所有费用分为三种类型，并且分别列入白、灰、黑三种颜色的表中。白色表为必须列入广告费用的预算；灰色表为促销费用，可列入广告预算，也可不列入；黑色表则表示不可列入广告预算的项目，如下表所示。

广告费用支出构成表

白	媒体购买	支付报纸、杂志、电视、广播等广告媒体的费用；购买或租用户外广告媒体的费用；执行直邮广告、售点广告等的所有费用，等等
	广告管理	广告部门人员的工资、办公用品费用；广告代理商和其他广告服务机构的手续费、佣金；广告部门的差旅费，等等
	广告制作	美术设计、制版、印刷、摄影费用；广播电视广告录制、拍摄费用；与广告相关的产品包装、设计费用，等等
	杂　费	广告材料运送费，以及其他各种广告费用
灰		样品费、推销表演费、商品展览费、促销活动费，广告部门的房租、水电、宣传车辆费，为推销员提供便利所需的费用，市场调研费
黑		免费赠品、邀请旅游费、社会慈善费、商品说明书费、顾客招待费、行业管理费、广告公司人员工资、福利和娱乐等费用

这种方法实施性强，划分十分明确，但在应用时却又显得过分繁杂，特别是对于中小企业来说更是如此，因为中小企业往往只需根据自己常用的广告费用支出项目情况大致划分即可。此外，可以支出的广告费用项目的多少，是根据企业广告活动的范围来决定的，而广告费项目究竟哪些应列入或哪些不应列入广告费开支，则应根据企业的习惯和规定来定。

案例来源：品牌本真研究中心(www.ssaaaa.net)《广告预算的制定方法》一文

【思考与练习】

填空题

1. 影响广告预算的因素有＿＿＿＿、＿＿＿＿、＿＿＿＿、＿＿＿＿、＿＿＿＿、＿＿＿＿。
2. 广告预算的决定方法有＿＿＿＿、＿＿＿＿、＿＿＿＿、＿＿＿＿。
3. 广告预算分配的方法主要有＿＿＿＿、＿＿＿＿、＿＿＿＿、＿＿＿＿、＿＿＿＿。

任务三　确定广告方案

【任务描述】

本单元的任务主要是选择广告媒体和确定广告表现方式，最终确定广告策划方案。在广告媒体的选择上，要注意考虑广告主、广告受众和广告媒体的特性。在确定广告表现方式时，要确定广告主题和广告的表现手段。根据以上各项分析所获得的综合资料，最终制定广告策划书。

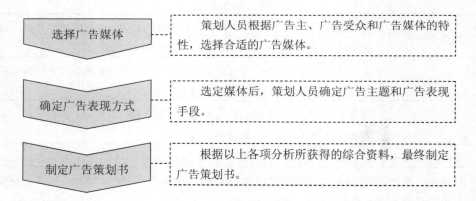

【实践操作】

一、确定广告媒体

1. 主要广告媒体的特点

主要广告媒体的特点比较如表 7-16 所示。

表 7-16　主要广告媒体的特点比较

媒 体 名 称	优 点	缺 点
报纸	(1) 普及度高，广告接触度高。 (2) 广告时效性好，到达率较高。 (3) 版面大，篇幅多。 (4) 广告设计制作较简单、经济。 (5) 发行区域、发行对象较明确，选择性强。 (6) 阅读方便，具有保存价值	(1) 平面广告感染力弱。 (2) 容易造成广告浪费。 (3) 版面多，广告注目率低。 (4) 泛对象传播，广告对象不易把握
杂志	(1) 编辑精细，印刷精美，最能表现商品质感。 (2) 针对性强，具有明确稳定的读者群体。 (3) 保存期久，广告延续效果好。 (4) 发行面广。 (5) 可利用的篇幅多，广告设计技巧丰富	(1) 周期较长，灵活性较差。 (2) 专业性强，传播面窄。 (3) 制作比较复杂。 (4) 成本费用高
广播	(1) 信息传播迅速，时效性强。 (2) 受众广泛，覆盖面大。 (3) 信息传播方便灵活。 (4) 制作简便，费用低廉	(1) 形象性差。 (2) 信息转瞬即逝，不易存查。 (3) 盲目性大，选择性差
电视	(1) 声画兼具，最具吸引力和感染力。 (2) 普及率高，影响广泛。 (3) 传播迅速，时空性强。 (4) 直观真实，理解度高	(1) 信息稍纵即逝，易造成广告费用流失。 (2) 受片长限制，难以详述商品特性。 (3) 费用昂贵，广告制作成本较高。 (4) 受众选择自由度低
网络	(1) 传播范围广。 (2) 不受时间、空间限制，信息容量大。 (3) 声画兼具，动态效果，注目率高。 (4) 目标对象明确。 (5) 费用较经济，投入效率高	(1) 设备条件限制。 (2) 网站众多且雷同，广告易被忽视。 (3) 网页可供选择的广告位置有限。 (4) 广告安排过多易造成干扰

2. 广告媒体的评价指标

对广告媒体进行评价，是选择适当广告媒体的基础性工作。企业、广告公司和广告媒体单位都要在一定程度上对广告媒体进行评价。广告媒体的评价指标有如下几个。

(1) 覆盖域

覆盖域是考察广告媒体的一个重要指标。广告主企业或广告经营单位在选择广告媒体时，首先就要考虑某一媒体的覆盖域是否能够影响营销计划所针对的目标市场，是否与广告的目标受众相吻合。

(2) 广告印象次数与收视(听)率

广告印象是指广告信息接触受众成员的一次机会。一旦知道受众规模便可以计算出某一媒体广告排期中广告总印象次数。

$$广告总印象次数＝受众规模×广告信息次数$$

如果排期很大，总印象次数可能会达到几百万次，处理起来非常不方便。于是，人们习惯用另一种计量办法——收视(听)率。

收视(听)率是指接受某一特定电视节目或广播节目的人数(或家庭数)的百分比。这一指标主要是针对电子类媒体的评估。通常是以 100 个家庭(人)为基数，然后测定收视(听)节目的家庭(人)所占的比率。电视台和电台以此作为制定广告价格的依据之一，广告主和广告公司往往以此来决定是否购买这一时段的广告。

(3) 毛感点

将几种媒体的收视(听)率相加，便可以判断出某一排期的信息力度。但最常见的还是计算"毛感点"(Gross Rating Points，GRPs)。毛感点也称"毛评点""总视听率"等，是各次广告传播接触人数比例的总和，是一则广告在媒体推出数次后所能达到的总体效果。

$$毛感点＝广告发布的次数×收视(听)率$$

毛感点是可以重复计数的，经过累加后可能得到超过 100% 的数字。一般来说，毛感点要经过具体调查统计才能得出，它既可以综合反映每则广告的总效果，又可以反映同一广告中不同媒体的推出效果及媒体的使用价值。所以，毛感点能够比较清楚地表明一则广告运用媒体所取得的总体传播效果。

(4) 到达率和有效到达率

到达率是表示在一定时期内，不同的人或家庭接触某一媒体刊播的广告的比例，可用百分数表示。到达率这一指标有 3 个特点：第一，接触某一广告的人数不可重复计算，一个人可以多次接收到广告，但也只能算一个人。第二，到达率是对传播范围内的总人数而言的，并非只对有可能接触到广告媒体的人数而言。第三，到达率所表现时间的长短依媒体的不同而不同。

有效到达率是用来描述媒体暴露质量的，衡量接受足够暴露并确实接收到信息的人数百分比。到达率不可能达到 100%。

① 暴露频次

暴露频次，也称频次或频率，是指在一定时期内，每个人(或家庭)接收到同一广告信息的平均次数，表明媒体排期的密度，以媒体或者节目重复暴露为基础。频次的计算以个人(或家庭)接触媒体的平均数计算。

$$平均频次＝总接触次数÷受众到达率$$

广告要达到理想暴露频次是很困难的，一是因为各影响因子对频次的影响不等值；二是因为营销、创意、媒体三大因素的影响。

② 每千人成本

每千人成本指广告信息到达一千个人(家庭)平均所付出的费用成本。公式为:

$$每千人成本＝广告费÷广告到达人数×1000$$

这是从媒体费用和到达效果的相互关系考察媒体成本效果的指标,是对媒体效益进行评价和媒体选择的重要参数。

用广告媒体决策表对影响广告媒体选择的各因素进行分析(见表7-17)。

表 7-17　广告媒体决策表

考 虑 因 素	具 体 项 目		选 择 媒 体
市场因素	消费者	教育程度	
		性别	
		收入	
		职业	
		地域	
		年龄	
	商品特性	商品类别	
		商品价值	
	商品的销售范围		
媒体因素	覆盖域		
	收视(听)率		
	毛感点		
	到达率		
	暴露频次		
	每千人成本		
	与产品消费者类型是否符合		
	媒体特性是否与广告效果相关		
广告主因素	销售策略		
	与其他促销方式配合		
	促销目标		
	经济能力		
	广告预算		
竞争对手	竞争者使用广告媒体		

二、确定广告表现形式

1. 确定广告主题

广告主题定位是在产品、劳务、企业定位的基础上进行的,广告主题选定的信息个性是从产品、劳务、企业已定位的诸元素中,结合广告决策与消费需求,进一步提炼选定的。广告主题定位,既可以定位在商品本身的物质利益,也可以定位在消费者心理的满足,有以下类型。

- 功效定位：广告主题突出商品的先进效能，劳务效率。
- 品质定位：广告主题强调商品的原料上乘，耐用，服务有保证，等等。
- 价格定位：广告主题强调价廉物美。
- 包装定位：广告主题强调包装的造型独特，使用方便，多种功能，等等。
- 销量定位：广告主题强调商品销量超群，劳务或企业的营业额超出同行业。
- 服务定位：广告主题强调优良的服务措施。
- 对象定位：广告主题强调商品最适合某种消费者使用。
- 造型定位：广告主题强调商品的外观造型的特色。
- 否定定位：广告主题强调商品的相反性能、品质等。如无内胎的自行车轮胎的好处。
- 逆反定位：广告主题定在与常理相反的位置上，以激励逆反心理来引发购买欲求。比如广告强调商品的缺点，反而促进消费者的信任感。
- 行为定位：广告主题建议改变消费行为或建立新的消费行为，从而促成购买。如香皂广告："不要把细菌带回家。"
- 形象定位：广告主题强调商品、劳务的消费，能满足消费者某种自我形象的心理需要。如蓝鸟衬衣广告："想有迷人的风采，还是选择蓝鸟。"

因此，同一商品广告，其广告主题有多种定位方法，可以依据广告决策与消费需求来选定某种定位方法，突出某种信息个性。

鞋油的广告主题定位

品质定位。广告语："鞋油是用精良原料制成的。"
功效定位。广告语："鞋油可以保护皮鞋，使皮鞋耐穿。"
形象定位。广告语："皮鞋锃亮，使人仪容整洁。"

既有功效定位、品质定位等物质利益定位，也有实体定位，又有形象定位和心理定位的广告语："××鞋油，为足下增光。"

2. 广告表现手段

我们看到的广告都是通过什么手段表现出来的呢？看上去觉得表现手段非常复杂，实际上，广告信息的传递就是运用两种手段来进行的。一种是语言，一种是非语言，其中非语言的主体是画面。因此借用一句"康莱蛋酥卷"的广告词"将营养与美味卷起来"，把它换成将"语言"和"画面""卷"起来，就基本完成了一幅广告作品。

(1) 语言手段

语言在广告中的作用是其他任何手段不能代替的，因为语言可以准确、精练、完整、扼要地传达广告信息。

运用语言进行广告表现时，应该尽可能地寻找新颖的，引起人注意、联想和记忆的句式，运用新创造的或外来的词汇，以新夺人、以奇夺人。如丰田汽车在中国的广告词"车到山前必有路，有路必有丰田车"就是创新地使用了原有语言，富有诗意，又容易记忆，产生了意想不到的效果。但切记不能"为新奇而新奇"，还要与企业、产品、消费者的特点相吻合。

广告表现中语言表达的部分非常多：平面广告中有广告标语、广告标题、广告正文、广告附文等；广播广告中有有声语言；电视广告中既有有声语言(即旁白)，又有无声语言，即画面中的文字说明。

(2) 非语言手段

非语言就是语言以外的、可以传递信息的一切手段，非语言中包含的要素很多，常用的有以下几种：

- 画面：不论是电视、网络等广告还是平面广告，画面越来越成为整个广告的主体部分，它可以将产品及其他信息真实形象地传播给消费者，因此广告表现越来越重视画面的作用。我们深印脑海的"南方黑芝麻糊"的温馨画面，康师傅广告中令人垂涎欲滴的面条与牛肉末等都是形象、直观的画面。
- 色彩：色彩是重要的广告表现手段之一，色彩的恰当运用可以吸引消费者的注意力。
- 音响：包括现场音响和音乐，特别是音乐，已成为广告表现的三巨头(画面、文字、音乐)之一。

根据以上各项分析所获得的综合资料，最终确定广告策划方案。

野马车轰动上市的媒介组合

20 世纪 60 年代美国福特汽车公司生产了一种名为"野马"的汽车。这种汽车一推出，一年内就销售出 41 万部，创纯利润 11 亿美元。当时，购买"野马"车的人打破了美国的历史纪录。在不到一年的时间里，"野马"车风行整个美国，各地还纷纷成立了"野马"车会。连商店中出售的墨镜、钥匙卡、帽子、玩具等，都贴上了"野马"的商标。

为什么"野马"汽车如此受人欢迎呢？这得从福特汽车公司总经理艾柯卡谈起。1962年，艾柯卡担任福特汽车公司分部总经理之后就想策划、生产一种受顾客喜爱的新型车。他从大量的调查材料中发现未来 10 年是年轻人的世界。其理由是：第二次世界大战后，生育率激增，几千万婴儿已长大成人，在 60 年代期间，20~24 岁的青年人将增加 50%以上，18~35 岁之间的年轻人将增加一半。根据这一材料，他预见今后 10 年中，整个汽车业的销售量将会大幅度增加，而对象就是年轻人。另外，他还发现年龄较大的买主，已从满足经济实惠的车，转向追求样式新颖的豪华车。

于是，艾柯卡便把未来的新型车定位为：款式新、性能好、能载 4 人、车子不能太重(最重是 2500 磅)、价钱便宜(卖价不能超过 2500 美元)。他的这一产品定位原则后来补充了一些新内容，如车型要独树一帜，车身要容易辨认，要容易操纵，便于妇女和新学驾驶汽车的人购买，要有行李箱便于外出旅行，既要像跑车还要胜过跑车，以吸引年轻人。要达到"一石数鸟"，同时吸引几个市场的目的。

在产品名称方面，从沃尔特·汤姆森广告公司提出的上千个新型车名字中，挑选出 6个车名：西部野马、美洲狮、猎豹、小马、野马、美洲豹。广告策划人员认为：美国人对第二次世界大战中的野马式战斗机非常熟悉，"野马"两字如雷贯耳，用"野马"作为新型车的名字简直妙不可言，它有"广阔天地任君闯"的味道，最适合美国人的"胃口"。

经过反复审议和评估，最后，艾柯卡拍板将新型车定名为"野马"。

万事俱备，只欠东风。当企业的目标确定之后，广告宣传活动就成为开路先锋了。艾柯卡是一个非常重视广告策划、宣传的企业家，为了推出这种新产品，他委托汤姆森广告公司为"野马"的广告宣传工作进行了一系列的广告策划。其实施步骤大致如下。

(1) 在汽车正式投放市场的前4天，公司邀请各大报纸编辑到迪尔伯恩，并借给每人1辆新型"野马"车，组织他们参加"野马"大赛，同时还邀请了100名记者亲临现场采访，汽车在参赛过程中未出丝毫问题，充分证实了野马车的可靠性。从表面上看，这是一次赛车活动，实际上，是一次告知性的广告宣传活动。几百家报刊都以显著位置报道了野马车大赛的比赛盛况。这样，借助新闻力量造成了轰动效应。

(2) 采用报纸广告。在新型"野马"车上市的前一天，根据媒体选择计划，让2600家报纸用整版篇幅刊登了"野马"车广告。根据广告定位的要求，广告画面是一部白色野马车在奔驰，大标题是"真想不到"，副标题是"售价2368美元"。这一步的广告宣传，是以提高产品知名度为主，进而为提高市场占有率打下基础。

(3) 采用电视广告。从"野马"车上市开始，各大电视网每天不断地播放"野马"车广告，利用电视图文并茂的特点，进一步刺激消费者需求。广告片由汤姆森广告公司制作，其广告内容是一个渴望成为赛车手或喷气式飞机驾驶员的年轻人，驾驶着漂亮的"野马"车在飞驰。

选择电视媒体做宣传，其目的是扩大广告宣传的覆盖面，进一步提高产品的知名度。

(4) 选择最显眼的停车场，竖起巨型广告牌，上面写着："野马栏"，以引起消费者的注意。

(5) 在美国各地最繁忙的15个飞机场和200家度假饭店展览"野马"。以实物广告形式，激发人们的购买欲。

(6) 向全国各地几百万汽车车主寄送广告宣传品。此举是为了达到直接促销的目的，同时也表示公司忠诚为顾客服务的态度和决心。

上述分六步实施的广告活动，可称得上具有铺天盖地、排山倒海之势。仅在一周内，"野马"轰动整个美国，风行一时。据说，"野马"上市的第一天就有400万人拥到福特的各代理点购买。原先的广告目标是年销售7500部，后来销售数字增加到20万部。

案例来源：《策划家》，作者：孙犁

【思考与练习】

一、填空题

1. 广告促销时可选择的广告媒体有_____、_____ 、_____、_____、_____。

2. 广告媒体的评价指标有_____、_____、_____、_____、_____。

3. 广告表现手段有_____、_____两种。

二、简答题

主要的广告媒体有哪些？各有何特点？应如何选择？

任务四　广告效果评估

【任务描述】

广告作为一种信息传播与促销的手段，已越来越被企业重视与应用。但是，究竟广告有没有效果，如何测定广告效果，这是广告策划的一项重要内容。

有多少人看(听)到了你的广告？

看了广告后有多少人对广告留下印象？

多少人是因广告的影响而产生购买动机？

广告发布以后产品的销量是否得到了有效的提升？

广告对提高企业和产品知名度有哪些直接作用？

在看过我们的广告后，又有多少更敏锐地察觉到我们品牌或公司名称的人？

因看了广告对我们的产品或服务产生好感的人增加了多少？

因看了我们的广告而了解我们的产品或服务的特性、优势和利益点的人增加了多少？

在这个信息爆炸的社会，消费者能够真正接受的信息越来越有限，经常有企业说"我知道我有一半的广告费被浪费掉了，但是我不知道被浪费掉的是哪一半。"

怎样让广告变得更有成效，已成为企业经营活动的重大课题。广告效果的及时评估，可以帮企业发现广告传播过程中的问题，并有针对性地提出解决问题的建议。

【实践操作】

一、广告信息效果评估

通常用消费者审查法来对广告信息效果进行评估。

消费者审查法是采用由广告商品的消费者代表所组成的小团体的意见，作为评判广告效果好坏的依据。

消费者审查法常用的问题
(1) 在这条广告中，哪一项最吸引您注意？
(2) 哪一种广告最令您产生兴趣而想去阅读它？
(3) 哪一种广告传达的信息最完全？
(4) 哪一种广告最令您确信它宣传的是最受人欢迎的商品？

(5) 哪一种广告更能使您想去购买该种商品？

消费者的意见远比广告专家更实在，更能代表市场愿望。

二、媒体接触效果评估

广告主进行广告活动时，通常要将广告费的80%左右投入在广告媒体上。因此，媒体的传递能力是否合适，能否达到理想的传播效果，自然就成为广告主和广告公司共同关心的焦点。

1. 电子媒体调查

广告电子媒体通常指的是广播和电视。主要是通过视听率调查来测定广告媒体的接触效果。目前通用的视听率调查方法有如下几种。

(1) 日记调查法

由被调查者(抽样选出)将每天所看到或听到的节目一一填到调查问卷上。该法主要以家庭为单位，把全部成员收看(听)节目的情况按性别、年龄等类别填好。一般调查期间为一周或更长一点。在此期间，必须有专门的调查员按期上门督促填好问卷，调查结束后，收回问卷。经过统计分析得出的百分比，就是收视(听)率。收视(听)率调查问卷表如表7-18所示。

表7-18　视听率调查问卷表

年　　月　　日

时间	电视台/电台	节目	4～12岁		13～19岁		20～34岁		35岁以上		全体
			男	女	男	女	男	女	男	女	
19：00～20：00	CCTV1										
	BTV1										
	CCTV新闻										
	……										

(2) 记忆式调查法

在节目播出后当天(如果是下午或晚上的节目就在次日上午)，调查人员立即进行访问调查，请被调查者回忆所看到的节目，调查访问的时间离节目播出的时间不能太久，以免有遗忘。从调查目标对象对节目或媒体的态度而言，这是个可行的办法。问卷设计可在日记调查法问卷的基础上稍作修改即可。

KFC(肯德基)公司电视广告效果调查问卷

尊敬的顾客：

您好！我是××广告公司的市场调查员，对KFC(肯德基)公司广告效果进行市场调查，请您回答一些广告方面的问题。您所选择的答案无所谓正确与否，只作为参考，并为您保密。衷心感谢您的合作。

填写说明：请在您赞同项目的选项上画"√"。

1. 您是否观看电视？　A. 是　　　　　B. 否(终止访问)

2. 您是否看过有关肯德基的广告？　A. 是　　　　　B. 否(终止访问)

3. 您曾看过哪些肯德基产品的广告？(可多选)

    A. 黄金烤鸡腿堡　　　　　B. 条条鸡丝　　　　　C. 外带全家桶

    D. 葡式蛋挞　　　　　E. 早餐粥　　　　　F. 其他_____

4. 您对其总体评价如何？

    A. 极好　　　　B. 很好　　　C. 好　　　D. 一般　　　E. 差

5. 哪一个广告给您留下的印象最深刻？

    A. 黄金烤鸡腿堡　　　　　B. 条条鸡丝　　　　　C. 外带全家桶

    D. 葡式蛋挞　　　　　E. 早餐粥　　　　　F. 其他_____

6. 哪一个广告符合您的感受？

    A. 黄金烤鸡腿堡　　　　　B. 条条鸡丝　　　　　C. 外带全家桶

    D. 葡式蛋挞　　　　　E. 早餐粥　　　　　F. 其他_____

7. 您能接受多长时间的广告？

    A. 30s 以下　　　　　B. 30s～60s　　　　　C. 60s 以上

8. 您对肯德基新推出的黄金烤鸡腿堡广告是否满意？

    A. 非常满意　　　　　B. 比较满意　　　　　C. 一般满意

    D. 不太满意　　　　　E. 很不满意

9. 您收看广告后购买其产品的可能性：　A. 肯定会去　　B. 不一定　　C. 肯定不去

10. 您认为目前KFC(肯德基)广告中存在哪些不足？(可多选)

    A. 内容不充实　　　　　B. 未能突出产品特色　　C. 色彩不鲜明

    D. 缺乏代言人　　　　　E. 广告语单调　　　　　F. 广告曲不朗朗上口

    G. 不存在不足　　　　　H. 其他_____

(摘自幸福校园网，编辑时有改动)

(3) 电话调查法

顾名思义，就是向目标对象打电话询问正在观看的节目。选定一个时间段(如 19：00～20：00)，请调查员同时向目标对象打电话，询问他们是否在看电视、看什么节目、有几个人在看等，并记录下访问结果。记录表上要有电话号码以及被调查者姓名、性别、年龄段的记录，提问的问题要特别简单，时间不能太长，以免引起厌烦情绪，一般只设四五个问题。

电视广告效果调查小问卷

您是否在看电视？

请问您在看哪一个台？

请问您是否看过××节目？

请问您是不是常看这个节目？

您认为这个节目好不好？

（4）机械调查法

采用机械装置进行收视(听)率调查的公司较早的有美国尼尔逊公司和日本电通广告公司。在目标对象家中安装自动记录装置，按照时间自动在装置内的软片上记录下目标对象所观看的电视台、电视节目等。随着机械装置的不断发展，装置也能够自动识别收看电视者的性别、年龄等信息。机械调查法可以家庭为单位进行统计，也可以个人为单位进行统计。

以上的收视(听)率调查方法获得的信息既可以测量媒体或节目本身的收视(听)情况，也可以从其中记录的收视(听)群体信息(如年龄、性别等)的统计分析中，找到不同媒体的目标受众，从而作为更为合理投放广告的判断依据。

2. 印刷媒体调查

印刷媒体调查主要是为了获得发行份数、阅读率、读者群等资料。

（1）发行份数

对于同一印刷媒体来说，其广告效果与发行份数成正比，即发行份数越多，广告效果越大，所以在媒体运用上，有关发行份数的资料十分重要。

（2）阅读率

报纸上刊登的广告虽然随报纸一道被印出数十万甚至数百万份，但读者是否看到该广告，还是个未知数。如果有人看过，具体的数目是多少，这些资料都是广告主想知道的。阅读率调查就是调查读者对报纸的记忆及对广告注目的情况。

调查广告阅读率，须先向调查对象提示广告样本，提示相关卡片，并加以具体说明，经调查对象彻底了解之后再由其作答。

阅读率调查小问卷

您对昨天的某报纸：

1. 看没看过不记得
2. 好像看过
3. 看过照片、图画、文字，可是文章细节却没读过
4. 只读了文章细节的一部分
5. 文章细节都仔细读过
6. 其他(看过这个广告，但举不出看过的部分)

（3）读者群

有了明确的诉求对象，广告才不至于无的放矢。在报刊上发布广告，了解报刊的读者群是十分重要的。分析读者群的性别、年龄、职业、收入、阶层等特性，就可得出读者的总体情况。

报纸与杂志的读者群构成略有不同。报纸除专业性报纸如经济、运动等报纸外，一般而言读者群差别不大，而杂志的读者群则具有鲜明差异。另外，即使是阅读同一报纸，因每人兴趣不同，所关心的版面也有所不同。这个因素在投放广告时也应予考虑。

3. 户外媒体调查

户外媒体为区域性媒体，因此调查主要从媒体与受众两个方面入手。

（1）从受众入手：确定户外媒体可能接触目标受众的数量。调查的方式是在户外媒体所在地，从摄像机能见的角度在固定时间拍摄经过的人群，正面朝向户外媒体的总人数，即为该媒体的接触人口。接触人口组合分析可以由街头抽样调查方式取得，或以外观判断。

（2）从媒体入手：户外媒体本身的形式及大小，即媒体本身被注意的程度。可以从高度、尺寸、能见角度、材质及露出时间等项目进行调查。

户外媒体接触的是流动的受众。受众从不同的距离、角度接触不同高度与材质的媒体，产生的效果将有所不同。

三、心理变化效果评估

广告被目标消费者接触后，也许并不能直接导致购买行为，但却能使消费者心理上产生某些变化。广告能否影响消费者的心理变化，是实现广告目标、衡量广告效果的重要内容。一则广告的目的并不一定是直接获得销售效果，有时是为引起消费者的心理变化，改变消费者对品牌的态度，增加消费者对品牌的认知度、好感度直至对名牌的忠诚度，保持持续购买。可以用以下方法评价心理变化效果。

1. 文字联想法

提出几个词语，请消费者按顺序回答他们所能联想到的情形，多用于商品、企业名称、广告语等的态度调查。

如：

"可口可乐"_____，_____，_____；

"百事可乐"_____，_____，_____。

2. 语句完成法

请消费者将不完整的句子填充好。

如：

"我认为××牌电冰箱是_____的电冰箱。"

"很多人认为××牌手机是_____的手机。"

在句子中主语可以用第一人称，也可以用第三人称。

3. 绘画联想法

预先画好人物，将其中一个人的讲话空出来，使受调查者填充空白部分。这一方法可以测量出被调查者难以表达的感受。

4. 态度量表法

态度量表是用于测量消费者的心理反应的尺度，列出广告的各种测量元素，请消费者按量度直接做出评价，可用评价语句测量，也可用打分的方法测量。如表 7-19 所示。

表 7-19　态度量表举例

评价元素	非常反对	反　对	无　所　谓	赞　成	非常赞成
制作精美的广告	√				
创意有趣的广告		√			
产品优良的广告				√	
……			√		

四、广告销售效果的评估

广告的销售效果主要反映在广告费用与商品销售量(额)之间的比例关系，它的测定是以商品销售量(额)增减幅度作为衡量标准的，测定方法主要有以下五种。

(1) 广告费用占销率法。用来测定计划期内广告费用对产品销售量(额)的影响。广告费用占销率越小，表明广告促销效果越好；反之越差。其公式为：

广告费用占销率=(广告费/销售量(额))×100%

(2) 广告费用增销率法。用来测定计划期内广告费用增加对广告商品销售量(额)增加的影响。广告费用增销率越大，表明广告促销效果越好；反之越差。其公式为：

广告费用增销率=(销售量(额)增长率/广告费用增长率)×100%

(3) 单位费用促销法。用来测定单位广告费用增加的销售数量或金额。单位广告费用促销额(量)越大，表明广告效果越好；反之越差。其公式为：

单位广告费用促销额(量)=销售额(量) / 广告费用

(4) 单位费用增销法。用来测定单位广告费用对商品销售的增益程度。单位广告费用增销量(额)越大，表明广告效果越好；反之则越差。其计算公式为：

单位广告费用增销量(额) =(报告期销售量(额)-基期销售量(额)) / 广告费用

(5) 弹性系数测定法。通过广告费用投入量变动率与销售量(额)变动率之比值来测定广告促销效果。其公式为：

$$E=(\Delta S / S) / (\Delta A / A)$$

其中：S—销售量(额)；

ΔS—增加广告费用后的销售增加量(额)；

A—广告费用原有支出；

ΔA—增加的广告费支出；

E—弹性系数，即广告效果。E 值越大，表明广告的促销效果越好。

最后，在以上四种评估的基础上，可用表 7-20 对广告综合效果进行评价。

表 7-20　广告效果综合评价表

编号：　　　　　　　　　　　　　　填写日期：　　　年　　月　　日

广告项目名称					
广告预算			实际投入金额		
预计效果					
广告效果测试	广告投放前	订单数量			
		客户访问量	柜台	电话	网站
		销售数量			
	广告投放后	订单数量			
		客户访问量	柜台	电话	网站
		销售数量			
	广告投放效果评价	订单数量			
		客户访问量			
		销售数量			
综合效果评定					
营销总监确认					

资料来源：《市场营销管理职位工作手册(第二版)》，作者：程淑丽

【思考与练习】

一、填空题

1. 广告信息效果评估方法主要采用_____、_____。
2. 评估广告的销售效果可选择的方法有_____、_____、_____、_____、_____五种。

二、简答题

简述广告心理变化效果评估的方法有哪些。

【实战演练】

1. 有一家中型百货商场，地处该市二级商业区。元旦、春节将至，该商场为了抓住这个销售的黄金季节，准备通过一系列促销活动来扩大销售。请你在本地选择一两家类似的百货商场，综合本地消费习惯，为该商场进行促销策划。

2. 新华贸易有限公司成立五周年之际，想在当地报纸上做广告以示庆贺，参阅类似资料，为该企业撰写一个公关广告文案。

3. "三星"酒店已初具规模，在 A 城市中，其他多数酒店并不专供上等酒，它是这

样做的唯一一家。在这座城市，即使拥有相当数量受过良好教育、收入中等的人，酒店也不能像大城市一样保证一批常客。"三星"酒店所处的位置很理想，在商业区，并靠近许多宾馆、酒店，装修舒适，目前已营业 6 个月。午餐生意兴隆，但希望扩大晚餐营业，酒店老板付不起昂贵的广告费，只能拿出 10 000 元的费用。请你结合本地的实际情况，了解两家类似"三星"酒店的营销状况，为酒店做一个广告策划来开展新的业务。

【促销策划书】

健力宝饮料广告策划书

健力宝集团成立于 1984 年，拥有多种品牌，其中健力宝饮料是其主打产品，曾被誉为"中国魔水"。早期与体育联手，使其获得了良好的发展，但从 90 年代末以来，由于种种原因，它慢慢退出了市场。在 2005 年，借助统一集团的力量，健力宝进行了一系列改革措施，面对激烈的市场竞争，健力宝饮料如何打破自己的枷锁，重新确立自己在国人心中的经典品牌地位，进而唤起人们对他的品牌忠诚，是本次策划的主要目的。

一、产品分析

(一) 产品品牌形象分析

品牌定位："健力宝"品牌定位充分体现了运动、健康的功能定位和民族品牌的情感定位，树立了品牌和企业良好的形象。

品牌知名度："健力宝"——中国首罐含碱性电解质的运动饮料，国饮品牌，是"中国驰名商标"。曾一度风靡全国，20 多年来，健力宝创造的"中国之最"达 60 多项，连续八年入选"企业五百强大型工业企业"，连续 10 年被评为"最受消费者欢迎的饮料"。

(二) 核心产品分析

健力宝运动饮料，富含碱性电解质，天然蜂蜜，不含咖啡因，多种口味，享有"中国魔水"的美誉，健力宝饮品的产品功能好，曾畅销国内外 20 多年，有着极度的知名度和良好的群众基础。

通过对健力宝的市场调研和对健力宝的产品分析，建议：①由于健力宝在价格上一直不存在任何竞争优势，成本较高，所以应通过大量的宣传，借助外力来介绍产品功能的本身。②对于产品的包装要求，应抓住消费者的需求，生产出有吸引力的外包装。

二、消费者分析

通过对健力宝的市场调研，我们发现，现代人普遍存在健康生活的观念，他们关心产品能否为自身带来健康，健力宝品牌符合健康的生活理念。从购买决策分析，消费者购买健力宝是例行性或是习惯性的购买决策，他们涉入程度较低，而且态度是短暂的，消费者的购买决策经常改变，因此健力宝的品牌忠诚度是比较低的，另外，他们都很少受到他人的影响而购买健力宝。

综上分析，健力宝的目标市场应定在追求健康、爱运动的消费者群。价格定位于中、低档。同时稳定老顾客，寻找更多新顾客。

三、营销环境分析

(一) 内部环境

健力宝的几番变革使得人员、设备不断更新，需要内部的自我调整和提升，照顾顾客、员工和股东的利益。此外，产品需要更加注重追求健康，需要采取正确的竞争战略，巩固健力宝民族品牌深厚的底蕴。

(二) 外部环境

1. 中国的饮料行业市场潜力巨大。近几年软饮料行业利润总额大幅提高，运动饮料发展前景广阔。而这一领域并没有像"两乐"这么强势的竞争对手，健力宝有着更多的空间。

2. 2002年我国推出食品安全准入制度，很多小规模的生产商由于不符合政府的要求被迫停产，大型生产商从这一法规中获益。另外，受其影响，一些以"健康"为诉求的广告越来越受到关注。

结合外部与内部环境的分析，健力宝应进一步的调整整合战略，以此扩大销量，提高市场占有率，给企业带来更长久的利益。

四、企业和竞争对手分析

(一) 企业现状

目前，健力宝的产品线主要分为三大板块：一是健力宝系列，二是爱运动系列，三是第五季系列。经历一番整合，健力宝将借助运动饮料的出身东山再起。2010年4月20日，国家体育总局体育科学研究所与健力宝举行新闻发布会，正式推出新一代"中国魔水"——"健力宝NEXT爱运动"。3月24日，健力宝2011年首场新品上市招商会在佛山三水召开，推出健力宝三款新产品，包含"金典"健力宝、健力宝"本草"饮料、健力宝"动力2+1"系列饮料。开始进攻一线城市。

(二) 竞争对手分析

从市场上来看，中国饮料行业已处于成熟阶段。碳酸饮料、茶饮料、瓶装水、乳制品、果蔬汁饮料、特殊用途饮料(功能性饮料)六种类型饮料构成饮料市场的基本格局。其中，前五种目前均已获得较大发展，健力宝主打功能性饮料(运动饮料)，广义上来说五大类饮料都是其竞争对手，其中又以运动饮料和碳酸饮料为主。健力宝以健康为主的运动型饮料将会有很好的发展前景，但是同行业竞争相当激烈，所以要想改变现状在饮料行业占据不败之地，就必须做出一个全新的广告策略。

五、广告策略

根据对目标市场、产品特征等因素进行比较分析之后，健力宝的广告策略力图抓住独一无二的诉求点，利用社会事件和公共关系进行广告策划。同时根据季节变化、事件性质采用多主题，围绕主题进行系列广告元素的反复表现，加强品牌形象给受众持久统一的作用力，提高品牌认知程度。

(一) 广告定位

保持在消费者心目中民族品牌地位。通过不断强化品牌名、标志、标准色等形象识别来提高消费者的记忆度；从口感需求扩散到心理需求，从口感美味扩散到"岁月的味道"，打破消费者只在运动后喝健力宝的传统观念，提出健康生活的概念，关爱健康的新理念。

（二）广告主题："健康邀您传递爱"。

（三）广告创意

1. 创意主题

健康邀您传递爱——健力宝

2. 创意表现

盛夏，夜晚，11点，房间狭小，灯光昏黄，没有风扇，儿子17岁，高三，在埋头复习功课，汗水由鬓角划过脸颊，渗透了他的衣服。这时爸爸左手拿了一把芭蕉扇，右手拿了一瓶健力宝，走了进来，一边给儿子扇扇子，一边把健力宝放在儿子的面前。儿子抬头，四目相对。父亲的眼里充满了无限的怜爱，儿子的心里却像打翻了五味瓶，翻江倒海。但他们的眼里都在闪烁着同一样东西——亮晶的液体。

10年后，父亲，蓝色制服，头发花白，两腮胡渣。晚上七点，下班，他一手扶着腰，步履蹒跚，想要坐下来歇歇。在空荡荡的房子里，他看到了儿子的照片，正出神。

伴随着一声"爸"，门被打开了。儿子提着两箱健力宝，西装革履，四目相望……

（四）媒体选择

根据各大媒体的对比分析，以及对受众接触媒体习惯，同时也考虑到社会各方面因素，选择以下两种主要媒体。

1. 电子媒体

（1）电视广告

主要投放在一线城市的卫星频道，比如在湖南卫视、东南卫视等，播放时间在19点到21点之间，因为在此阶段的电视的收视率最高，而且青少年、青年在这段时间看电视的比例高。

（2）网络宣传

选择在淘宝网、人人网、天涯论坛等网站登广告，聘请专门人员在微博、猫扑等网站发布活动相关信息、视频等。

（3）户外媒体

户外媒体有路牌、海报、霓虹灯等。

2. 户外广告

（1）路牌广告

（2）霓虹灯广告

（3）海报

五、现场活动方案

（一）活动目的

让消费者重新认识健力宝品牌，让健力宝走进消费者的生活，逐渐扩大市场占有率。

（二）推广时间

2012年7月1日至2012年12月31日。

（三）费用预算(略)

案例来源：道客巴巴(http://www.doc88.com/)，作者：滕文娟等

第四篇　营销活动策划

　　对营销策划者来说，不仅要学会如何进行宏观的战略战术策划，而且要学会进行具体的活动策划。在本篇中，我们选取了酒店业和零售业两个典型行业，来剖析营销活动策划的程序、要求、技巧等。这两个典型行业的营销活动策划各有不同，但又有相似之处。不同之处在于酒店业和零售业有着各自的产品类型和营销模式，因而营销活动策划的内容和要求不同；相似之处在于从策划的程序上来说，都需要先了解特定行业和企业的经营范围和经营状况，继而确定营销活动策划的目标、主题、形式、预算等。那么，如何把握酒店业和零售业营销活动策划的重点，形成科学的目标，确定有效的主题，采用适当的载体，编制合理的预算，就成为营销活动策划成败的关键。

酒店业营销策划

【单元概述】

　　酒店营销解决的是酒店在竞争激烈和不断变化的市场环境中，如何识别、分析、评价、选择和利用市场机会，开发适销对路的产品和服务，实现生产和销售的最佳结合，酒店营销策划是其中的关键。在酒店行业中，一次好的策划活动能够有效提高酒店的销售额和市场占有率，对品牌知名度的提高也能起到很好的推动作用。因此，各类营销活动的策划和开展日益成为酒店经营管理工作的重要组成部分。尽管很多酒店都在尝试进行营销策划，往往会出现"一样的花儿一样开"的局面，但如果在竞争激烈的环境中根据酒店自身优势和特点，积极发挥主观能动性来进行策划，就可以出现"一样的花儿不一样开"的效果。这就需要系统合理地对酒店的各项产品和服务进行营销策划，让消费者从情感角度和经济角度上接受它，在达成酒店业绩指标的同时，提升酒店知名度。

【能力目标】

终极目标：
能够形成有执行力的酒店营销策划书。

促成目标：
- 能够通过酒店经营范围和经营状况，在不同目标要求下形成相应的主题和标语。
- 能够根据活动主题选定目标市场及宣传效益最大的媒介。
- 能够制定活动的预期目标，并可依据此目标对活动效果进行评测。
- 能够依托活动主题，选择并创新可行性强的活动形式，并对活动过程进行控制。
- 能够根据活动方案，编制合理预算费用。
- 能够针对活动的内容和形式，形成有执行力的酒店营销策划书。

【项目导航】

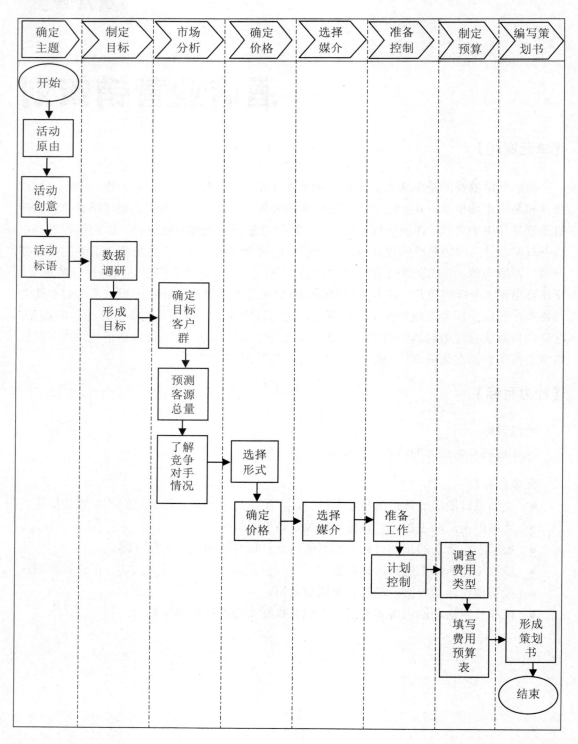

任务一　确定活动的主题

【任务描述】

　　酒店行业策划活动的第一步，就是确定活动的主题，它是整个策划活动组织开展的核心与主线，它引领着策划活动的各个环节。

　　此项任务主要是对本次策划的原由进行分析，根据市场环境状况，加入属于企业特有的活动要素，最大限度地为达成既定目标服务。如果需要，主题要以活动标语的形式进行具体化，在宣传推广等方面使用。

【实践操作】

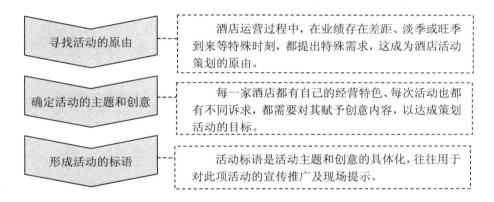

寻找活动的原由	酒店运营过程中，在业绩存在差距、淡季或旺季到来等特殊时刻，都提出特殊需求，这成为酒店活动策划的原由。
确定活动的主题和创意	每一家酒店都有自己的经营特色、每次活动也都有不同诉求，都需要对其赋予创意内容，以达成策划活动的目标。
形成活动的标语	活动标语是活动主题和创意的具体化，往往用于对此项活动的宣传推广及现场提示。

一、寻找活动的原由

　　酒店活动策划的原由可能是经营成绩的差距，也可能是淡季或旺季的到来。

　　酒店企业虽然在年初就制定了全年业绩额、季度业绩额及月业绩额，并对本年度的重大策划进行了安排，但实际经营中出现较大业绩差距的时候，往往需要具体分析其原因，明确是因为酒店服务质量下降，或是因为酒店定价偏高，或是酒店周边环境变差等因素引起业绩差距，以便做出相应的对策，并以短期活动的形式扭转不利状况。

　　酒店行业在经营过程中，生意受自然季节变化和人为时间安排(如公共假日和当地节日)的影响极大，也促成了酒店所谓的旺季和淡季。酒店管理者此时会千方百计地争取提高客房出租率、餐厅上座率等。尤其是每到节假日(如"十一"黄金周、三天"小长假"等)来临的时候，酒店为了获取收益最大化，同时又为未来锁定客人，需要以短期活动策划的形式来抓住机遇。

二、确定活动的主题和创意

　　在综合考虑酒店进行活动策划原由的基础上，为了实现目标收益最大化，需要设计一个好的主题，并以一个好的创意来带动此次活动的成功，以宁夏当地某酒店为例，活动主题和创意说明如表 8-1 所示。

表 8-1　某酒店活动主题和创意举例说明

分　类	活动原因	活动主题	解释说明
日常 节假日	圣诞节活动	圣诞夜"名品菜肴拍卖"自助晚宴活动	本店特色菜肴与拍卖
	中秋节活动	赏花、赏月、赏家乡——共品家乡菜	家乡主题的菜品
自创 活动	促销	亲情 1+1，连接我和你	住一天送一天
	促销	超低特价房，288 元送早餐	普通标语
	促销	店庆三周年，消费有礼送	普通标语
当地 重大 活动	当地活动	畅想激情、感受快乐，共享摩旅 节——入住送康乐项目(保龄球、游泳)	国际汽车摩托车旅游节
	周年庆典	庆祝自治区成立 50 周年，入住有礼送	普通标语

创意的产生狭义地讲是一个结合现有情况及已往的经验分析，在大脑中运转、思考及孵化灵感的过程。如果掌握一定的方法，就可以更为科学有效地"制造"创意，如图 8-1 所示。

图 8-1　创意的产生过程

我们以该酒店圣诞夜的一个促销主题"圣诞夜'名品菜肴拍卖'自助晚宴"为例来说明在遵循创意思维逻辑主线的前提下，如何形成酒店业的营销策划创意。

1. 界定问题

界定问题就是分析企业战略目标与营销现状之间的差距，这个差距就是企业存在的营销问题，营销策划的主要目标就是缩小这个差距。根据对酒店经营现状的调查与分析，我们可以界定目前酒店营销中出现的重点问题，如客房入住率不高、销售额下降、利润下降等，然后考虑基于活动(圣诞节、中秋节等)和货品(客房服务、饮食服务等)两个维度去解决问题。比如说在圣诞节时，可以将推介特殊菜肴作为活动的基点。

2. 设想最佳结果

所谓最佳结果，就是在创意过程中最想要和最希望得到的结果，或者是本次活动最想达到的效果。当然，这个最理想的结果并不一定能够实现，但是它至少使我们有了努力的方向。我们已确定圣诞夜要向顾客推介特殊菜肴，在这个基础上要想出能吸引顾客来参加活动，调动顾客购买意愿的创意来。

3. 查证并分析资料

根据提出的创意设想查证资料，验证和评估我们在特定节日设定的主题和创意是否符合节日的内涵，并依据这个内涵拓展及修正主题和创意。比如说我们认为在圣诞节要表达独特、浪漫、欢快等内容，就需要确认这些内容是否与圣诞节这一特定节日的内涵相一致，否则我们创意表达的内容可能偏离节日的内涵。通过查证资料，能及时发现主题和创意存在的不足，从而及时纠正。

同时，查证资料的过程也是一个对已有资料进行分析、整理和再加工的过程。通过对已有资料的分析、整理和再加工，我们很可能会获得新的启示和认识，而这也是我们获得更好创意灵感的一个重要来源。

4. 寻找灵感

灵感的获得对于创意活动来说十分关键。灵感的获得也许是一瞬间的，然而灵感的寻找过程却并非想象得那样简单。

寻找灵感的过程是一个基于准备与积累的创造过程。没有事前对问题的研究与分析，想获得灵感几乎是不可能的事。寻找灵感的过程也是一个痛苦的、不断思索的过程，这也是创造性思维活动的一个特点。只有通过"冥思苦想"，我们的思路才会更加清晰，对问题的认识才会更加深刻。

首先，我们要走出熟悉的领域，从其他领域或最终客户的视角来审视要解决的问题，这是很有必要的。例如圣诞节的活动方案，我们从"独特"这个视角去分析问题，就会出现新的灵感。选择的视角是无规律可循的，只有不断地变化和换位思考，才可能出现经典的创意。

其次，要从不同的思维原点出发，去尝试各种解决方案的组合。例如本例中将名品菜肴与低价自助相结合，就形成独特的创意。我们在设计其他创意时，也可以尝试这样的办法，用不同的组合就会表达出不同的内容，形成不同的诉求。

对问题的认识达到一定程度时，灵感也许在不经意间就会来到我们身边。寻找灵感的过程也是一个打破定势、大胆想象的过程。打破已有的思维定式、进行合理大胆的想象，能使我们的思维突破各种限制，能使思维的创造性得到最大限度的发挥。总之，寻找灵感的过程不能靠等待，也不能靠运气，而应在充分准备和积累的基础上进行创造性的思考，只有这样才能获得灵感。

5. 形成创意

经过前面充分的创意准备和酝酿之后，创意的灵感也许就已经悄悄地来到了我们的身边。

当然，有时创意灵感的到来是不止一个的。在这种情况下，除了要快速、完整地将它们记录下来之外，还要根据创意的目的和需要，依据创意方案的新奇性、独特性、可行性要求对它们进行比较和筛选，将那些价值不大的创意方案剔出，保留几个核心的创意，再经过筛选之后，确定此次活动的最终创意，并在活动进行过程中注意对创意的经验教训进行总结，以备后用。

三、形成活动的标语

活动主题确定以后，往往要形成一条符合主题的标语，即形成一句可以清楚表达活动主题及融入活动创意的口号,用于活动宣传推广及活动现场使用,如本例中"圣诞夜'名品菜肴拍卖'自助晚宴活动","圣诞夜"表明活动的时间,"自助晚宴"表明活动的基本形式,"名品菜肴拍卖"表明活动的创意及特点,当然对于某一创意的表达并没有最优标语的形式,这就要求我们在追寻最优的同时,要遵守相对满意的原则,不可无休止地要求标语的表达方式,达到满意即可。

【知识链接】

一、关于活动策划

活动策划就是通过事件的筹划与运作,引发目标顾客的关注或者参与,解决企业在营销活动中遇到的问题,并最终促进销售,提升企业知名度和美誉度。

为什么要做活动策划?广告可以直接进行产品宣传,但广告不仅需要大量的媒体投放费用,其制作和创意费用也相当"可观"。当然,硬性的广告宣传对于任何一个企业都不能缺少,但是在做好硬性广告宣传的同时,辅以一些活动策划,不仅可以迅速扩大企业知名度,产生良好的企业品牌美誉度,而且对于促进销售,解决"信任危机"等一系列市场活动,可起到"四两拨千斤"的效果。

活动策划的常见载体

- 文艺演出、庆典、晚会、室内外游戏;
- 模特、司仪、礼仪、乐队、舞蹈、杂技、魔术;
- 研讨会、招商会、订货会、联谊会、年会;
- 舞台、灯光音响、礼炮、烟花、特效舞美;
- 开业、乔迁、动工、奠基、落成典礼活动;
- 彩旗、条幅、喷绘、气球、拱门、桌椅;
- 展览展示、展板展架、帐篷、灯箱、霓虹灯;
- 房地产装饰、商场装饰、交通工具、礼品;
- 影视制作、企业专题片、广告片、宣传片、厂歌;
- 等离子、投影、LED、摄影、摄像。

二、相对满意原则

满意原则是针对"最优化"原则提出来的。"最优化"的理论假设把决策者作为完全理性的人,以"绝对的理性"为指导,按最优化准则行事。但是,处于复杂多变环境中的企业决策者,要对未来做出"绝对理性"的判断是不可能的。因此,决策者通常不可能做出"最优化"的决策,只能做到"满意"决策,这就是相对满意原则。

"满意"决策,就是能够满足合理目标要求的决策。它包括以下内容。

(1) 决策目标追求的不是使企业及其各项期望值达到理想的要求,而是使它们能够得到切实改善。

(2) 决策备选方案不是越多越好、越复杂越好，而是要达到决策目标的要求，能够较充分地利用外部环境提供的机会，并能较好地利用内部资源。

(3) 决策方案的选择不是要避免一切风险，而是对可实现决策目标的方案进行权衡，做到"两利相权取其重""两害相权取其轻"。

【思考与练习】

选择题

满意决策就是(　　)。

A. 能避免一切风险的决策　　　　B. "最优化"决策

C. 最复杂的决策　　　　　　　　D. 能够满足合理目标要求的决策

【实战演练】

重阳节即将到来，请为戴斯商务酒店确定节日活动策划的主题和标语。

任务二　制定活动的目标

【任务描述】

策划活动的组织开展，最终是为了扩大酒店知名度、美誉度、争取提高客房出租率和餐厅上座率，以达到提升业绩的目的，这就要求每次营销策划活动要有非常明确的目标，以指导策划活动中的每个行为。

此项任务是在对目前的经营数据及以上几个年度同期及本年度近期的经营数据进行收集整理的基础上，按照本年度业绩指标要求，并结合酒店长期经营规划对数据进行分析后，形成策划活动的目标。

【实践操作】

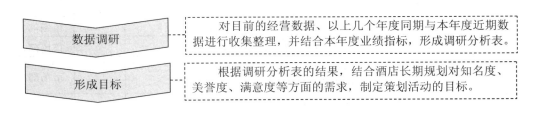

数据调研　┄┄┄　对目前的经营数据、以上几个年度同期与本年度近期数据进行收集整理，并结合本年度业绩指标，形成调研分析表。

形成目标　┄┄┄　根据调研分析表的结果，结合酒店长期规划对知名度、美誉度、满意度等方面的需求，制定策划活动的目标。

一、数据调研

对酒店目前经营数据及以上几个年度同期与本年度近期的经营数据进行收集整理，结合本年度和酒店长期业绩指标，填写市场调查表及市场分析表(见表8-2和表8-3)。

在数据的收集整理过程中，应与其他部门相互配合，尽可能地获得详尽准确的数据。数据来源有酒店自有数据和第三方数据两种，第三方数据对于一些酒店来说，可能并不容易准确获得，可以主要依据酒店的自有调查或感知来确定。

表8-2 市场调查表

类　别	时　期	指　标	指标定义/公式	数　据	来　源
定量	去年同期	销售额	考核期内业务销售收入总和		销售部
		销售计划达成率	(实际完成额/计划完成额)×100%		销售部
		销售增长率	$\frac{当年销售额-上一年度销售额}{上一年度销售额}×100\%$		财务部
	今年近期	销售额	考核期内业务销售收入总和		销售部
		销售计划达成率	(实际完成额/计划完成额)×100%		销售部
		销售增长率	$\frac{当年销售额-上一年度销售额}{上一年度销售额}×100\%$		财务部
	今年现期	销售额	考核期内业务销售收入总和		销售部
		销售计划达成率	(实际完成额/计划完成额)×100%		销售部
		销售增长率	$\frac{当年销售额-上一年度销售额}{上一年度销售额}×100\%$		财务部
定性	去年同期	酒店知名度	媒体正面曝光率、知名度数据由第三方权威机构测评获得		市场部
		酒店市场占有率	媒体正面曝光率、知名度数据由第三方权威机构测评获得		市场部
		酒店美誉度	媒体正面曝光率、客户调研		市场部
		酒店满意度	媒体正面曝光率、客户调研		市场部
	今年近期	酒店知名度	媒体正面曝光率、知名度数据由第三方权威机构测评获得		市场部
		酒店市场占有率	媒体正面曝光率、知名度数据由第三方权威机构测评获得		市场部
		酒店美誉度	媒体正面曝光率、客户调研		市场部
		酒店满意度	媒体正面曝光率、客户调研		市场部
	今年现期	酒店知名度	媒体正面曝光率、知名度数据由第三方权威机构测评获得		市场部
		酒店市场占有率	媒体正面曝光率、知名度数据由第三方权威机构测评获得		市场部

（续表）

类 别	时 期	指 标	指标定义/公式	数 据	来 源
定性	今年	酒店美誉度	媒体正面曝光率、客户调研		市场部
	现期	酒店满意度	媒体正面曝光率、客户调研		市场部

表 8-3　市场分析表

类 别	考 核 指 标	去 年 同 期	今 年 近 期	今 年 现 期	目 标	分 析
定量	销售额					
	销售计划达成率					
	销售增长率					
定性	酒店知名度					
	酒店市场占有率					
	酒店美誉度					
	酒店满意度					

二、形成目标

根据市场调查和分析结果，结合以下条件，制定策划活动的目标，包括业绩目标与其他目标。

- 当前的经济形势。
- 当地酒店业的现状及发展趋势。
- 酒店的定位及目标群体的消费习惯。
- 近期当地的特殊情况，如天气、公共事件等。

【知识链接】

- 曝光率：原意为使照相胶片或感光纸在一定条件下感光。这里喻指人或事物在公众面前暴露或公开露面的频率。
- 知名度：品牌知名度是指潜在购买者认识或记起某一品牌是某类产品的能力。它涉及产品类别与品牌的联系。
- 市场占有率：也称市场份额，即一个企业的销售量(或销售额)在市场同类产品中所占的比重。市场份额能直接反映企业所提供的商品和劳务对消费者和用户的满足程度，也能表明企业的商品在市场中所处的地位。
- 美誉度：指一个组织获得公众信任、好感、接纳和欢迎的程度，是评价组织声誉好坏的社会指标，侧重于"质"的评价，即组织的社会影响的美丑、好坏和公众对组织的信任和赞美程度。

● 满意度:目前国际上通行的测评标准是 CSI(用户满意度指数)。

【思考与练习】

选择题

1. 人或事物在公众面前暴露或公开露面的频率,称为( )。
   A. 曝光率　　　　　　B. 知名度　　　　　　C. 美誉度　　　　　　D. 满意度

2. 购买者认识或记起某一品牌是某类产品的能力,称为( )。
   A. 曝光率　　　　　　B. 知名度　　　　　　C. 美誉度　　　　　　D. 满意度

3. 一个企业的销售量(或销售额)在市场同类产品中所占的比重,称为( )。
   A. 市场销售率　　　　B. 市场占有率　　　　C. 利润率　　　　　　D. 市场增长率

4. 一个组织获得公众信任、好感、接纳和欢迎的程度,称为( )。
   A. 曝光率　　　　　　B. 知名度　　　　　　C. 美誉度　　　　　　D. 满意度

5. 满意度的测评标准是( )。
   A. CIS　　　　　　　B. CBA　　　　　　　C. CSI　　　　　　　D. ASI

【实战演练】

对戴斯商务酒店进行相关因素调研并确定某一次活动策划的目标。

任务三　进行目标市场分析

【任务描述】

酒店根据自身的格调与定位,已经确定了目标客户群体,而由于受到不同策划活动目标和主题的影响,对目标市场定位及竞争对手的分析都存在差异,这就要求在开展策划活动之前,要进行目标市场分析,做到知己知彼。

此项任务主要是根据本次策划活动的主题选择目标客户群并分析他们的特性,再根据以上几个年度同期与本年度近期的相关数据,预测本次活动期间的客源总量,了解同类酒店的近期活动情况对本次活动策划的影响。

【实践操作】

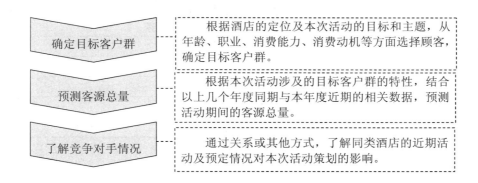

一、确定目标客户群

没有目标客户群的策划无异于"盲人骑瞎马"。目标客户群的明确既可以避免资源的浪费，也可以使活动策划更具针对性。

目标客户群应具备以下特点：既是对酒店产品有兴趣、有支付能力的消费者群，也是酒店能力所及的消费者群。酒店应该结合策划活动的主题，尽可能明确目标客户群，对目标客户群做详尽的分析，更好地利用这些信息所代表的机会使目标顾客更加满意，最终增加销售额。

可以按照以下几个问题确定目标客户群并进行分析(见表8-4)。

表8-4　确定目标客户群

类　　别	问　　题	原 由 分 析
寻找目标客户群	策划活动具备为哪类顾客服务的能力？ (这次营销活动的定位)	
对目标客户群细分	这些顾客的自身特性分析 (年龄、职业等)	
	这些顾客到酒店来的消费动机是什么？	
	这些顾客肯为酒店的服务承担多大的费用？	
锁定最终客户	这些顾客渴望得到哪些产品本身？	
	这些顾客渴望得到哪些产品以外的东西？	

二、预测客源总量

客源总量将从宏观上决定此次策划活动的消费者数量。做出较为准确的总量预测，对做好活动的前期准备有很大意义，也可以通过准确预测节约酒店的活动成本。

对客源总量的预测需要关注两个方面：一是往年同期客源总量；二是媒体对近期客源及其趋势的报道。根据调查与分析的结果确定活动期间的客源总量。调查与分析的内容如

表 8-5 所示。

表 8-5 客源总量调查分析表

项　目	客　源　总　量
去年同期	
媒体报道	
渠道信息	
协议客户预订	
活动期间预测	

三、了解竞争对手

需要通过关系与渠道了解同类酒店的近期活动情况及预订情况。如同类酒店有类似活动，要了解其活动的目标客户群、活动特点、活动内容和形式与本酒店的相似之处，从而通过微调，进行差异化竞争；更好的方式是寻找与同类酒店的合作，可以达到互通相关信息、共享顾客、联合经营，建立合作关系的目的(见表 8-6)。

表 8-6 与竞争对手产品和服务对比分析表

项　目	竞争对手产品分析	企业产品分析	差　异　描　述
质量			
价格			
口味			
环境			
服务			
知名度			
美誉度			
广告投放数量及方式			
主要目标市场消费者			

【知识链接】

维系顾客忠诚可以给酒店带来许多益处。

一、从现有顾客中获取更多顾客份额

忠诚的顾客愿意更多地购买酒店的产品和服务。忠诚顾客的消费支出是随意消费支出的两到四倍，而且随着忠诚顾客年龄的增长、经济收入的提高或顾客单位自身业务的增长，其需求量也将进一步增长。

二、减少销售成本

酒店吸引新顾客需要大量的费用，如各种广告投入、促销费用以及调查了解成本等，但维持与现有顾客长期关系的成本却逐年递减。虽然在建立关系的早期，顾客可能会对酒店提供的产品或服务有较多问题，需要酒店进行一定的投入，但随着双方关系的进展，顾客对酒店的产品或服务越来越熟悉，酒店也十分清楚顾客的特殊需求，所需的关系维护费用就变得十分有限了。

三、赢得口碑宣传

对于酒店提供的某些较为复杂的产品或服务，新顾客在做决策时会感觉有较大风险，这时他们往往会咨询酒店的现有顾客。而具有较高满意度和忠诚度的老顾客的建议往往具有较大影响，他们的有力推荐往往比各种形式的广告更为奏效。这样，酒店既节省了吸引新顾客的销售成本，又增加了销售收入，从而提高了利润。

四、员工忠诚度的提高

这是顾客关系营销的间接效果。如果一个酒店拥有相当数量的稳定顾客群，也会使酒店与员工形成长期和谐的关系。在为那些满意和忠诚的顾客提供服务的过程中，员工体会到自身价值的实现，而员工满意度的提高导致酒店服务质量的提高，使顾客满意度进一步提升，形成一个良性循环。

【思考与练习】

简答题

维系顾客忠诚度给酒店带来的益处有哪些？

【实战演练】

请你根据表 8-4、表 8-5、表 8-6 对戴斯酒店的目标客户、客源总量和竞争状况进行调查和分析。

任务四　为活动选形式、定价格

【任务描述】

确定了策划活动的目标与主题，进行了目标市场的调研分析，下一步就应该进入策划活动的具体工作中了，首先我们选择活动形式、确定相关产品和服务的价格。

此项任务主要根据活动主题与活动目标及对客户群、客源总量、竞争对手等方面的市场分析，加入符合活动需要的创意元素，确定活动的形式；再根据成本、费用和期望收益和客户需要，结合竞争对于同类活动的定价情况，对相关产品及服务进行活动期间的定价。

【实践操作】

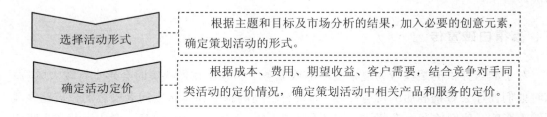

一、选择活动形式

根据活动的目标和主题，结合对市场的分析结果，选择适合本次活动的形式。好的形式可以为本次活动带来产品与服务价值之外的收获。以"圣诞夜'名品菜肴拍卖'自助晚宴活动"为例，在本案例中，酒店是要借助圣诞节这个特殊节日来进行促销活动，其盈利的主体是自助晚宴，而并非名品菜肴拍卖的利润，但单一的自助餐难以吸引顾客的消费行为，因此以这种拍卖的形式来服务于活动的目标和盈利的主体。

策划活动需要创意的元素，也需要依赖常规的活动形式，酒店客房及餐饮的常规活动形式如表8-7所示。

表8-7 酒店客房及餐饮的基本活动形式

类　　别	形　　式	说　　明
餐饮	免费样品	即提供免费尝试的产品，以建立客人对酒店产品的信任感
	折价赠券	它是刺激客人尽早尽快购买的有效工具，尤其是对那些价格敏感型顾客更为有效
	赠品	即用赠送廉价物品来鼓励购买餐饮产品或服务
	幸运抽奖	幸运抽奖广泛使用于多种行业，因为它迎合了人们的好奇心理及尝试运气的心理，这种促销方法在酒店餐饮营销中也得到了运用
客房	打折销售	在原有房价的基础上进行折扣，从价格角度提升吸引力
	赠送服务	赠送如康体、娱乐等酒店的其他服务
	入住 $N+1$	入住满 N 天，免费赠送1天
	赠品	即用赠品来鼓励购买客房产品或服务

二、确定活动定价

活动期间，相关产品和服务(客房、餐饮)的定价，需要综合考虑成本、费用及预期收益等多项条件，并结合客户需要，与同类酒店进行比较后确定。

客房定价常用的方法有千分之一法、赫伯特公式计价法、分级分等定价法、保本点定价法等；餐饮定价主要基于正常利润和高毛利两种原则，除常规定价方式外，还有亏本策略、低利润战术、尾数学问等方法可供选择，可结合实际情况确定活动期间相关产品和服务的最终定价。

【知识链接】

一、基本定价方法

1. 千分之一法

千分之一法是参考酒店的造价计算客房价格的定价方法。计算中所采用的成本应包括酒店占用的土地使用费、建造费及设施设备成本。具体公式如下：

平均每间客房定价＝(土地使用费＋建造费＋设施设备成本) / 客房总数×1000

使用千分之一法定价，饭店管理人员可以迅速做出价格决策。但是，该方法有赖于各项假设的可行性，且未考虑到当前各项费用、竞争情况和客户需求，只能作为制定房价的出发点，为我们明确一个大致的房价范围。

2. 赫伯特公式计价法

一般而言，新建酒店往往采用此种方法定价。与千分之一法相比，赫伯特公式计价法要合理得多。它是根据计划营业量、固定费用及酒店所需达到的投资收益率来确定每天客房的平均房价。其具体计算公式如下：

平均每间客房定价＝(预期投资收益＋固定费用(税、折旧、利息等)＋未分配费用－其他营业部利润＋客房部营业费用) / 计划营业量(预计客房出租间数)

这个公式的缺陷在于客房部必须承担实现计划投资收益率的责任，由分子部分看出，其他部门盈利高，房价可低些，一旦其他营业部门亏损，房价则上升。应该明确，其他部门经济效益低，不应由高昂的、缺乏竞争力的房价来弥补，同时，其他部门的高额利润也不应成为制定过低房价的理由。

3. 分级分等定价法

无论千分之一法还是赫伯特公式定价法都存在一个问题：即它们只能求出酒店客房的平均价格。然而在酒店实际经营中，并不只是按照平均房价标准统一定价，而是根据客房类型、房间家具摆设、附属设施、入住人数、淡季旺季、竞争状况等因素制定一个合理的房价结构。采用分级分等定价法，平均房价的计算仅是定价过程的第一步。根据一般规律，房价的分布状况和统计学中的正态分布差不多。

4. 保本点定价法

保本点，又称盈亏平衡点，是指企业在经营活动中既不盈利也不亏损的定价水平或销售水平，在此水平上利润等于零。保本点既可以指在一定的预期销售量下使总收入等于总支出的价格，又可以指在一定的预期价格下使总收入等于总支出的销售量。

酒店应用保本点定价法进行客房定价的公式：

保本点平均价格＝(固定成本＋变动成本)÷客房预期销量

下面是某酒店一年的基本经营数据，此处我们用保本点定价法计算在一定的客房预期销量下使总收入等于总支出的价格。但因为酒店客房不会只以一个固定不变的价格来定价，而是有着更为精细的价格测算方法，所以用保本点定价法确定的客房价格只能是一个平均价格。

某酒店一年固定成本如下：

工资福利＝4 344 000(元)

折旧费＝8 000 000×10%＝800 000 元(按 10 年折旧)

保险、税金等略

总固定成本＝4 344 000＋800 000＝5 144 000(元)

一年变动成本如下：

设每出租一间客房每天的变动成本为 35 元，年平均出租率为 50%，客房数为 100。

总变动成本＝100×50%×365×35＝638 750(元)

一年总成本＝5 144 000＋638 750＝5 782 750(元)

保本点平均房价＝5 782 750÷(100×50%×365)＝316.9(元)

建议客房的门市价为 480 元，旺季上浮 10%至 528 元，淡季最低卖价为 288 元(6 折)。经过更为精细的测算，不管价格在 288 元至 528 元区间内如何变动，全年平均房价如能达到 316.9 元，则既能实现保本目标，又能保持一定竞争力。

5. 亏本策略

有的酒店曾推出一元一斤的基围虾，一元一只一斤重的甲鱼，这种属于典型的亏本策略。看似亏本，但却给酒店赚足了人气，能够吸引消费者来酒店购买其他产品和服务。

6. 低利润战术

"'脸儿熟'的菜，刀不能快"。像鱼香茄子、宫保鸡丁、麻婆豆腐等大家都熟悉的菜品，价格一定要定得低点，最好是本地区最低，这样能给客人留下一个好印象，就是"这家店菜便宜"。

7. 尾数学问

价格的尾数怎么定也大有学问。有家酒店之前标准间定价 300 元，但点击率不高，后来改成 288 元，立即畅销。

二、价格折扣

1. 礼节性折扣

授予一线领班或主管的价格折扣权限，适用于普通客人。

2. 旅行社折扣

旅行社折扣一般有两种，一是旅行社事先通过协议成为酒店订房网络成员(或称客房零售商)，代商务客人订房，按目前行业惯例收取10%的佣金。酒店总台向客人收取门市价(此门市价是随行就市、有一定竞争力的价格)，由酒店财务返回10%给旅行社；另一种是旅行社组团入住，由饭店营销部门依据订房期的客源情况以及营销协议，通知总台及财务付给旅行社佣金。旅行社既是客房零售商，又是为酒店送来旅游团队、会议团队的批发商，因此酒店要重视与旅行社的合作，搞好与旅行社的关系。

3. 长期住客折扣

由饭店出台相关政策，鼓励客人长住，如住十天送一天、住客房送早餐等。

4. 官方折扣

酒店管理层为协调各方关系，对关系单位高级行政人员等非常重要客户实行的一种优惠折扣。

5. 商务折扣

由营销部门与重要客户具体议定的折扣。

锦江温泉大酒店活动策划案

这一季，我们想要奉献给您的是健康、自然的美食，还有趣味无穷的运动和心灵的宁静致远。在这里，来自大农庄的有机农产品、三江入海口的海鲜、超凡脱俗的素斋您都能一一品尝得到，还有大灵湖畔的禅寺、东屿岛的温泉也将给您的身心带来无限舒展。久居城市森林的您，换一种方式宠爱自自己吧，现在起就预定，享受我们为您悉心奉上的季度最优专案。

A. 心愿之旅：两天一夜238元／位(包含政府税)

海景房一晚(适用两人同住，单住补房差88元)

提供营养早餐一次，价值20元

提供素斋一次，价值35元

提供博鳌鱼宴一次，价值45元

提供东方文化苑门票一张，每张价值38元

提供玉带滩游船票一张，每张价值30元

提供免费车辆接送(仅限海口地区)

免费沙狐球、波比足球、乒乓球、斯诺克60分钟

免费户外咸温泉

本项目适合20人以上使用

适用时间：2013年7月1日—9月30日

动静结合的方式，全面领略博鳌的壮丽美景、人文风情。

B. 温泉之旅：两天一夜298元／位(包含政府税)

海景房一晚(适用两人同住，单住补房差88元)

提供营养早餐一次，价值 20 元

提供特色农家饭一次，价值 35 元

提供特色水果餐一次，价值 45 元

提供东屿温泉票 1 张，每张价值 156 元

提供玉带滩游船票一张，每张价值 30 元

提供免费车辆接送(仅限海口地区)

免费沙狐球、波比足球、乒乓球、斯诺克 60 分钟

本项目适合 20 人以上使用

适用时间：2013 年 7 月 1 日—9 月 30 日

C. 浪漫之旅：两天一夜 238 元／位(包含政府税)

海景房一晚(适用两人同住，单住补房差 88 元)

提供营养早餐一次，价值 20 元

提供特色农庄饭一次，价值 35 元

提供特色海鲜餐一次，价值 45 元

提供万泉河竹筏漂流票一张，每张价值 28 元

提供玉带滩游船票一张，每张价值 30 元

提供免费车辆接送(仅限海口地区)

免费沙狐球、波比足球、乒乓球、斯诺克 60 分钟

本项目适合 20 人以上使用

适用时间：2013 年 7 月 1 日—9 月 30 日

案例来源：海南金棕榈商务会议服务有限公司金棕榈会务报告(www.lotour.com)，有改动

【思考与练习】

一、选择题

1. 用赠品来鼓励购买其他产品或服务的促销方法，称为(　　)。

　　A. 免费样品　　　　B. 折价赠券　　　　C. 赠品　　　　D. 幸运抽奖

2. "平均每间客房租价＝(土地使用费＋建造费＋设施设备成本)／客房总数×1000"，这种定价方法称为(　　)。

　　A. 千分之一法　　　　　　　　B. 赫伯特公式计价法

　　C. 分级分等定价法　　　　　　D. 保本点定价法

3. "平均每间客房租价＝(预期投资收益＋固定费用(税、折旧、利息等)＋未分配费用－其他营业部利润＋客房部营业费用)／计划的营业量(预计客房出租间数)"，这种定价方法称为(　　)。

　　A. 千分之一法　　　　　　　　B. 赫伯特公式计价法

　　C. 分级分等定价法　　　　　　D. 保本点定价法

4. 并不只是按照平均房价标准统一定价，而是根据客房类型、房间家具摆设、附属设施、入住人数淡季旺季、竞争情况等因素制定一个合理的房价结构，这种定价方法称为（   ）。

    A. 千分之一法   B. 赫伯特公式计价法

    C. 分级分等定价法   D. 保本点定价法

5. "有的酒店曾推出一元一斤的基围虾，一元一只一斤重的甲鱼"，这属于典型的（   ）。

    A. 亏本策略   B. 低利润战术

    C. 尾数学问   D. 保本点定价法

6. "'脸儿熟'的菜，刀不能快"，这属于典型的(   )。

    A. 亏本策略   B. 低利润战术

    C. 尾数学问   D. 保本点定价法

7. 有家酒店，之前标准间定价 300 元，但点击率不高，后来改成 288 元，立即畅销。这属于典型的(   )。

    A. 亏本策略   B. 低利润战术

    C. 尾数学问   D. 保本点定价法

二、简答题

1. 酒店的基本定价方法有哪几种？其中哪些可用于餐饮？

2. 常见的酒店价格折扣有哪些？

【实战演练】

请你结合实际情况，确定戴斯商务酒店重阳节相关活动的活动方式与定价。

任务五　根据活动目标选择合适的媒介

【任务描述】

如何有针对性地让目标客户群在活动的时间期限内了解到酒店的活动消息，是活动成败的关键，它在很大程度上决定了活动的效果与收益。消息发布的过程也是对酒店品牌的一次宣传，所以很多酒店都不惜投入相对巨额的费用来做宣传。在策划活动的宣传过程中，酒店应根据实际情况需要，选择自有媒介与租用媒介并行的方式进行，投入多效果不一定好。

此项任务主要是根据活动宣传的需要及当地媒介的具体情况，分析目标客户群的媒体习惯，合理选择自有媒介或租用媒介进行宣传。

【实践操作】

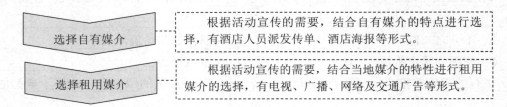

一、选择自有媒介

自有媒介的优点在于成本较低，媒介资源由酒店自行掌握，可以随时根据需要做出调整，但其传播范围有限，影响力也有限。

根据策划活动的目标，结合对活动目标市场的分析，并根据自身的实际情况(费用、人员、渠道等)，选择适合本次活动的自有媒介宣传形式，一般来讲，传单(也可是优惠券)的发放、门店前的海报是短期主题活动必选的宣传方式，更多方式见表8-8。

表8-8　常见的自有媒介宣传方式

形　式	具　体　方　式		
门店周围宣传	门店招牌	门店海报	标语旗
	幕布条幅	空飘气球	……
店外宣传	宣传单页	优惠券	交通广告
	与交通枢纽、零售店合作(海报、传单)	……	

二、选择租用媒介

租用媒介相对于自有媒介来说，可选择的范围更大、方式更多，其宣传效果及影响力也远远大于自有媒介，但其成本较高，可控性较差。

酒店不可盲目地选择租用媒介，要根据活动目标及受众需要，并根据自身的实际情况，选择适合本次活动的租用媒介来为活动宣传服务，这样不但可以节约成本，还可以达到好的宣传效果。下面对常见租用媒介的优劣势进行介绍(见表8-9)。

表8-9　常见租用媒介的优劣势

媒　体	优　点	局　限　性
杂志	针对性强，选择性强，可信度高；并有一定的权威性，反复阅读率高，传读率高，保存期长	广告购买前置时间长，会产生无效广告
广播	信息传播迅速、及时，传播范围广泛，选择性较强，成本低	仅有声音传播，信息展露转瞬即逝，表现手法不如电视吸引人
电视	诉诸与人的听觉和视觉，富有感染力，能引起高度注意，触及面广	成本高，干扰多，信息转瞬即逝，对受众选择性不强

(续表)

媒　体	优　点	局　限　性
户外广告	反复诉求效果好，对地区和受众选择性强，传真度高，费用较低，具有一定的强迫诉求性质	传播区域小，创造力受到限制
直邮	针对性、选择性强，注意率、传读率、反复阅读率高，灵活，无同一媒体广告的竞争，人情味较重	不生动，传播面较小

酒店在选择租用媒介时，可以从以下几个方面考虑(见表 8-10)。

表 8-10　租用媒介考虑的因素

因　　素	描　　述
目标市场的媒体习惯	不同的观众通常会接触特定的媒体，有针对性地选择广告对象易于接收的媒体，是增强广告促销效果的有效方法
产品	根据酒店产品或服务的性质与特征确定
广告内容	广告媒体的选择受广告内容的影响。如果广告内容是宣布明日的销售活动，则报纸、电视、广播媒体是最及时的
广告传播范围	媒体所能触及的影响范围与酒店所要求的信息传播范围相匹配
媒体成本	不同媒体所需成本也是酒店选择广告媒体的依据。依据各类媒体成本选择广告媒体，最重要的不是绝对成本数字的差异，而是媒体成本与广告接收者之间的相对关系，即千人成本。此外，还要考虑媒体的传播速度、传播范围、记忆率等因素择优确定广告媒体

【思考与练习】

1. 酒店自有媒介有哪些常见形式？
2. 租用媒介应考虑的因素有哪些？

【实战演练】

请根据实际情况，确定戴斯酒店重阳节相关活动使用自己的媒介还是租用媒介？或是两者结合？

任务六　对活动进行准备和控制

【任务描述】

这个环节的任务是策划书执行过程中最为具体的一部分，因此这部分的内容应该尽量详细，并且要有关键工作的时间进度安排，最大限度地从整体上控制活动进展，保障活动达到预期目标。

此项任务主要由两部分组成。一是活动前期根据需要做好活动的相关准备工作；二是活动执行过程中为保障活动顺利开展，对活动进行控制。

【实践操作】

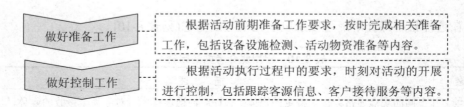

根据活动前期准备工作要求，按时完成相关准备工作，包括设备设施检测、活动物资准备等内容。

根据活动执行过程中的要求，时刻对活动的开展进行控制，包括跟踪客源信息、客户接待服务等内容。

一、做好准备工作

明确活动形式后，需要对环境的布置、活动资源的准备及其他相关事宜做好安排，以保障活动的顺利开展。

准备工作主要有以下几个方面(见表 8-11)。

表 8-11 活动的准备工作

任　　务	描　　述
做好设备设施检测	活动进行时，客源很可能是平时的几倍，这对酒店的设备设施是一次考验，所以之前要做好调试
做好人手合理安排	活动期间由于客源的增加，对服务人员的数量和素质也有不同的要求，所以要做好兼职人员的招聘与专兼职人员的培训
酒店其他场所准备	票务预定、康体、娱乐、餐饮等其他场所做好活动时人员和工作量增加的准备
做好活动资源准备	客房备品、餐厅菜品原料、环境布置的物资、活动所需的礼品、赠品等，需要在活动前做好准备
做好合理超额预定	根据以往节假日未履行预定的数据，进行统计分析，得到一个比例(C)，确定接受预定的数量=客房数(或餐桌)÷C

在进行准备工作时，可用表 8-12 和表 8-13 进行物资和人员的安排。

表 8-12 物资准备进度样表

物 资 名 称	计划到位时间	负 责 人	到 位 情 况	备　　注
宣传品				
奖品				
媒体宣传				
抽奖台(抽奖箱)				
……				

表 8-13　人员职责分工样表

工作事项	负责人	工作人员
总负责		
奖券发放		
现场抽奖		
奖品兑换		
……		

二、做好控制工作

做好策划活动前期准备和执行过程中的控制，是活动顺利开展及减小风险的最大保障，对于酒店来说，包括表 8-14 所示的几项内容。

表 8-14　控制工作程序

任务	描述
跟踪客源信息	(1) 与同行互通信息； (2) 与网站、电台及时联络，通告活动信息； (3) 与预定客人进行核实(是否参加、人数、时间)
确定客源比例	确定个人和团队客源的比例，根据竞争情况、天气情况及其他情况调整客源比例
锁定目标客户	提供优质服务；经理拜访；赠送礼品；发放贵宾卡或优惠券
客户接待服务	客源增加，会使得酒店工作人员工作量增加，难免使部分人员有情绪，要做好人员培训，同时关注员工表现，以保证客户的满意度
关注天气情况	无论是酒店客房还是餐饮，活动期间受天气情况的影响都比较大，因此要随时关注天气，以面对客源增减的变化

【实战演练】

请根据实际情况，填写表 8-10～表 8-13，对戴斯酒店重阳节相关活动进行准备和控制工作。

任务七　制定活动的费用预算

【任务描述】

合理而详细的费用预算既可以为酒店节约活动成本，又可以保障策划活动的顺利进行，是活动策划中不可或缺的关键任务之一。

此项任务主要是根据活动的具体情况，通过对相关部门及人员进行调查，编制和填写费用预算表，形成活动的费用预算。

【实践操作】

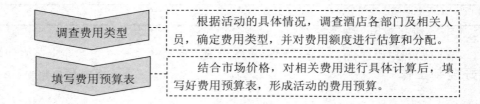

一、调查费用类型

通过前期准备，我们对活动策划的开展已经有了比较全面、详细的了解，这一环节应根据活动的具体情况，调查酒店各部门及相关人员，确定费用类型，并对费用额度进行分配。

二、填写费用预算表

酒店的策划活动是由多个部门协同工作的。我们应该和相关部门沟通配合，请其提供目前需要准备的物资及人员的市场价格，然后根据活动对物资及人员的需求进行详细计算，并填写费用预算表，形成活动预算。见表8-15。

如果是周期相对较长的策划活动，建议使用滚动预算或弹性预算对活动预算进行把控，以提高预算编制的透明度、及时性、连续性、完整性和稳定性。

表8-15 费用预算样表

		规格、数量		费用(元)	相关部门
现场材料	条　幅	200(元/条)×5	0.4m×5m		市场部
	背景板	100(元/块)×3			市场部
	拱形门				市场部
	海　报	5(元/张)×5			市场部
	……				
礼品	奖品纪念品	批发			市场部
	……				
菜品原料	青菜、水果	批发			餐饮部
	肉类、海鲜	批发			餐饮部
	……				

(续表)

		规格、数量	费用(元)	相关部门
媒介宣传	××晚报	1/4 通栏广告(2 天)		市场部
	××交通台	每日 6 次(7 天)		市场部
	××网站	旅游、住宿、餐厅专栏广告		市场部
	交通枢纽	火车站、飞机场的广告牌		市场部
	……			
人员费用	临时人员	劳务费		人力资源部
	在职员工	加班补贴		人力资源部
	……			

【知识链接】

(1) 滚动预算：又称连续预算或永续预算，是指在编制预算时，将预算期与会计年度脱离开，随着预算的执行不断延伸补充预算，逐期向后滚动，使预算期始终保持为一个固定期间的预算编制方法。

(2) 弹性预算：又称变动预算法、滑动预算法，是在变动成本法的基础上，以未来不同业务水平为基础编制预算的方法，是固定预算的对称。

【思考与练习】

简答题

滚动预算和弹性预算有何区别？

【实战演练 1】

请根据戴斯酒店的活动策划内容，确定其预算方案。

【酒店营销策划书】

皇廷酒店营销策划书

目录
一、酒店概况与任务
二、市场分析
三、竞争分析
四、市场营销目标
五、酒店营销策略
六、营销预算
七、营销计划的实施和控制

一、酒店概况与任务

皇廷酒店位于上海市北京西路918号，介于市中心和红星开发区之间，交通便利，适合商务、旅游等活动。北京路就在酒店旁边，给酒店带来了便利的交通条件。

- 酒店。客房总数96间(套)，其中标房88间、套房8套；多功能会议厅一个，可容纳80个座位；餐厅1个，咖啡屋1个。

- 酒店硬件按三星级标准配置，内部装饰布置由美国著名设计师乔奇设计。最让我们自豪的是酒店的客房，每个房间都足够宽敞，特大床、沙发、保险箱、小酒吧等客房设备一应俱全，所有的电子连接设备，比如卫星电视、音响及灯光均可通过中央遥控器控制，盥洗室的设备更是一流。

酒店为客人提供的主要服务有：

- ◆ 24小时客房服务：叫醒服务、干洗服务。
- ◆ 商务中心服务时间：6：00至24：00，预订机票、代叫出租车。
- ◆ 餐厅营业时间：7：00至22：00。
- ◆ 咖啡屋营业时间：7：00至24：00。

- 酒店于1988年开始对外营业。由于受酒店建筑结构以及目标市场反复多变的影响，酒店开业至今，尚未建立起一个明确的市场形象，也没有稳定的客源。

- 2003年开始，酒店加入万豪酒店管理集团，同时用一年的时间，停业对酒店进行了全面装修改造。改制后的酒店管理方式必须符合万豪集团公司的管理模式，服务水平必须能体现集团公司的水准，这些"必须"，为酒店赢得顾客、完成经营指标提供了机遇和条件。

- 2004年重新开业的酒店，给顾客以全新的形象。

二、市场分析

1. 中国酒店市场

供给过剩，国内外需求明显不足。近年来在建酒店项目持续增加，一些写字楼、公寓纷纷转向酒店经营，社会旅馆升级，所有这些使酒店数量的增加远远超过了客源的增长速度。表1所示是全国近三年的统计数据。

表1 中国酒店市场

年　度	境外旅客增长	酒店客房增长
2003	5.2%	5%
2004	6.2%	19.6%
2005	10.2%	22.6%

- 受SARS影响，国外出游的人数减少，有些国家的政府甚至采取措施限制国民出境旅游。

- 2004年下半年以来，俄罗斯客源市场增长较快，但俄市场影响的地区主要是华北和东北的部分地区，数量的增加也是以边境游带动的，往往与购物联系在一起。

- 欧美客人来华旅游数量在增长，但增长幅度令人难以乐观。

- 国内旅游受宏观经济形势不景气、三资企业发展乏力、居民消费转向住房等因素影响持续下滑，酒店需求也受到影响。

2. 上海酒店市场

- 受 SARS 影响，2003 年全市三星级酒店的平均客房出租率为 50%，平均房价是 350 元。2005 年亚太经济合作会议将在本市召开，到时可能会吸引一些中外旅游者，但这些客人入住三星级酒店的机会很小。预计 2004 年的入境人数与 2003 年基本持平。

- 内需市场是一个有潜力的市场。受政府拉动内需政策的激励，预计 2004 年国内居民旅游需求将有较大增长，来上海旅游购物的人数将增加。他们中为数可观的人将入住二三星级酒店。国内一些中小企业也开始寻找相对经济的酒店来举办促销会、公司会议，他们需要设施完备、卫生整洁而价格便宜的酒店。

- 在餐饮市场方面，2002 年餐饮业的成功者都体现了这样一些特点：设施设备都达到了星级酒店的水平，重视环境气氛的营造，消费者无论是自己用餐还是宴请客人，这些场所都让他们觉得体面，而且价格很有吸引力。这些就是内需顾客的主要需求特点。

三、竞争分析

1. 竞争对象

我们主要以一定范围内的星级相同、提供产品相似的酒店作为竞争对象，即华山路以西、中山西路以东、中山北路以南、衡山路以北地区范围内的二三星级酒店。在这一区域内，静安寺是宾馆集中的地区。我们以客户的身份分别走访了这一区域内的近十家酒店。考虑到酒店的客源市场、设施设备等因素，我们选择了 A、B、C、D 四家酒店作为皇廷酒店的竞争对象。

2. 竞争酒店 2003 年 1 月至 5 月客房出租率和平均房价(见表 2)

重新开业的酒店，给顾客以全新的形象。

表 2　2003 年 1~5 月客房出租率和平均房价

月份	酒店 A		酒店 B		酒店 C		酒店 D	
	平均房价	出租率/%	平均房价	出租率/%	平均房价	出租率/%	平均房价	出租率/%
1	280	50	200	70	300	80.3	290	65
2	200.8	30	180	43	280	35.4	210	50.1
3	300	50.5	210.6	72	310.2	84.2	268	56.6
4	300.8	49.6	234	63.2	293.2	83	297	67.9
5	320	64	265.6	70.2	353	97.5	340	72.1

3. 竞争酒店设施设备比照(见表 3)

表 3　竞争酒店设施设备比照

项　目	酒店 A	酒店 B	酒店 C	酒店 D	皇廷
客房设施	齐全(新)	齐全(陈旧)	齐全(陈旧)	齐全(较旧)	齐全(新)
房间数	367 套	397 套	25 套	166 套	96 套
商务中心	有，设备新	有，较旧	有	有	有，设备新
宴会厅	200m²(多功能)	400(座位)	50m²，四间	250(座位)	无
餐饮	300(座位)	300(座位)	80(座位)	300(座位)	150(座位)

(续表)

项 目	酒店 A	酒店 B	酒店 C	酒店 D	皇廷
会议厅	200(座位)	30(座位)	150(座位)	200(座位)	300(座位)
健身房	有	有	有	有	有
桑拿	有(承包)	无	无	无	无
KTV 包房	有(承包)	4 间(容 50 人)	有(承包)	有	无
棋牌室	有	有	有	有	有
停车场	有	有	有	有	有

4. 竞争酒店主要客源市场

- 酒店 A：内宾为主，商务、会务、旅游客人。
- 酒店 B：内宾为主，商务、会议、旅游客人。
- 酒店 C：中外学术界人士、会议客人、商务客人。
- 酒店 D：内宾为主，商务、会议客人。

四、市场营销目标

1. 目标市场

- 根据上述分析，酒店的目标市场主要是国内高级商务客人和教学、医疗、科研界人士，兼顾一些小型学术会议、商务会议和境外旅游团队。
- 商务客人：本地区三星级以上的商务酒店已显过剩，但由于本酒店的硬件优势和价格优势，可吸引国有企业高级商务客人、合资企业中方雇员及其他商务客人。
- 教学、医疗、科研界人士：酒店是万豪集团在上海的管理人才培训场所，本身具有较好的学术气氛，产品质优而价格优惠，这对他们有亲切感。
- 会议客人：酒店会议设施齐全，适应中小型商务会议、公司董事会议、学术会议。
- 境外旅游团队：酒店在客源不足时，可以考虑吸引一些境外旅游团队。

2. 销售目标

鉴于对今年的市场分析，国内客人将是主要的目标市场，相应的平均房价会有所下降。同时因为酒店重新装修和改制，新的市场形象尚未确立，所以建议销售目标以保本为主。根据酒店的各项成本开支，客房的营收目标约 700 万元。

五、酒店营销策略组合

1. 产品策略

- 提高餐饮质量、创立特色产品：餐饮在酒店经营中的作用越来越重要，餐饮带动酒店其他产品销售的作用已成共识，而酒店在这方面恰是弱项。应充分利用万豪培训中心优势，定期举办国内外名厨技艺展示活动；发掘原有的"仿膳菜"，推出诸如窝窝头、小米粥等绿色食品；精心制作商务套餐、会议套餐、家庭套餐；辅以半成品、中西点外卖。
- 重视产品组合：产品组合的目的是增强产品的吸引力、增加销售量。合理计划餐饮产品与客房、娱乐等的组合，以及酒店产品与周边娱乐设施的组合，充分利用周边资源。具体设想有如下几项。

(1) 产品组合一：商务组合

酒店客房主要按商务客人的需求进行设计，客房宽敞，有网络接口。客人除了能享受到三星级同类酒店的所有设施外，本酒店还为商务客人准备了"VOD"视频点播系统，该系统能准确、及时地传输声音、图像信息，可以进行远程商务谈判、远程会议转播等。依据市场定位，国内中档商务客人是酒店的主要目标顾客。为了表示酒店对目标商务客人的热忱欢迎，每在酒店住一个房夜，酒店除了包双早外，还将免费提供一份商务套餐。当商务客人支付 RMB380 元一个房夜后，会感觉非常值得。

(2) 产品组合二：会议组合

① 酒店作为洛桑—锦江合作培训的示范酒店，有技术先进、配置合理的会议和教学设施，适合中小型学术会议、商务会议。"VOD"系统的支持，更使得会议策划者毫不犹豫地做出选择。酒店的规模和服务理念，决定了会议客人在整个会议期间将成为全酒店注目的贵宾。

② 如果在会议期间使用本酒店 30 个房夜的客房(每个房夜 300 元)，就可以免费使用所有会议设施及服务，或者酒店优惠提供 30 人的会议用餐(每人标准 30 元)。

(3) 产品组合三：婚宴组合

酒店在这方面的差异性优势并不明显，主要市场是中低档婚宴(每桌 1000 元左右)。消费满 7 桌(每桌 1000 元)免费提供一个房夜标准间婚房，免费婚礼摄像服务，并可选择：①赠送婚礼 VCD 一张；②赠送营养早餐两份。消费满 7 桌(每桌 1500 元)，免费提供一个房夜套间婚房，其余与上述相同。

(4) 产品组合四：周末包价

① 每周五、六、日三天，享受此包价。适应对象主要是来上海购物旅游的家庭，需要在江浙两省或上海各入境口做广告。产品优势：北京路高架江苏路口下来就是酒店，有停车场，客房宽敞可免费加床。包价内容：300 元一个房夜，包早餐、免费停车、KTV 包房免费点歌三首，午餐、晚餐和咖啡厅消费均 7 折优惠。

② 不放过任何可能的节日，不断推出新产品。

③ 创造轻松、温馨的气氛："气氛"在组成酒店产品诸要素中起着重要作用。气氛是服务态度，服务技术，服务员的形象，酒店的建筑装潢、设施设备的布局、色彩，背景音乐等因素的综合，体现了一种文化品位。酒店的某些硬件上的劣势可用良好的气氛加以弥补，而这不需要投入太多的资金。可以通过建立并严格执行科学高效的管理制度，建设酒店文化形成统一的价值观，提高服务员的审美修养和业务能力，注意设施设备布局的艺术审美效果等方法实现。

2. 价格策略

酒店的原有固定资产大多已折旧完，现仅以投资装修的 1000 万元计算，其中用于客房装修的是 800 万元。按保本点定价。

公式：保本点平均房价=(固定成本+变动成本)/保本点销售量

一年固定成本：工资福利 (281 950＋80 050)×12＝4 344 000 元

折旧费 8 000 000×10%＝800 000 元(按 10 年折旧)

保险、税金等略

则

总固定成本＝4 344 000＋800 000＝5 144 000 元

一年变动成本：设每出租一间房夜的变动成本为 35 元，年平均出租率为 50%，房间数为 100，则

总变动成本＝100×50%×365×35＝638 750 元

保本平均房价＝(5 144 000＋638 750)/(100×50%×365)＝316.9 元

建议标房的门市价为 480 元，最低卖价为 288 元(6 折)。这一价格既能保本，又与竞争酒店的价格相仿，有一定的竞争力。

3. 销售渠道策略

依据酒店客房数少的特点，宜采用直接销售和一级销售渠道两种形式，以前者为主。

● 直接销售：酒店的销售人员直接与目标顾客接触，建立关系，形成较为稳定的客源。

● 一级销售：选择一至两家旅行社，提供小型外国团队；与科技、教育机构建立关系，提供会议客人；建立网上订房系统，与国内有关旅游订房网络订立合约，接受网上订房。

4. 促销策略

(1) 广告策划

① 建立酒店形象

利用改制之机，结合公司品牌，推出"皇廷—万豪合作培训的示范酒店，让您获得超值享受"的酒店形象。都市景象繁华、忙碌；酒店气氛轻松、温馨。

② 媒体选择

由于酒店近年来多次装修改造，资金紧张，营销费用适度从紧，宜选择上海卫视旅游栏目、有关报刊作宣传性介绍；广告媒体可选择电台的商业栏目(费用较低，但效果不错)、教学及学术刊物。

③ 广告计划

● 一季度：10 点档卫视旅游栏目，每月 4 次。

● 二季度：有关教学、学术刊物专访，介绍培训中心。

● 三季度：电台商业信息栏目插播广告(延续至年底)。

● 四季度：卫视旅游栏目专访——介绍皇廷酒店的"仿膳菜"。

(2) 人员销售

人员销售是最有效的销售方法，需要训练有素的销售员。销售员应熟悉酒店产品和业务，并有与商业企业、教学科研等行业交往的基础。利用原有的销售渠道，走访和争取老客户。

(3) 内部促销

在酒店大堂、电梯等场所，宣传酒店产品，指示消费场所；培养全体服务员的促销意

识，奖励主动促销且受顾客欢迎的服务员。

六、营销预算(见表4)

表4　营销预算　　　　　　　　　　　　单位：万元

内　　容	一季度	二季度	三季度	四季度
广告				
报刊				
电视	3	2	2	2
电台				
宣传册(放客房、公共场所)	5	2	0.03	0.03
邮寄(访老客户)	0.05	0.03		
营销推广				
公司促销会	20			
中间商促销		10		
公共关系				
人工费	1	1		1
招待费	0.2	0.2		0.5
材料费	2			
销售访问				
人工费	2	2	2	2
管理费	1	1	1	1
差旅费	3	1	0.5	2
通信费	0.5	0.2	0.02	0.03
总计	37.75	19.43	5.55	8.56

七、营销计划的施行和控制

1. 计划的施行

- 营销计划的执行需要各部门(生产、销售、财务、人事等)的协调和配合。
- 为了鼓励前台接待人员主动促销，建议给予门市价7折的决定权。
- 各生产部门按照产品策略的要求，设计、生产好产品，并及时了解顾客的想法。
- 根据营销目标，平均每月要完成60万元的客房营收。考虑到季节差异，各月份的营收指标分配(单位：万元)如表5所示。

表5　各月营收指标分配

月份	1	2	3	4	5	6	7	8	9	10	11	12
营收指标	30	30	50	80	80	80	50	60	80	80	60	50

2. 销售的控制

各细分市场的业绩评估采用表 6 的形式，每月进行一次评估，及时分析完不成相应销售指标的原因(是产品、服务问题，还是促销方式、价格等的问题)，提出相应的措施。

表 6　业绩评估表

细分市场	目标销售额	实际销售额	绝对差额
商务市场			
会议市场			
旅游团队			

3. 统计市场份额

以前面确定的竞争对手作为参照，每月统计出各细分市场的总销售额，然后用本酒店在该市场的销售额与之比较，得出所占的市场份额。

预计理想的市场份额目标是：

商务市场占 20%;

会议市场占 30%;

旅游团队占 15%。

资料来源：新浪地产(http://xiazai.dichan.com)《上海皇廷营销策划书》一文

【实战演练 2】

请为戴斯酒店重阳节活动制定营销策划案。

零售业营销策划

【单元概述】

在过去的 10 多年里，我国零售业走完了国外零售业 150 年的商业历程，西方发达国家历经 8 次零售革命形成的 20 余种业态几乎全部在我国出现。中国零售业的快速发展，不仅使零售业成为经济发展的热点行业，而且对整个流通业乃至经济运行方式都产生了积极影响。

根据出发点不同，零售业营销策划通常有两种类型，一是零售企业年初根据本年度各类节假日所做的营销活动策划；二是零售企业在对经营期内与上年度同期销售额、本年度近期销售额、本期销售目标达成情况进行比较的基础上，针对出现的问题而决定实施的营销活动策划。无论是哪种类型，都旨在提高零售业营销的水平，实现业绩增长和声誉提高的双重目标。

【能力目标】

终极目标：

能够针对活动内容形成可行性强的营销策划书。

促成目标：

- 能够针对策划的目的及时间，选择适当的策划主题。
- 能够依托主题，确定本次策划活动的预期目标，并选择合适的活动形式及内容。
- 能够针对策划活动选择合适的宣传载体，并形成创意。
- 能够针对活动内容和主题形成操作性较强的实施和控制方案。
- 能够对活动方案编制合理预算。
- 能够针对活动内容形成可行性强的营销策划书。

【项目导航】

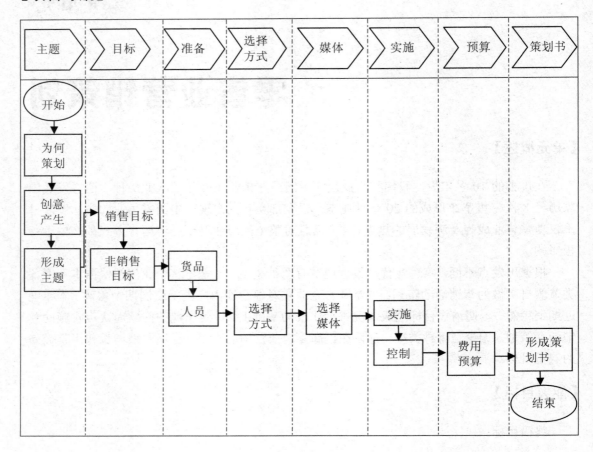

任务一　确定零售业活动策划的主题

【任务描述】

　　主题是促销的"灵魂"。促销活动的主题是打动消费者的关键，一定要贴近目标消费者，反映促销活动的核心思想，并且要简洁、突出、富有创意。

　　促销主题的确定是个复杂的过程。首先，要对零售企业的整体营业情况、产品销售情况、竞争态势、节日特色等因素进行综合调研，重点考察销售不好的产品有哪些？哪些产品新上市？近期有哪些节日？与节日相关的产品有哪些？竞争对手近期活动取得的效果如何？其次，根据调研报告确定顾客群体，从职业、消费能力、年龄等角度进行分析。最后，结合节日、产品、顾客购买偏好、消费能力、竞争等形成活动创意与主题。

【实践操作】

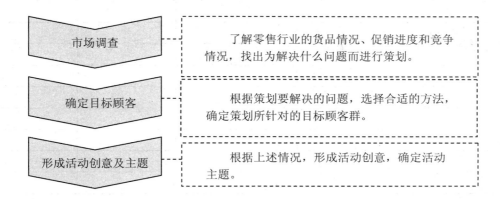

一、零售业促销策划的调研

零售业策划人员要进行的第一步工作，就是进行调研，找出问题，也就是解决为什么要进行策划。一般来讲，根据行业特点，零售业的活动策划主要基于两类：一类是根据年度促销计划所做的营销活动策划；另一类是在经营过程中，根据产品销售现状、年度目标达成情况、竞争对手的经营情况等所做的营销活动策划。

根据以上两种类型的活动策划，调研内容主要有以下三个方面。

1. 货品情况

主要调研各类货品销售现状及年度目标达成情况，是否有新品上市需要促销，是否有产品因某种原因需要出清，如果有上述情况，就可以有针对性地进行促销活动策划。具体调研方法见表 9-1～表 9-3。

表 9-1　各类货品销售现状调查表

货品名	编号	年度销售目标	年度销售目标达成率	当月销售目标达成率	最终评价

资料来源：《市场营销管理职位工作手册(第二版)》，作者：程淑丽

表 9-2　新品上市调研表

货品名	编号	进入本商场销售时间	销售目标达成率	对销售现状是否满意	最终评价

表 9-3　产品出清情况调研表

产 品 名 称	产品所在组别	现 有 库 存	欲出清数量	出清价格折扣

2. 促销进度

促销进度指是否有节假日、店庆等年初计划的促销活动，如果有，就要根据节日特点和内涵进行活动策划(见表 9-4)。

表 9-4　年度促销项目安排及实施进度表

实施项目	负责人	预估费用（万元）	项目实施进度											
			1月	2月	3月	4月	5月	6月	7月	8月	9月	10月	11月	12月
示范销售														
附赠赠品														
兑换赠品														
折价优待券														
赠送试用样品														
竞赛与抽奖活动														
直邮(DM)														
产品发布会														
免费检查保养														
折价销售														

填表说明：于"项目实施进度"栏内划"√"，以示每月需要开展的促销活动项目。

3. 竞争状况

竞争状况主要是调研竞争对手的销售现状及其对本企业产品销售情况的影响程度，根据调研结果决定是否要进行竞争性促销(见表 9-5～表 9-8)。

表 9-5　货品市场绝对占有率分析表

商品名称或类别：　　　　　　调查区域：　　　　　　调查时间：

项目	过去三年分析			未来三年预测			说明
	年	年	年	年	年	年	
区域内该产品的总销售量							
其中：企业甲							
企业乙							
企业丙							
企业丁							
……							
合计①							
本企业在该区域内的销售量③							
本企业市场占有率④＝③÷①×100%							
企业策略建议							

注：由于零售业所涉及的货品范围广，品类多，对竞争对手一一调查不现实也不可行，做这样的调研时主要是选择那些对企业影响大、销售多、占销售额权重大的产品，可以联合厂家和经销商共同进行调研。

表 9-6　货品市场相对占有率分析表

商品名称或类别：　　　　　　调查区域：　　　　　　调查时间：

项目	过去三年分析			未来三年预测			说明
	年	年	年	年	年	年	
区域内该产品的总销售量②							
本企业在该区域内的销售量③							
本企业市场占有率④＝③÷②×100%							
本企业策略建议							

表 9-7　竞争品牌市场调查表

调查地点		地址	
品名		本企业类似产品	
规格		包装样式	
零售价		陈列数量	
陈列位置优劣	□优　　　□中等　　　□劣		
促销活动情况			
销售人员			
店员平均营业额			
备注			

表 9-8　与竞争对手产品对比分析表

	竞争对手产品分析	企业产品分析	差异描述
质量			
价格			
知名度			
售后服务			
使用方便性			
企业信誉			
销售方式			
外观设计			
广告投放数量及方式			
主要目标市场消费者			

资料来源:《市场营销管理职位工作手册(第二版)》,作者:程淑丽

二、确定目标顾客

经过上述市场调研,我们已基本确定了本次策划的目的。例如可以经分析确定,本次策划是由于季节变换而进行的保暖内衣出清活动策划,或母亲节即将来临而进行的相关产品促销策划。这时,我们就要确定本次策划的目标顾客群体。如何确定目标顾客呢?根据行业的特点,我们用如表 9-9 所示的方式来确定目标顾客。

表 9-9　确定目标顾客

问　　题	答　　案
谁是产品的购买者和使用者?	
顾客购买的是什么,他们是怎样使用这些产品的?	
顾客在哪里购买产品?	
顾客何时购买?	
顾客怎样做出选择?	
他们为什么偏好于某一产品?	
他们对营销活动是怎样回应的?	
他们会再次购买这一产品吗?	

例如在分析谁是产品的购买者和使用者时,虽然不同产品有不同的分析方法,但是顾客的消费能力、性别、年龄、职业等因素一般都是要考虑的,否则分析有偏差就容易犯定位不准的错误,导致整个活动达不到预期效果。

在回答和分析上述问题之后,我们就能够确定目标顾客。

三、形成促销活动的创意

创意的过程是寻找解决问题的灵感，进行创造性思维的过程。虽然灵感的获得更多地需要我们"打破定势与常规"，但就创意过程本身来说还是有规律可循的。我们一般按如下步骤，形成零售业促销活动的创意(如图 9-1 所示)。

界定问题 → 设想最佳结果 → 查证资料 → 寻找灵感 → 走出熟悉的领域 → 尝试多种组合 → 初选方案 → 验证创意

图 9-1 零售业促销活动创意形成过程图

我们以化妆品"母亲节"促销活动策划的主题——"感恩母爱，双重馈赠，更有大奖等您拿！"为例来说明在遵循创意思维逻辑主线的前提下，如何形成零售业促销活动的创意。

1. 界定问题

根据市场调查和分析的结果，我们可以从基于活动的主题创意(母亲节、父亲节、中秋节等)和基于货品的主题创意(如新品上市、产品打折、出清)两个维度去界定零售业的营销策划的主题。比如说界定"母亲节"促销活动的主题，从节日的特定内涵来讲，要表达母爱，感恩；从货品的角度，可选择服装、化妆品等作为活动产品，此处我们选择化妆品作为活动产品。

2. 设想最佳结果

所谓最佳结果，就是在创意过程中最想要和最希望得到的那个结果。当然，这个最理想的结果并不一定能够实现，但是它至少使我们有了努力的方向。我们已确定"母亲节"要表达母爱，感恩，且产品是化妆品，在这个基础上要想出能最好地表达这一主题的创意来，比如说"感恩母爱，双重馈赠"，"让母亲变得更美丽"或"让母亲更健康"等。

3. 查证资料

所谓资料的查证，就是根据创意提出的设想，对我们所占有的各种资料的完备性、适用性和有效性进行验证和评估。比如说我们认为母亲节要表达母爱、感恩等，那么我们的创意是否与"母亲节"这一特定节日的内涵相一致。通过查证资料，能及时发现主题和创意中存在的不足，从而及时纠正。

同时，查证资料的过程，也是一个对已有资料进行分析、整理和再加工的过程。通过对已有资料的分析、整理和再加工，我们很可能会获得新的启示和认识，而这也是我们获得更好创意灵感的一个重要来源。

4. 寻找灵感

灵感的获得对于创意活动来说是十分关键的。灵感的获得也许是一瞬间的，然而灵感的寻找过程却并非想象的那样简单。

寻找灵感的过程不能靠等待,也不能靠运气,而应在充分准备和积累的基础上进行创造性思考,只有这样才能获得灵感。

5. 走出熟悉的领域

在进行策划创意的过程中,走出我们熟悉的领域,从其他人、其他领域或其他行业的视角来审视要解决的问题,是很有必要的。例如化妆品"母亲节"促销方案,我们从感恩这个视角去分析问题,就会出现新的灵感。当然,创意的产生,可能的情况非常多,可以选择的视角也非常多,只有不断地变化角度和换位思考,才可能出现好的创意。

6. 尝试多种组合

所谓尝试多种组合,就是要我们从不同的思维原点出发,去尝试各种解决方案的组合。例如在"感恩母爱、双重馈赠","让母亲变得更美丽"或"让母亲更健康"这三个主题之下,我们可以根据不同组合形成不同的创意,可以用"感恩母爱,让母亲变得更美丽"来组合形成创意;也可以用"感恩母爱,让母亲更健康"来组合形成创意。不同的组合就会表达不同的内容,形成不同的诉求。

7. 初选方案

经过前面的充分准备和酝酿之后,创意的灵感也许已经悄悄地来到了我们的身边。

当然,有时创意灵感的到来是不止一个的。在这种情况下,除了要快速、完整地将它们记录下来之外,还要根据创意的目的和需要,依据创意方案的新奇性、独特性和可行性要求对它们进行比较和筛选,将那些价值不大的创意方案剔出,以提高创意工作的效率。

8. 验证创意

创意经过初选之后,就进入了最后验证阶段。创意验证主要有两个目的:一是决定创意方案的最终取舍;二是对创意阶段的经验教训进行总结。

当然,如果进入验证阶段的创意只有一个,只需要对其进行进一步验证即可,而不需要再进行选择。然而,通常情况下,具有新奇性、独特性和可行性特征的创意是不止一个的,尤其是在多个营销策划人员各自进行创意的情况下,这就需要在创意的最终验证阶段按照最优原则进行取舍,确定最后创意。

【知识链接】

什么是出清?出清也叫甩货,就是因为季节的变化、消费者的变化、市场环境的变化、新产品的出现等,某些产品已过了销售的最佳时机,或者企业为了快速套现,而采取的主要以低价形式进行商品库存清理的销售行为。

【思考与练习】

一、填空题

根据行业特点，零售业的策划主要基于两类：＿＿＿＿＿＿＿＿＿和＿＿＿＿＿＿＿＿＿。

二、简答题

1. 在零售业促销策划进行的第一步工作就是调研，其调研内容有哪些？
2. 请简述零售业促销活动的创意形成过程。

【实战演练】

1. 每年的圣诞节、元旦、春节三个节日临近之时，是众商家促销的"黄金时节"，请你围绕这几个节日设计一系列活动主题和创意。

2. 一年一度的"国庆节"或"五一节"就要到了，请每位同学为某商厦策划一个促销活动主题和创意。每位同学用10分钟的时间向商厦决策者(全班同学)介绍自己的促销主题和创意。

3. 商厦在围绕传统节日做一些促销策划活动以外，也会自己做一些"自创节日"，请你想想这些"自创节日"可以有哪些活动主题和创意。

任务二 确定零售业营销策划活动的目标

【任务描述】

促销主题是促销活动的"灵魂"，促销活动预计取得的成果则是促销策划的目的。一般来说，零售业促销策划的目的可以从销售指标和非销售指标两方面来确定。

销售目标易量化，可以将产品本期销售额与上年度同期销售额、本年度近期销售额、本期销售目标达成情况三个要素进行比较，确定销售目标。

非销售目标主要反映在企业美誉度、知名度、顾客满意度和投诉率等方面，不易量化，但也可以用相关指标将产品现有的美誉度、知名度、顾客满意度、市场占有率与预期活动结束后的结果进行比较。

【实践操作】

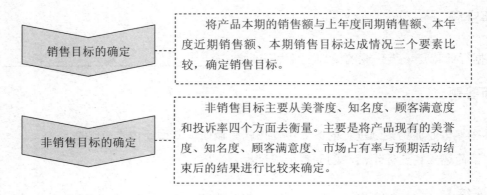

确定营销策划的主题后，营销策划的下一个工作环节就是确定零售业策划活动的目标。任何一种营销策划活动，最终都要落实到具体的某一种或几种产品上来。策划活动的主要目标可以从两个维度去评价：销售目标和非销售目标。

一、确定销售目标

如何确定产品的销售目标？简单有效的办法就是将产品的本期销售额与上年度同期销售额、本年度近期销售额、本期销售目标达成情况三个要素进行比较，最终确定本次活动产品的销售目标。

二、确定非销售目标

零售业产品的非销售目标，主要从美誉度、知名度、顾客满意度和市场占有率四个方面去衡量。主要是将产品现有的美誉度、知名度、顾客满意度、市场占有率与预期活动结束后的结果进行比较。能够用定量的方法来表述的，可以直接用定量法来表述；有些指标无法量化或者人为量化后会大大偏离真实结果，可以用定性的方法表述。我们以某品牌电视机的"五一节"促销活动策划为例，来说明产品销售目标和非销售目标是如何确定的。其他的产品销售目标和非销售目标确定可以按此方法进行(见表9-10和表9-11)。

表9-10　电视机五一节促销活动销售目标确定表

单位：万元

类别	时期	指标	指标定义/公式	数据	来源
销售目标	去年同期	销售额	考核期内业务销售收入总和		销售部
		销售计划达成率	(实际完成额/计划完成额)×100%		销售部
		销售增长率	$\dfrac{当年销售额-上一年度销售额}{上一年度销售额}\times100\%$		财务部

(续表)

类别	时期	指标	指标定义/公式	数据	来源
销售目标	今年近期	销售额	考核期内业务销售收入总和		销售部
		销售计划达成率	(实际完成额/计划完成额)×100%		销售部
		销售增长率	$\dfrac{当年销售额-上一年度销售额}{上一年度销售额}×100\%$		财务部
	今年现期	销售额	考核期内业务销售收入总和		销售部
		销售计划达成率	(实际完成额/计划完成额)×100%		销售部
		销售增长率	$\dfrac{当年销售额-上一年度销售额}{上一年度销售额}×100\%$		财务部
非销售目标	去年同期	产品知名度	媒体正面曝光率、知名度数据由第三方权威机构测评获得		市场部
		产品市场占有率	媒体正面曝光率、知名度数据由第三方权威机构测评获得		市场部
		产品美誉度	媒体正面曝光率、客户调研		市场部
		产品满意度	媒体正面曝光率、客户调研		市场部
	今年近期	产品知名度	媒体正面曝光率、知名度数据由第三方权威机构测评获得		市场部
		产品市场占有率	媒体正面曝光率、知名度数据由第三方权威机构测评获得		市场部
		产品美誉度	媒体正面曝光率、客户调研		市场部
		产品满意度	媒体正面曝光率、客户调研		市场部
	今年现期	产品知名度	媒体正面曝光率、知名度数据由第三方权威机构测评获得		市场部
		产品市场占有率	媒体正面曝光率、知名度数据由第三方权威机构测评获得		市场部
		产品美誉度	媒体正面曝光率、客户调研		市场部
		产品满意度	媒体正面曝光率、客户调研		市场部

表 9-11　市场分析表

类别	考核指标	去年同期	今年近期	今年现期	目标	分析
销售目标	销售额					
	销售计划达成率					
	销售增长率					

(续表)

类别	考核指标	去年同期	今年近期	今年现期	目标	分析
非销售 目标	知名度					
	市场占有率					
	美誉度					
	满意度					

根据以上两张表格所提供的内容，结合企业的实际情况，我们可以分析和确定企业促销活动的销售目标和非销售目标。

【思考与练习】

一、填空题

1. 零售业营销策划活动的目标有_____、_____两种。
2. 零售业营销策划活动中的非销售目标有_____、_____、_____、_____四种。

二、简答题

请简述在零售业营销策划活动中产品销售目标和非销售目标是通过什么方法确定的。

【实战演练】

某商场为迎接"母亲节"的到来而举办以"感恩母爱，双重馈赠，更有大奖等您拿！"为主题的化妆品促销活动，该怎样确定其销售目标和非销售目标？

任务三 零售业营销策划活动所需的资源准备

【任务描述】

促销活动的主题和目标确定后，就需要考虑促销活动所需的资源。尤其是大型促销活动参与人数多、机构多、影响面广，因此，应在正式的工作计划安排之前，初步形成活动所需资源清单。

一般地，主要从三个资源考虑。

(1) 货品。从活动主题、新产品上市、业绩差距、产品销售情况等分析、确定哪些货品或货品组合要参与促销活动。

(2) 人员。根据要参加活动货品的情况来确定参与活动的人员及组织。

(3) 物品。根据活动主题，对卖场进行布置、设置礼品等所需的相关物品。

【实践操作】

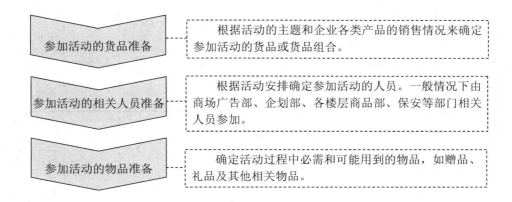

一、参加活动的货品准备

参加活动的货品选择非常重要，是活动成功的关键因素之一。要根据活动的主题和企业各类产品的销售情况来确定。零售行业的货品及分类大致如表 9-12 所示。

表 9-12　商品分类目录

目录	大分类	中分类	目录	大分类	中分类	目录	大分类	中分类
食品	酒饮组	碳酸饮料	食品	日配组	季节性	非食品	针织组	内衣裤
		一般饮料			家禽类			袜子/丝袜
		乳品饮料			内脏类			纺织品
		香烟			骨头	百货	家电组	大家电
		啤酒			调味肉品			空调系列
		国产酒			加工肉品			厨房电器
		进口酒	非食品	洗涤组	家用清洁用品			美发用品
		烟酒年节			个人清洁用品			照相器材
		礼盒			护肤品，彩妆，头饰			影音设备
		特殊季节性商品			卫生，急救用品			通信器材
	冲调组	点心罐头			纸类用品			钟表/眼镜
		冲调食品		家居组	家用容器		服装组	睡衣
		奶粉/调品			餐具			女装

(续表)

目录	大分类	中分类	目录	大分类	中分类	目录	大分类	中分类
食品	冲调组	营养保健	非食品	家居组	一次性用品	百货	服装组	男装
		季节商品			厨房用具			轻便鞋
	休闲组	饼干/糕点			炊具			男鞋
		糖果/巧克力			清洁/卫浴用品			女鞋
		休闲小食			家庭整理用具		综合组	专柜
		散装休闲食品			电器配件			出租
		季节性休闲食品			工具			形象柜
	粮油组	米/粉			装修用具	赠品	食品组赠品	酒饮组赠品
		厨房调料			家私			冲调组赠品
		冲泡包面/粉			鞋类配件			休闲组赠品
		罐头食品			园艺/宠物食品			粮油组赠品
		南北干货		文体组	音乐/影视			日配组赠品
	生鲜组	热食			图书			生鲜组赠品
		非热食			纸品		非食品组赠品	洗涤组赠品
		鱼			文具			家居组赠品
		生鲜海产			礼品			文体组赠品
		加工调味品			办公设备			儿童组赠品
		蔬菜			电脑及周边设备			针织组赠品
		水果类			自行车/配件			家电组赠品
		加工制品			汽车用品			服装组赠品
	日配组	冷藏/冷冻食品			体育用品			综合组赠品
		常温干货		儿童组	玩具		百货组赠品	…
		冷冻食品			婴儿用品			…
		冰制品			幼/童鞋			…
		外购面包			婴幼童装(0～7岁)			…
		日配季节商品			童装(7岁以上)			…

二、确定参加活动的人员准备

根据活动安排确定参加活动的人员及分工。一般情况下促销活动由广告部、企划部、各楼层商品部、保安部等部门的人员参加。活动的内容和规模不同，所参加的部门和人员也各有不同(见表 9-13)。

表 9-13　某百货商店促销活动过程中的人员及分工安排

部　门	工 作 责 任
广告部	12 月 17 日完成统一设计门头、气氛旗、POP(双面印刷)
	18 日完成店堂内外布置
企划部	16 日下发活动整体安排
	18 日完成报纸内容定稿、发布
	19 日完成活动礼品的采购工作
各楼层商品部	16 日将 POP 及气氛旗数量报于企划部
	18 日 9∶00 前完成申报各品牌现有折扣信息,确认促销活动费用表,请使用统一《促销活动统计表》
	19 日到企划部领取 POP 及气氛旗,并于 19 日晚闭店前将气氛旗悬挂到位
	各商品部请各柜组提前准备字样为:"220 送 220""220 送 140""220 送 80""接受满返卡""不参加活动"的印章

三、确定参加活动所需的物品准备

这里所说的物品主要指一些活动过程中必需和可能用到的物品,如赠品、礼品、手提袋、笔、纸、针、线、药品等,因为不同活动所需物品会有不同,要根据具体活动安排情况进行物品准备。

【思考与练习】

简答题

1. 简述促销活动所需的资源一般有哪几个方面。
2. 促销活动一般有哪些部门参与? 部门的工作任务又有哪些?

【实战演练】

请你为以"感恩母爱,双重馈赠,更有大奖等您拿!"为主题的化妆品促销活动设计一个工作人员分工安排表。

任务四　零售业 SP 促销的方式选择

【任务描述】

在准备好营销所需要的人、财、物等资源后,策划工作的下一个任务就是进行货品优惠方式的选择。目前在零售行业中，最主要的货品优惠方式是 SP 促销，包括四种类型：无偿 SP、惠赠 SP、折价 SP、竞赛 SP。除此之外还有试用样品、示范销售、点券兑换赠品、竞争与抽奖活动等方式。在本任务中，你将主要了解 SP 促销方式及其应用。

【实践操作】

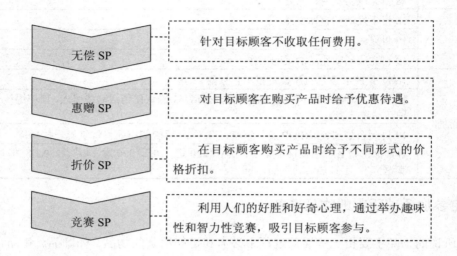

一、无偿 SP

"无偿 SP"是针对目标顾客不收取任何费用的一种促销手段。它包括两种形式：无偿附赠和无偿试用。

(1) 无偿附赠——以"酬谢包装"为主。所谓"酬谢包装"指的是以标准包装为衡量基础，给消费者提供更多价值的一种包装形式。有以下几种形式：

- 额外包装，即在包装内额外增加分量而无偿赠予。
- 包装内赠，即将赠品放入包装内无偿提供给消费者。
- 包装外赠，即将赠品捆绑或附着在包装上无偿提供给消费者。

(2) 无偿试用——以"免费样品"为主。

所谓"免费样品"是将产品直接提供给目标对象试用而不收取费用。实施"免费样品"促销，最主要的问题在于如何将样品分送到目标顾客手中。

二、惠赠 SP

"惠赠 SP"是对目标顾客在购买产品时给予优惠待遇的一种促销手段。通常有买赠、换赠、退赠三种形式。

(1) 买赠，即购买获赠。只要顾客购买某一产品，即可获得一定数量的赠品。最常用的方式，如"买一赠一""买五赠二"，或消费满多少元送赠品等。

(2) 换赠，即购买补偿获赠。只要顾客购买某一产品，并再略做一些补偿，即可再换取到其他产品。如花一点钱以旧换新，再加 1 元送××产品，再花 10 元钱买另一个，等等。

(3) 退赠，即购买达标退利获赠。只要顾客购买产品或购买到一定数量的时候，即可获得返利或赠品。如"满 200 减 100"等。

三、折价 SP

"折价 SP"是在目标顾客购买产品时，给予不同形式价格折扣的促销手段。有以下几种形式：

(1) 折价优惠卡，即一种长期有效的优惠凭证。它一般有会员卡和消费卡两种形式，在目标顾客购买产品时，可给予不同形式的价格折扣，使发卡企业与目标顾客保持一种比较长久的关系。

(2) 折价优惠券，通称优惠券，是一种古老而风行的促销方式。优惠券上一般印有产品的原价、折价比例、可购数量及有效时间。顾客可以凭券获得优惠。

(3) 现价折扣，即在现行价格基础上打折销售。这是一种最常见且行之有效的促销手段。它可以让顾客现场获得看得见的利益并心满意足。

(4) 减价特卖，即在一定时间内对产品降低价格销售，一旦促销目的完成，即恢复到原来的价格水平。减价特卖的一个特点就是阶段性，一般只在市场终端实行。比如：消费者在元旦夜里 12 点到 1 点去商场购物就可以享受产品 3～5 折的优惠。减价特卖的通知形式通常有"包装减价标签""货架减价标签"和"特卖通告"三种。

(5) 低价经营，即产品以低于市场通行价格水平来销售。低价经营属于一种销售战略，其整体价格水平在长期内均需低于其他经营者。低价经营虽是局部微利，但从长远上看，这一促销策略可以强力地吸引消费，并达到整体厚利的目的。

(6) 大拍卖及大甩卖。大拍卖是将商品以低价拍卖的方式销售；大甩卖是以低于成本的方式来销售。大拍卖和大甩卖，都是一种价格战术，对商家而言，又是一种清仓策略。通过大拍卖或大甩卖，能够集中吸引消费，刺激人们的购买欲望，在短期内消化掉积压商品。

四、竞赛 SP

"竞赛 SP"是利用人们的好胜心理和好奇心理，通过举办趣味性和智力性竞赛，吸引目标顾客参与的一种促销手段。一个竞赛活动中一般都不会只有一种方式，而是针对不同的产品品类，采用不同的促销组合方式，这些方式要综合、搭配运用才能发挥最大效用。有以下几种形式：

(1) 征集与答题竞赛，即通过征集活动或有奖答题活动吸引消费者参与活动。如广告语征集、商标设计征集、作文竞赛、产品知识问答等。

(2) 竞猜比赛，即通过举办对某一结局的竞猜以吸引顾客参与活动。如猜谜、体育竞猜、自然现象竞猜、猜谜等。

(3) 优胜选拔比赛，即通过举办某一形式的比赛，吸引爱好者参与活动。如选美比赛、选秀大赛、形象代言人选拔赛、饮酒大赛等。

(4) 印花积点竞赛，即通过产品印花兑换赠品的方式吸引顾客参加活动。只要顾客握有一定量的凭证(如印花：如商标、标贴、瓶盖、印券、票证、包装物等)，即可依印花量多少领取不同的赠品或奖赏。

四种方式的具体应用参见本单元结尾"××服装商城'三·八'妇女节促销案"之"货品优惠方式"部分的内容。

【思考与练习】

一、填空题

1. 零售业 SP 促销方式有四种类型：_____、_____、_____、_____。
2. "无偿 SP"的形式包括_____、_____。
3. "惠赠 SP"的形式包括_____、_____ 和 _____。

二、简答题

1. 简述"折让价 SP"有哪些方式？
2. 简述"竞赛 SP"有哪些方式？

【实战演练】

1. 心里美超市在每周一份的商品快讯里，印发了一条本周促销活动公告：在本周内(2010 年 12 月 13 日～19 日)，凡持本超市购物小票一张，可到服务台换得价值 3 元饮料一瓶。请你分析该促销方式属于哪一种类型？并将该促销活动公告补充完善。

2. 商场举办以"感恩母爱，双重馈赠，更有大奖等您拿！"为主题的化妆品促销活动，请你设计一系列适合该主题活动的促销方式。

任务五　零售业促销活动宣传媒体的选择

【任务描述】

在零售企业进行促销活动宣传的过程中，媒体的选择起着至关重要的作用，它关系着宣传的成本和宣传的效果。

在为一次促销活动选择宣传媒体时候，可以选择租用媒体或自有媒体。租用媒体如租用广播、电视、报纸、交通等媒体；自有媒体即选择商店自有的或自制的设备作为促销活动的宣传载体。这两种方式的介绍参见第八单元相关内容。无论采用哪种媒体，都要考虑本次促销活动的范围，参与商品的特性、目标消费者接受媒体的习惯和媒体成本等因素。零售业活动宣传的媒体有很多，比较常用的形式是POP。

【实践操作】

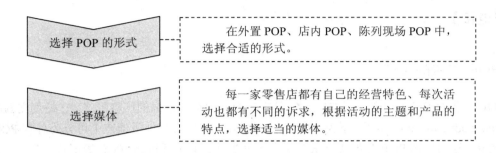

| 选择POP的形式 | —— | 在外置POP、店内POP、陈列现场POP中，选择合适的形式。 |

| 选择媒体 | —— | 每一家零售店都有自己的经营特色、每次活动也都有不同的诉求，根据活动的主题和产品的特点，选择适当的媒体。 |

一、选择POP广告的形式

(1) 使用表 9-14 所示的对照表在外置 POP、店内 POP、陈列现场 POP 中选择合适的形式。

表 9-14　外置 POP、店内 POP 及陈列现场 POP 形式与功能对照表

名　称	具体形式	功　能
外置 POP	卖场招聘广告、旗子、幕布、条幅	告知顾客这里有家卖场
		告知顾客这家卖场所售商品的种类
		告知顾客这家卖场正在做促销活动
店内 POP	卖场引导 POP、特价 POP、气氛 POP	告知顾客某种促销商品的陈列位置
		告知顾客某种商品的促销形式及优惠幅度
		传达商品情报及厂商信息
陈列现场 POP	展示卡、分类广告、价目卡	告知顾客卖场某种商品的品质、使用方法、厂商名称
		帮助顾客挑选商品
		告知顾客广告品或推荐品的位置、尺寸及价格
		告知顾客商品的名称、数量、价格，以便顾客做出购买的决定

(2) 使用表 9-15 所示的对照表在促销 POP 广告和气氛 POP 广告中选择合适的形式。

表 9-15　促销 POP 广告与气氛 POP 广告的功能对照表

名　称	具体形式	功　能	使用期限
促销 POP	手制的价目卡、拍卖 POP、商品显示卡	代店员出售商品	拍卖期间或特价日，多为短期使用
		帮助顾客选购商品	
		促进顾客的购买欲望	

(续表)

名　称	具 体 形 式	功　能	使 用 期 限
气氛 POP	形象 POP、消费 POP、张贴画、悬挂小旗	制造店内气氛	一般较长期使用，且具有季节性特征

【知识链接】

一、POP 广告的类型

　　POP 广告是众多广告形式中的一种，是零售业使用频率很高的广告形式。它是英文 point of purchase advertising 的缩写，意为"购买点广告"。POP 广告从使用地点上可分为外置 POP、店内 POP、陈列现场 POP 等形式；从功能上可分为气氛 POP 和促销 POP 等形式。

二、POP 广告策划的考虑因素

　　零售企业的任何 POP 广告都不是随意推出的，必须经过一个周密的策划过程，这样才能达到最佳的广告效果。一般应考虑以下因素。

　　(1) 了解 POP 广告的背景因素。包括流通情报、消费者动向、流行动向、新媒体、素材情报、新品情报等。

　　(2) 了解消费者需求。开发最有创意的 POP 广告，刺激和引导消费者。

　　(3) POP 广告必须能够集中视觉效果。

　　(4) POP 广告最好与媒体广告同时进行。

　　(5) 了解卖场及周边环境的情况，并听取卖场各种相关人员的建议或提供的资料，作为 POP 广告制作的依据。

　　(6) 考虑好 POP 广告的功能、费用预算、持久性、制作品质、运输等问题的综合平衡。

　　(7) 计划好 POP 广告的时效性。因为 POP 广告是企业整体营销计划的一个组成部分，其时效性必须与营销计划同步。

　　(8) 了解 POP 广告制作的不同材质。

　　(9) POP 广告制作的内容、造型、色彩，必须从属于广告策略、营销计划和各种销售活动。

　　(10) POP 广告的展示必须配合卖场的空间、设施、照明和音响等因素来进行。

三、POP 广告策划要点

　　根据 POP 广告的特性，在策划与制作 POP 广告时必须做到如下几点。

　　(1) 明显的视觉诱导性。POP 广告的首要任务是引起消费者注意，并激发他们的兴趣，诱导他们去接近商品，这是 POP 广告策划的根本。

　　(2) 服从于企业的整体形象。POP 广告策划必须与企业和品牌的整体形象相吻合。

(3) 具有鲜明的个性。POP 广告的策划与设计在形式上要新颖独特，别具一格，不同的 POP 广告应用不同的形式与风格，应具有很强的视觉表现力，有助于强化企业的鲜明个性，使人一眼就能识别。

(4) 突出广告商品的特性。POP 广告作为"商品交易场所的最终广告"具有直接的促销作用。不同商品的 POP 广告设计，无论在性能上或视觉处理上均有明确诉求的对象，突出商品的内在特性，促使消费者能很快识别商品的特点与性能，刺激消费者的购买欲望。

总之，POP 广告以促进购买、增加销售为目标，以准确传递商品信息给消费者为己任，这就要求 POP 广告定位于消费者，要了解消费者的生理和心理需求，只有这样才能起到介绍商品、指导消费、招徕顾客、扩大销售的作用。

【思考与练习】

一、填空题

1. 零售业在促销活动宣传时，常用的媒体类型有_____和_____。
2. POP 广告是零售业使用频率很高的广告，主要类型有_____、_____、_____。

二、简答题

1. 零售业在选择广告媒体应考虑哪些因素？
2. 简述在零售业促销宣传时常用的自有媒体和租用媒体都各有哪些方式。

【实战演练】

1. 请为某商场"母亲节"化妆品促销活动选择所需要的媒体。
2. 将每 6 个同学分为一组，为某商场"母亲节"化妆品促销活动制作一幅店内 POP 手绘海报，并让同学们进行评比。

任务六　制定活动实施和控制方案

【任务描述】

为了保证促销活动的顺利进行，应确定活动实施方案和活动控制方案。通过活动实施方案对活动实施过程进行周密的安排、部署，明确分工、责任到人，并根据活动实施方案对活动的全过程进行监督、控制和纠偏。

【实践操作】

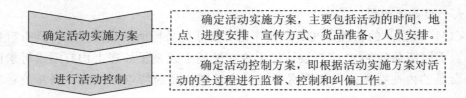

一、确定活动实施方案

确定活动实施方案主要包括活动时间、地点、进度安排、宣传方式、货品准备、人员安排等，下面就活动实施方案中的几个重要方面进行分析。

1. 活动进度安排

促销活动进度时间安排如表 9-16 所示。

表 9-16 促销活动进度安排表

时 间	地 点	活 动 内 容	负 责 部 门

制表人：_____ 填表日期：_____年_____月_____日

2. 活动宣传方式

为保证促销的效果，某百货商店拟采用的促销活动宣传方式如表 9-17 和表 9-18 所示。

表 9-17　促销活动宣传方式一览表

宣 传 方 式	具体实施内容
活动现场宣传	• 海报、单页、挂旗、折页、POP； • 条幅、拱形门、气球
宣传媒介组合	• 报纸媒体：选择《××晚报》《××时报》《信报》； • 广播媒体：选择××交通台； • 其他
其他辅助宣传	DM 广告

表 9-18　媒体的投放示例表

媒 体 名 称	投 放 时 间	数　　量	单　价	金额(元)	备　　注
××时报	12 月 19 日	通版			
××时报	12 月 23 日	整版			
××晚报	12 月 19 日	整版			
××晚报	12 月 23 日	整版			
××交通台	12.19～12.28				
交通音乐台	12.18～12.27				
公交液晶	12.19～12.29				
合计金额					

3. 货品准备及人员安排

促销活动期间，所需的货品准备及人员安排如表 9-19 和表 9-20 所示。

表 9-19　货品准备人员安排表

物 资 名 称	计划到位时间	负 责 人	到 位 情 况	备　　注
宣传品				
奖品				
媒体宣传				
抽奖台(抽奖箱)				
……				

表 9-20　活动现场人员安排表

工 作 事 项	负 责 人	工 作 人 员
总负责		
奖券发放		
现场抽奖		
奖品兑换		
……		

二、确定活动控制方案

确定活动控制方案主要包括根据活动时间安排、人员安排等进行的全过程监督和纠偏工作。其工作的主要依据是活动的实施方案，根据方案来监督活动的全过程，发现问题及时进行处理。下面以表 9-21 所示的某百货公司为例，说明如何根据活动实施方案来进行控制。

表 9-21　某百货公司端午节促销活动时间进程及任务进度控制表

时 间 进 度	需完成的任务	负　责　人
T-7～T-6	特价商品的准备	采购人员
T-5	特价商品的拍照	营销部企划人员
T-4～T-3	端午节快讯、店内展示板、POP、店外彩旗、条幅、班车车身广告以及超市气氛的创意设计，店内广播稿的撰写	营销部企划人员
T-2	端午节快讯的印刷，店内展示板、POP、店外彩旗、条幅、班车车身广告的制作	营销部企划人员
T-1	端午节快讯的发放及店内广播到位	营销部企划人员
T-0	促销活动正式执行	所有相关人员

备注：表中的 T 表示端午节当天的公历日期。"T-7"表示距这个时间有 7 天，以此类推。

【思考与练习】

简答题

1. 简述促销活动实施方案中包括哪些方面。
2. 你如何理解促销活动控制方案的作用。

【实战演练】

请对母亲节化妆品促销活动制定时间进程及任务安排表。

任务七　编制方案预算

【任务描述】

要有效地计划与控制促销费用，首先要搞清楚哪些活动开支可归入促销开支项目，然后，再细分促销活动的各种开支，完成这两步之后才可以开始进行编制预算工作。促销费用包括一些固定的项目，如赠品、礼品费、人工费、设备费、交通费、资料费、宣传费、通信费等。对策划活动的费用进行控制，有助于保证高质量的促销活动。

【实践操作】

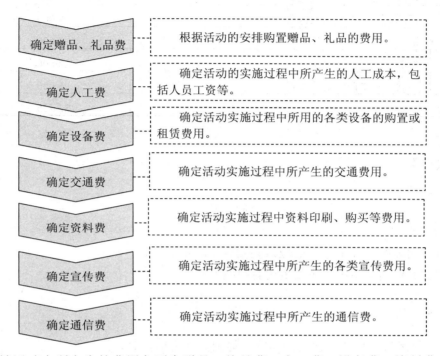

促销活动中所产生的费用主要有赠品、礼品费、人工费、设备费、资料费、宣传费、交通费、通信费等，各项的累计就是活动的总费用。

某促销活动的总体费用预算如表9-22所示。

表9-22 促销活动费用预算表

项 目 内 容		数量、规格(时间)		费用(元)
现场宣传材料	条幅	200(元/条)×5	0.4m×5m	1000
	挂幅	50(元/条)×10	1m×1.5m	500
	背景板	100(元/块)×3		300
	POP	2(元/张)×50		100
	拱形门			500
	海报	5(元/张)×5		25
媒介宣传	××晚报	1/4通栏广告(2天)		16 000
	××时报	半版广告(3天)		20 000
	信报	整版广告(3天)		30 000

(续表)

项 目 内 容		数量、规格(时间)	费用(元)
媒介宣传	××交通台	每日 6 次(7 天)	15 000
	××健康台	每日 4 次(5 天)	9 000
交通费	活动过程中产生的交通费		1 000
通信费	活动过程中产生的通信费		1 000
设备费	活动过程中产生的设备费		3 000
奖品费	所有奖品	批发	20 000
人工费	活动过程中产生的人工费		5 000
合计			122 425

【思考与练习】

简答题

1. 在有效的编制预算工作之前应该先做哪些准备工作?
2. 零售业促销活动中所产生的费用有哪些?

【实战演练】

请你为"母亲节"化妆品促销活动编制促销活动费用预算表。

【零售业营销策划书】

××服装商城"三·八"妇女节促销案

一、促销活动说明

随着春天的悄然来到，一年一度的"三·八"妇女节也日益临近。××服装商城借此机会向全国各地的妇女同胞们致以节日的问候,特决定于3月8日前后组织一场规模庞大、实惠多多的促销活动，借以提高本服装商城的销售额和知名度。

二、活动时间

1. 3 月 6 日~3 月 12 日：全场大优惠，共 7 天。

2. 3 月 8 日当天：特设更多针对女同胞的优惠活动。

三、活动主题

特惠半边天，买得多减得多。

四、活动地点

××服装商城 1~4 层。

五、促销活动内容

(一)"三·八"温馨颂

3月6日~3月12日期间,凡在××服装商城单笔消费满380元,即可凭当日购物凭证到一层客户服务中心领取"三·八"妇女节玫瑰礼盒(价值88元)一份。

(二)各楼层精彩折扣及"买即减"活动

3月6日~3月12日期间,为了向广大女性同胞提供更多的实惠,各楼层各品牌服装都设有精彩折扣及"买即减"活动,如下表所示。

"三·八"妇女节各楼层精彩折扣活动一览表

楼层	服装类别	参与折扣活动品牌	具体优惠
一层	春装新款	曼君园、思菩兰、ONLY、VERO MODA、艾格等	满180减38
	饰品	诺维尔、蒙龙、羽莎、维弗拉士(部分)等	满180减38
	女装	圣诺兰、法路易娜、FUFEN、敦奴、格格等	满280减38
		凯撒、皮尔卡丹、安姬奥、宝姿等	满380减38
二层	羊绒衫	鄂尔多斯、珍贝、雪莲、鹿王、兔皇、帕罗、米皇、兆君、群工、银珂、天柏绒斯等	全场3.8折
	毛衫类	玫瑰年华、雅达、瑞群、比其、海尔曼斯、恒源祥等	满80减38
	针织内衣	舒雅、浩沙、铜牛、三枪、纤丝鸟、婷美、暖倍儿、南极人、小护士、帕兰朵等	部分9折,再满80送38
	女士内衣	欧迪芬、舒雅(部分)、曼妮芬、爱慕等	部分9折,再满80送38
	女士睡衣	棉花堡、康妮雅、芬蝶、澳丽兰、汝斯芬等	大部分3.8折
三层	男装	蓝豹、金利来、路易诗兰、香港鳄、尼诺里拉等	满280减38
		观奇洋服、里奥、都彭、度文、圣大保罗、皮尔卡丹等	满380减38
	儿童服装	米奇、派克兰帝、水孩儿、海辰贝贝等	满180减38
四层	休闲服装	ESPRIT(部分)、ONLY(部分)、VERO MODA(部分)、哥伦比亚、星期六(部分)等	满180减38
		波顿、派拉蒙、霸狮腾、苏格兰飞人等	满280减38
		杰克琼斯、暇步士、诺帝卡等	满380减38
	运动服装	阿迪达斯、NIKE、彪马、361度、李宁、金莱克、乔丹、安踏等	满380减38

备注:男士衬衫、西裤、领带以及民族服装不列入本次活动范围。

六、"三·八"当天特别活动

3月8日当天,光临××服装商城的女性顾客可享受下列特别活动。

1.3月8日当天,女性医护人员、教师、军人、公务员持本人有效工作证件至一层客户服务中心,可免费办理一张会员卡(情意卡)。

2. 3 月 8 日当天,女军人、女教师持本人有效工作证件,购物累计满 380 元,即可凭购物小票至一层客户服务中心领取价值 300 元的健康体检卡(限××医院)套装一份。限 50 套,先到先得,领完为止。

3. 3 月 8 日当天,购物累计满 1000 元的顾客凭购物小票,可至一层客户服务中心领取价值 300 元的健康体检卡(限××医院)套装一份。限 100 套,先到先得,领完为止。

七、活动宣传方式

1. ××服装城入口、外墙、电子大屏幕等显眼处设立促销活动广告。

2. 活动期间,利用服装商城播音室滚动播出本次促销活动内容。

3. 服装商城内参加活动的商品 POP。

4. 报纸广告:3 月 4 日～3 月 7 日期间,《××晚报》上刊登半版套红广告。

5. 车身广告:3 月 4 日～3 月 7 日期间,选择路过××服装商城的 10 趟公交车做车身广告,争取辐射整个城区。

八、人员及预算安排

(一) 人员安排

1. 总负责人:市场部经理×××。

2. 活动宣传:促销主管×××、广告策划主管×××。

3. 参与人员:各楼层主管、各品牌厂家促销员、客户服务部工作人员等。

(二) 促销预算

1. 预算总额:本次促销活动总预算为××万元人民币。

2. 预算分配明细。

(1) ××服装商城自有媒体宣传活动、POP 等策划、设计、制作费用,预算额为××万元人民币。

(2)《××晚报》广告的策划、设计、制作费用,预算额为××万元人民币。

(3) 车身广告的策划、设计、制作费用,预算额为××万元人民币。

(4) "三·八" 妇女节玫瑰礼盒,预算额为××万元人民币。

(5) 300 元健康体检卡,共 150 套,××医院给予的折扣为 5 折,预算额为 22 500 元人民币。

(6) 其他机动资金,预算额为××万元人民币。

案例来源:经营管理网(www.doc88.com)

参 考 文 献

[1] 孟韬，毕克贵. 营销策划[M]. 北京：机械工业出版社，2008(1).

[2] 霍亚楼，王志伟. 市场营销策划[M]. 北京：对外经济贸易大学出版社，2008(8).

[3] 张启杰. 营销策划分析[M]. 北京：电子工业出版社，2008.

[4] 纳塞尔. S. 温纳. 营销管理[M]. 北京：北京大学出版社，2003(11).

[5] 程淑丽. 市场营销管理职位工作手册(第二版)[M]. 北京：人民邮电出版社，2009(1).

[6] 程淑丽. 市场营销精细化管理(全案)[M]. 北京：人民邮电出版社，2008(12).

[7] 庄贵军等. 营销渠道管理[M]. 北京：北京大学出版社，2004(11).

[8] 吕一林. 营销渠道决策与管理[M]. 北京：中国人民大学出版社，2005.

[9] 吴粲. 策划学[M]. 北京：中国人民大学出版社，2008(7).

[10] 庄贵军. 中国企业的营销渠道行为研究[M]. 北京：北京大学出版社，2007(9).

[11] 邓镝. 营销策划案例分析[M]. 北京：机械工业出版社，2007(10).

[12] 王吉方. 现代广告策划实务[M]. 北京：电子工业出版社，2009(1).

[13] 张丁卫东. 营销策划：理论与技艺[M]. 北京：电子工业出版社，2007(1).

[14] 金力. 广告营销策划经典案例分析[M]. 北京：北京大学出版社，2009(1).

[15] 企业标准化管理应用中心. 市场营销管理[M]. 北京：中国言实出版社，2004(10).

[16] 高哲鹏，田光峰，聂亚娟. 渠道管理实操细节[M]. 广州：广东经济出版社，2007(1).

[17] 彭石普. 市场营销能力基础[M]. 北京：北京邮电大学出版社，2008(7).

[18] 张卫东. 市场营销理论与实训[M]. 北京：电子工业出版社，2006(3).

[19] 孙金霞. 市场营销[M]. 北京：电子工业出版社，2007(1).

[20] 张卫东. 市场营销禁忌 100 例[M]. 北京：电子工业出版社，2009(3).

[21] 张珂. 乐乐呓语之大话营销[M]. 北京：邮电大学出版社，2008(12).

[22] 叶生洪. 市场营销经典案例与解读[M]. 广州：暨南大学出版社，2009(10).

[23] 李海琼. 市场营销理论与实务[M]. 北京：清华大学出版社，2007(1).

[24] 苏兰君. 现代市场营销能力培养与训练[M]. 北京：邮电大学出版社，2008(1).

[25] 李强. 市场营销学教程[M]. 大连：东北财经大学出版社，2000(12).

[26] 范云峰. 市场营销[M]. 北京：中国经济出版社，2006(8).

[27] 梅清豪. 市场营销学原理[M]. 北京：电子工业出版社，2006(11).

[28] 唐德才. 现代市场营销学教程[M]. 北京：清华大学出版社，2005(1).

[29] 李高伟. 市场营销策划[M]. 北京：高等教育出版社，2006(8).

[30] 程淑丽. 市场营销部：规范化管理工具箱[M]. 北京：人民邮电出版社，2007(9).

本书有个别段落文字引用自网络，由于无法了解原文作者的真实姓名，因此未在文中详细列出，在此一并表示感谢。